CW00693239

De La Catégorie Du Genre

Raoul De La Grasserie

Nabu Public Domain Reprints:

You are holding a reproduction of an original work published before 1923 that is in the public domain in the United States of America, and possibly other countries. You may freely copy and distribute this work as no entity (individual or corporate) has a copyright on the body of the work. This book may contain prior copyright references, and library stamps (as most of these works were scanned from library copies). These have been scanned and retained as part of the historical artifact.

This book may have occasional imperfections such as missing or blurred pages, poor pictures, errant marks, etc. that were either part of the original artifact, or were introduced by the scanning process. We believe this work is culturally important, and despite the imperfections, have elected to bring it back into print as part of our continuing commitment to the preservation of printed works worldwide. We appreciate your understanding of the imperfections in the preservation process, and hope you enjoy this valuable book.

o

De la Catégorie du Genre

PAR

RAOUL DE LA GRASSERIE

Lauréat de l'Institut de France

Correspondant du Ministère de l'Instruction publique

*Membre de la Société des Américanistes
et de celle de linguistique de Paris.*

Ernest Leroux, Libraire-Éditeur
28, Rue Bonaparte, 28
PARIS
—
1906

1234.110

HARVARD COLLEGE
NOV 3 1910
LIBRARY.

Hayes fund

De la CATÉGORIE du GENRE

Introduction

Le genre est un concept grammatical qui s'applique d'une manière directe uniquement au substantif, qu'il détermine davantage en le rattachant à une classe plus générale. S'il est entendu dans un sens large, il renferme les classifications qui sont très nombreuses dans certaines langues ; dans un sens restreint il répartit tous les êtres en deux ou trois classes seulement ; mais dans l'un et l'autre cas, il est et reste classifiant ; par lui, le purement individuel entre dans une certaine généralisation. D'autre part, on acquiert dans certaines langues, où sans ce procédé il pourrait y avoir confusion par homonymie, une précision plus grande.

Les deux catégories du *genre* et du *nombre* se tiennent étroitement unies entre elles ; non seulement elles affectent ensemble *le même substantif*, non seulement leur expression est souvent *indivisible*, non seulement elles servent l'une et l'autre à établir *l'accord* entre diverses parties du discours, mais elles se ressemblent aussi dans leur *concept*. Elles *déterminent* le substantif par les deux points de détermination principaux : la détermination *qualitative* et la détermination *quantitative*. L'esprit humain a un penchant très marqué à la classification, il cherche à rattacher l'individu à une

1

famille plus ou moins étendue, c'est ainsi qu'il le comprend mieux, et en ce faisant il accomplit un progrès. En effet, nous verrons que beaucoup de peuples, les moins avancés, ne connaissent pas la catégorie du genre; ils ne classent pas les objets, ne connaissant que l'individuel et le concret. Mais cette détermination qualitative ne suffit point, il faut la doubler de celle quantitative. S'agit-il d'un seul objet ou d'un groupe d'objets? Il est important de le savoir; l'objet unique ou plusieurs objets juxtaposés sans groupement sont plus déterminés, ceux *compris dans le groupe* le sont moins, de là la catégorie du *nombre grammatical*, le nombre est de son côté un commencement de généralisation, l'objet est compris dans une *classe quantitative*. A l'origine aussi cette généralisation était impossible. On ne connaissait que *l'absence de nombre* ou bien le *nombre lexiologique :* un, deux, trois, etc., qui est très distinct du nombre grammatical. Ces deux élément parallèles, le genre et le nombre, le qualitatif et le quantitatif, se précisant tous les jours davantage, ont formé deux des facteurs importants et connexes de l'évolution linguistique.

Cette connexité est plus marquée encore, si du *concept* on passe à *l'expression* et surtout à la *fonction*. Nous verrons que le nombre a été souvent le réactif qui fait apparaître le genre; presque toujours leur expression se confond en un seul indice, enfin la fonction d'accord est accomplie par leur effort commun.

L'étude de la catégorie du genre doit porter successivement sur les points suivants : 1º le *concept* du genre, ce qui comprend les diverses sortes de genre, autrement les différents systèmes de classement des objets, et par conséquent la genèse de ces genres, leur succession, leur extension, leur disparition, leurs survivances et leurs reviviscences ; 2º *l'expression* du genre suivant les divers processus lexiologiques ou grammaticaux ; 3º la *fonction* grammaticale du genre.

Tout d'abord l'étude du concept du genre et des différents genres est une étude pour ainsi dire *abstraite*,
qu'on peut cependant illustrer par des exemples nombreux, mais qui a trait à l'idée. De quelle manière chaque peuple a-t-il compris qu'on pouvait classer les
êtres, à quel point de vue s'est-il placé pour le faire,
comment a-t-il modifié ce point de vue ou même l'a-t-il
changé complètement, comment l'ancien système a-t-il
laissé chez lui des traces ? N'a-t-il pas emprunté à d'autres concepts ? N'a-t-il pas cumulé différents principes ?
L'intelligence du genre en soi entraîne la connaissance
de sa genèse et de ses vissicitudes. C'est la *psychologie
du genre*. Elle fait pénétrer dans les idées fondamen-
tales de l'esprit humain et aussi dans les idiosyncrasies,
les dispositions mentales particulières des différents
peuples. Ce n'est que par une comparaison constante
qu'on peut les obtenir.

C'est bien dans l'esprit humain et dans le mode de
classement qu'il fait des différents êtres que naît ainsi
la catégorie du genre. C'est là qu'il faut chercher sa
genèse et par conséquent sa ou ses causes *efficientes*.
Lorsqu'il classe ainsi, l'esprit n'a aucune intention
d'abord, il classe pour le plaisir de classer, groupe
dans le concept du nombre pour le plaisir de grouper ;
il satisfait à un instinct ; par exemple, lorsque le *genre
sexualiste* s'est présenté à son attention, ce genre a
peu à peu tout absorbé, chassant les autres genres ;
l'idée de sexe chez l'homme et les animaux s'étend aux
objets inanimés, parce que la sexualité est devenue
une idée domiante, unique, qui a formé le seul critère
logique.

L'étude de l'expression a beaucoup moins d'importance ; aussi dans le tableau que nous établissons des
diverses langues fournissons-nous l'expression, en
même temps que les concepts. Cependant cette expression est plus ou moins parfaite suivant les progrès de
la civilisation. Elle est d'abord purement lexiologique,

c'est-à-dire s'exprimant par des racines différentes, elle devient plus tard grammaticale. On peut dire qu'elle est nulle lorsqu'elle s'exprime par des mots séparés, par exemple en anglais *he goat, she goat*, de même que l'expression du nombre est nulle, quand il s'exprime soit par des mots de nombre, soit par des adverbes de nombre : beaucoup, peu, etc. L'expression rend de plus en plus près le concept, lorsqu'elle se fond davantage dans le mot déterminé.

Enfin l'étude de la fonction, toujours si importante, l'est beaucoup plus encore lorsqu'il s'agit du genre ou du nombre. En effet, considéré en dehors de cette fonction, le genre n'est pas d'une utilité bien évidente ; il semble qu'on pourrait s'en passer et que, lorsqu'il s'agit du genre sexualiste, par exemple, il suffirait de faire précéder ou suivre le substantif des mots : *mâle* ou *femelle*, et cela seulement lorsque le sexe est pris en considération ; les autres genres semblent encore moins nécessaires à exprimer, puisqu'ils sont moins naturels. Aussi, de fait, beaucoup de langues dont nous donnerons la nomenclature ne connaissent pas le genre grammatical. Au contraire, si la fonction est considérée, le genre prend une importance énorme. C'est lui, en effet, qui, de concert avec le nombre, constitue l'accord, qui relie les divers mots de la proposition. Il fait s'accorder l'adjectif, l'article, le pronom personnel ou possessif, et souvent indirectement le verbe lui-même, avec le substantif. Il n'est pas besoin de sortir de la langue française pour le constater, la phrase tout entière y est sous la domination du genre grammatical ; ce genre contribue singulièrement à sa clarté, l'ordre régulier des mots y contribue aussi. Mais en latin, où cet ordre n'existait pas, c'était précisément le genre qui réglait sans l'ordre des mots. Dans d'autres langues, celles, par exemple, de la famille Bantou, il a une force nouvelle et singulière, il supprime la catégorie des cas et suffit à lui seul pour exprimer toutes les relations.

Qu'une de nos langues modernes soit privée du genre, elle le sera de sa clarté, de sa légèreté, de son charme; l'emploi incessant du pronom n'y sera plus possible, les répétitions de mots s'imposeront, la marche s'alourdira; le genre n'affecte donc pas seulement la grammaire, mais aussi le style.

Notre travail comprendra deux parties : la partie *théorique* qui viendra la première et qui indiquera *in abstracto* les diverses espèces de genre, leur critère, leur extension, leurs regrés, leur fonction essentielle, puis la partie *expérimentale* composée d'exemples pris dans les diverses langues intervenant comme preuve des affirmations de la première.

Nous avons à étudier dans le genre : 1º son concept en lui-même et par conséquent les différents systèmes de genre usités dans les diverses langues connues; 2º son expression ou plutôt ses différents systèmes d'expression ; 3º sa fonction grammaticale. Le premier point surtout doit être traité en la première partie, les deux autres s'éclairant d'eux-mêmes en grande partie par la simple constatation des langues envisagées.

PREMIÈRE PARTIE

PARTIE THÉORIQUE

CHAPITRE Ier

Principes généraux

1° Concept du genre.

Le genre consiste en une classification des différents êtres, classification qui n'est pas faite de la même façon ni en se plaçant au même point de vue par tous les peuples. Chacun la comprend de son mieux et cherche à la réaliser suivant l'angle de son esprit. En général et d'abord il tient à rester dans son concept fidèle à la réalité ; agir autrement serait un mensonge. Il ne transportera pas aux choses inanimées des distinctions qui ne conviennent qu'à l'homme, ni réciproquement ; il pourra parfois enfreindre cette limite, mais ce sera par inadvertance ou erreur. Il n'y a donc point à cette époque une grande difficulté de critère. Seulement il existe une difficulté de système de classification, car les êtres peuvent être envisagés et classés à des points de vue différents. Mais la *naturalité* des systèmes reste toujours intacte. Ainsi le masculin et le féminin ne conviendront qu'à l'homme et aux animaux et ne seront pas étendus au delà.

En d'autres termes, le concept primitif du genre est le résultat du besoin d'établir les classements naturels. Là sans doute, comme partout ailleurs, il existe des exceptions. Certains êtres, quoiqu'appartenant à une classe inférieure, sont tellement importants qu'ils forcent, pour ainsi dire, la porte et qu'ils vont pénétrer dans la classe supérieure. Par exemple, on distingue entre les êtres doués de vie et ceux qui en sont dépourvus, les premiers étant bien supérieurs aux seconds, mais se manifestant par des signes très sensibles, si bien que l'homme et l'animal peuvent seuls prétendre à être rangés parmi les premiers ; la vie est d'ailleurs surtout indiquée par le mouvement spontané. Mais voici le soleil ; combien il est cependant plus grand que l'homme ! Peut-être est-ce un dieu. Il se meut d'ailleurs, il semble même se mouvoir spontanément. Il mérite bien un passe-droit ; aussi est-il pourvu du sexe masculin ou du sexe féminin, mais en tout cas supérieur *sol, die sonne*. La lune à son tour, mérite bien nos hommages, elle est la reine de la nuit, aussi est-elle pourvue du genre supérieur : *der mond, luna,* peu importe qu'il soit masculin ou féminin. Ici d'ailleurs il ne s'agit pas essentiellement de sexe. Dans le système vitaliste il en est de même : le soleil inanimé entre dans le genre animé.

Cela reste à l'état d'exception et cette exception n'est que le résultat de l'explosion d'un instinct contenu. La règle demeure et le genre naturel prévaut.

Mais bientôt cet instinct se développe. L'homme fait à chaque instant passer un objet du genre inférieur au genre supérieur. En vertu de quel principe ?

Nous l'avons dit plus haut : en vertu du principe tantôt animiste, tantôt anthropomorphique qui est la réalisation d'un seul et même instinct. Par exemple, une partie des objets inanimés restent inanimés, comme ils le sont réellement, mais une autre partie, surtout les objets mobiles ou énormes ou s'approchant de l'homme, sont assimilés aux objets animés ; c'est le résultat de l'animisme proprement dit. L'algonquin en fournit de nombreux exemples. Chaque objet de la nature, inerte auparavant, est pourvu d'un esprit qui s'y loge, cet esprit est analogue à celui de l'homme. La plupart des astres sont dans ce cas. Ils sont munis d'un genre vitaliste artificiel. De même, pour un autre motif, les membres du corps humain participent au vitalisme de l'homme. Pourquoi ce dernier serait-il animé, si ses parties composantes ne le sont pas ? Bientôt ses armes, ses divers outils vont participer aussi de sa nature animée ; ce sont d'ailleurs les prolongements des membres du corps. Il en sera de même par une nouvelle extension de tous les objets familiers à l'homme, les meubles, l'habitation par exemple. Tout cela est inanimé en soi, mais l'homme anime le tout. Voilà donc les objets *inanimés* devenus en partie *animés*, non point par un genre *naturel*, mais par un genre *artificiel*.

Un résultat qui va davantage surprendre, c'est qu'ils deviennent ainsi d'*asexués sexués*, comme s'ils étaient mâles et femelles. Comment un tel prodige peut-il s'accomplir ?

Nous le voyons se produire en matière de religion. Du naturisme, on passe peu à peu à l'anthropomorphisme. On adorait d'abord des astres auxquels, en vertu de l'animisme, on supposait une âme divine, mais immatérielle, unie seulement à un corps. Mais l'homme voulut ensuite approcher davantage de lui-même cette divinité ; il ne pouvait mieux le faire qu'en lui donnant un sexe, le sexe masculin et le sexe féminin et en même temps toutes les passions qui en dérivent. Jupiter, Apollon, Mars seront du sexe masculin, Vénus, Junon, du sexe féminin ; voilà les astres habillés, humanisés et... sexués. Cette religion est plus parfaite que la précédente, la polythéisme est au-dessus du naturisme.

Du reste, cette tendance humaine est si forte que nous ne pouvons, encore aujourd'hui, nous représenter la patrie, la vertu, la justice que sous les traits d'une femme ; le travail, le génie que sous les traits d'un homme ; la statuaire nous guide d'ailleurs dans ce sens.

Le même phénomène s'est produit dans la grammaire. Le genre sexuel, qui est un genre naturellement humain, s'est étendu aux choses, auxquelles il ne convient cependant d'aucune façon ; il y forme un genre artificiel, factice. Il est tellement factice que, comme nous le verrons, un substantif inanimé est masculin dans une langue et féminin dans l'autre.

C'est le même anthropomorphisme qui en est la cause. On peut objecter que le genre sexuel n'appartient pas seulement à l'homme, mais aussi aux animaux et que par conséquent le transporter aux choses inanimées, ce n'est pas faire acte d'anthropomorphisme proprement dit, mais pour ainsi dire, de zoologisme, ce serait l'animé en bloc qui ferait invasion dans l'inanimé. Le procédé ne serait donc pas subjectif, car subjectivisme et anthropomorphisme est tout un.

La réponse est simple ; sans doute, il y aurait zoomorphisme, si le sexe qui existe physiologiquement aussi bien chez les animaux que chez l'homme existait chez eux au même degré grammaticalement aussi. Il en serait à plus

1.

forte raison ainsi et il y aurait non plus zoomorphisme, mais bien phytomorphisme, si le sexe des plantes monoïques était marqué.

Mais il n'en est point ainsi. Tout d'abord, l'existence de la sexualité des plantes était inconnue, et d'ailleurs eût-elle été connue, qu'on n'aurait pu l'appliquer qu'aux plantes dioïques, les plantes monoïques, comme hermaphrodites, n'auraient pu être classées que dans le genre neutre. D'autre part, en ce qui concerne les animaux, le sexe est non apparent chez beaucoup d'entre eux et il y en a même sans sexe qui se reproduisent seulement par bourgeonnement ou scissiparité. Chez d'autres il n'est pris en aucune considération, par exemple, chez les animaux sauvages, qui ne sont utilisés par l'homme que par la chasse ou la pêche ; nous verrons qu'ils sont dépouillés de leur sexe naturel et que la grammaire les met uniformément au neutre dans chaque espèce ou, ce qui revient au même, attribue capricieusement à une espèce le genre masculin et à l'autre le genre féminin. Les animaux domestiques conservent seuls leur sexe, mais s'ils le font, ce n'est que parce qu'ils s'identifient en quelque sorte avec l'homme et que celui-ci leur communique l'idée de sexe qui lui est propre. Le caractère purement *subjectif* du sexe se trouve ainsi démontré.

C'est donc bien *l'anthropomorphisme, la subjectivité* qui communique aux êtres inanimés le genre sexuel, seulement ce genre chez eux n'est plus naturel, il est artificiel.

Le genre artificiel peut se produire d'une manière tout opposée et pour ainsi dire au négatif. Au lieu d'attribuer un sexe à ceux qui n'en ont pas, on retire leur sexe à ceux qui en ont un ; ce phénomène est très singulier ; il le paraîtra encore plus lorsque nous verrons que, ce sexe naturel détruit, le penchant anthropomorphique survenant, il en sera attribué un de nouveau aux mêmes objets, mais cette fois artificiel. On aura enlevé un genre pour lui en substituer un autre, puis à ce second on en substituera un troisième. Or, dans tout cela cependant, c'est le même facteur, le subjectif, l'anthropomorphique qui opère.

Nous venons de voir que la plupart des animaux, ceux qui ne sont pas en familiarité avec l'homme, sont dépouillés de leur sexe ; c'est que plus exactement la catégorie de la sexualité ne leur était accordée qu'à cause de leur ressemblance et de leurs rapports avec lui, cependant leur sexe

subsiste et ne pas en tenir compte est un procédé négatif
artificiel. Il est très fréquent et la cause en est certainement
l'idée subjective. L'idée grammaticale de sexualité part de
l'homme, et dès qu'elle est dépourvue d'intérêt pour lui, on
l'oblitère chez l'animal. Que lui importe d'avoir affaire à un
lion ou à une lionne, à un tigre mâle ou femelle. Voilà donc
la qualité de mâle ou de femelle dans la même espèce désormais sans mention. Pour le même motif, parmi les animaux
domestiques eux-mêmes on ne se préoccupe pas du sexe
des petits, on leur applique à tous le genre neutre. Enfin le
même genre comprend les animaux mâles privés de leur
faculté reproductrice par la castration.

Si beaucoup d'espèces animales, en vertu du principe de
subjectivité, perdent ainsi grammaticalement leur sexe, ils
prennent un genre artificiel : le genre neutre, comme s'ils
étaient des êtres inanimés. C'est un cas de *déclassement* par
contre-anthropomorphisme.

Mais, s'il en est ainsi du mâle et de la femelle dans l'intérieur d'une espèce, cette espèce étant tombée au rang des
êtres inanimés est bientôt ressaisie dans son ensemble par
l'anthropomorphisme qui assimile une partie des êtres inanimés à l'homme ; dans cette assimilation il entraîne les
noms d'animaux devenus inanimés et dote telle espèce du
masculin et telle autre du féminin, il les resubjective.

Telle est la division essentielle du genre en *genre naturel*
et en *genre artificiel.* Il y a mouvement *ascendant* et *descen-*
dant, c'est-à-dire que l'artificiel peut s'accomplir, soit en
faisant passer d'un genre inférieur à un genre supérieur
en vertu de l'animisme et de l'anthropomorphisme suivant
les cas, soit en faisant passer du genre supérieur au genre
inférieur, soit enfin, ce qui est anormal, mais très réel, en
ramenant au genre supérieur, mais d'une autre manière, ce
qu'on avait fait tomber à l'inférieur. Cette division domine
tout le reste ; elle le fait d'autant plus qu'elle est marquée
historiquement d'une autre manière. Ce sont les peuples les
plus avancés en civilisation qui ont fait le plus large usage
du genre artificiel, de même que ce sont les religions supé-
rieures qui, de façon ou d'autre, ont le plus employé l'anthropomorphisme.

Le genre, soit naturel, soit artificiel, n'est point une catégorie grammaticale indispensable. Nous donnons dans la
seconde partie la liste des langues qui sont totalement pri-

vées de genre grammatical. Elle est nombreuse. Cela prouve que la base de l'un des genres les plus connus, la sexualité, n'avait nullement frappé l'attention de beaucoup de peuples primitifs. Chez quelques-uns même, chaque degré de parenté n'a qu'une seule expression au masculin et au féminin.

CHAPITRE II

Du genre naturel

Le genre naturel ne se confond nullement avec le genre sexuel, comme on pourrait le croire au premier abord, ce dernier n'est que l'un des nombreux systèmes de genre naturel; il y en a beaucoup d'autres. Est genre naturel, tout classement des objets conformément à la réalité, sans que l'imagination, l'analogie, l'assimilation y soient pour rien.

Le genre naturel est d'ailleurs, comme nous l'avons dit, bien antérieur au genre artificiel.

Il est de deux sortes : le genre *subjectif* et le genre *objectif*, lesquels sont profondément distincts.

L'esprit humain, pour opérer sa classification, a eu deux désirs : 1° se classifier lui-même ; 2° classifier le monde extérieur. Ces deux classements restaient parfaitement distincts ; ce n'est que plus tard que le genre artificiel a tendu à les confondre, ou tout au moins à créer des brèches dans l'un au profit de l'autre.

Il a dû sans doute commencer par lui-même, car nous voyons partout le *subjectif* précéder l'*objectif* ; la vue bornée des premiers hommes, leur égoïsme en sont un sûr garant. En effet, nous trouvons, même dans les langues qui n'ont pas à proprement parler de genre, les amorces du genre subjectif apparaître ; mais, ce qui est un phénomène étrange, ce genre subjectif primitif n'a pas de force ni de fonction grammaticale, il reste purement lexiologique, en outre, dans son expression, enfin il est très limité. Le genre objectif développé à part a plus de qualités. Enfin, c'est par le mélange des deux, qui a lieu beaucoup plus tard sous l'influence de l'anthropomorphisme, qu'on parvient à une extrême richesse et à d'importantes fonctions.

En se classifiant lui-même, l'homme ne pouvait prendre pour base son existence psychique, c'eût été beaucoup trop abstrait pour le sauvage ; il apercevait vite, au contraire, que le genre humain était divisé en deux classes très nettes : les hommes, les femmes. Avec un peu d'attention et déjà une certaine abstraction, il pouvait penser que, quoique pourvus d'un sexe, les enfants devaient ou pouvaient être considérés comme n'en ayant pas, tant qu'ils restaient impubères. D'où l'idée du masculin, du féminin et du neutre. Les autres êtres n'étaient nullement compris dans cette division ; ils n'existaient pas grammaticalement.

Nous avons vu que les animaux eux-mêmes n'étaient, quoique pourvus d'un sexe réel, considérés comme en possédant un que lorsqu'ils étaient familiers de l'homme.

C'est une idée purement subjective qui préside au genre naturel subjectif, au genre sexuel.

L'observation du monde, abstraction faite de l'homme, conduisait à d'autres classements. Certains de ces classements étaient tout matériels, se référaient surtout à la forme des objets : il y avait une classe pour les objets ronds, l'autre pour les objets plats. Certains autres classements étaient moins matériels, établissaient une comparaison, une hiérarchie entre les objets ; on se demandait s'ils étaient inanimés ou animés, c'est-à-dire pourvus ou non de vie ; la raison était supérieure à la vie, on se demandait s'ils étaient pourvus ou privés de raison ; on interrogeait encore leur grandeur ou leur petitesse. L'homme était hors de cause, directement au moins, puisque le procédé était objectif.

Cependant, par ses hauteurs, ce classement se rapprochait du classement subjectif. C'est ainsi que l'on se demandait si l'être était un homme *vir*, ou toute autre chose qu'un homme, même une femme ; on s'approchait très près ainsi de l'idée de sexualité. D'autre part, l'objet très petit montrait son analogie avec la femme, l'objet très grand et très fort son analogie avec l'homme, car il n'existe aucun abîme entre les divers concepts et les différents points de vue.

La fonction de la catégorie du genre est importante autant que sa nature ; aussi de bonne heure cette catégorie est-elle guidée dans son évolution par la vue de cette fonction, c'est celle-ci qui aide beaucoup à son développement. Elle en est, non pas la *cause efficiente*, nous avons vu que cette cause réside dans l'*instinct de la classification*, mais la *cause téléologique* ou *finale*. Nous verrons tout à l'heure en quoi cette cause modifie et amplifie le genre. L'instinct de l'accord sans doute n'est pas primordial, mais il survient pourtant assez vite ; l'idée de lier les différents mots de la proposition, de les hiérarchiser apparaît promptement, seulement pour la réaliser on emploie divers procédés. Il en est un tout à fait différent, celui des cas exprimés soit par l'ordre des mots, soit par des indices. Mais là où les genres sont développés et nombreux, on ne s'adresse qu'à eux, dans les langues bantou par exemple, et ici la liaison se trouve parfaite. Dans d'autres langues, le besoin de liaison grammaticale devient un puissant facteur du développement du genre, qui sans cela fut peut-être resté inerte. C'est ainsi que la cause téléologique, si elle n'agit pas tout d'abord, le fait plus tard en quelque sorte rétroactivement. Elle se distingue de la cause efficiente, en ce qu'elle est plus qu'elle intentionnelle.

Précisément, pour obtenir ce résultat utile, le plus complet possible, le classement tel que le donne la nature ne suffit pas toujours. Sans doute, si, comme les Cafres, on divise tous les objets en douze classes, on n'a rien à chercher de plus, elles suffisent au delà, en décrétant le principe de l'accord, pour établir cet accord complet et sans aucune confusion. Le pronom, par exemple, s'il répond à celle des douze classes à laquelle appartient un substantif, ne pourra représenter que celui-ci, aucune erreur ne sera possible, et si l'adjectif, le possessif, le verbe répondent encore à la même classe, le tissu du discours sera de la plus parfaite clarté ; dans ce système par excellence, concept, expression, fonction, tout s'est produit et complètement à la fois. Mais il n'en est pas toujours ainsi. Le nombre des divers genres peut être fort petit, et ce qui est plus grave pour la clarté, s'il y a trois genres par exemple, deux peuvent s'appliquer à un fort petit nombre d'êtres et le troisième à une foule d'êtres à la fois. Si l'adjectif détaché, si le pronom, si le verbe en accord se rapportent à ce troisième genre, l'amphibologie pourra naître, car plusieurs substantifs de ce troisième genre peuvent se trouver dans la phrase. Il faudrait soit un plus grand nombre de genres, soit, car on n'est plus à l'époque où de nouveaux pourraient se former, une meilleure distribution des genres. Pourquoi ne diviserait-on pas le troisième genre qui renferme des êtres si nombreux, qui est trop riche, et n'en verserait-on pas une partie dans les deux premiers ; ceux-ci pourraient se le partager à peu près également. Ici, on le voit, la cause téléologique, la fonction du genre, est très impulsive, elle pousse à une multiplication ou à une nouvelle répartition des genres.

Mais comment pourra-t-on faire cette nouvelle répartition, car rien n'est volontaire, rien n'est arbitraire dans le langage, tout y est instinctif ! C'est qu'alors apparaît un nouvel instinct, une nouvelle cause, qui tient pour ainsi dire le milieu entre les causes efficientes et les causes téléologiques. Il s'agit d'un instinct tantôt *animiste*, tantôt *anthropomorphiste*, suivant les objets auxquels il s'applique. Parmi les choses, les unes possèdent la vie, les autres ne sont pas parvenues à ce degré de l'existence, elles sont inanimées. Or, beaucoup de langues ne connaissent que deux genres : l'animé et l'inanimé qui correspondent à une réalité objective. Le domaine de l'animé est restreint, celui de l'inanimé est immense, mais le premier va bientôt s'agrandir aux dépens de l'autre. En effet, ce qu'on appelle l'animisme, si connu dans l'histoire des religions, consiste à donner fictivement la vie et l'esprit aux objets inanimés les plus importants, notamment aux astres, l'homme communique fictivement cette vie qui est sienne à beaucoup d'êtres de cette nature. Il en est de même en grammaire ; dans la catégorie vitaliste, nous voyons beaucoup de choses plus remarquables que les autres passer du genre inanimé au genre animé. C'est en vertu d'une tendance de l'esprit de l'homme qui ne s'applique pas seulement au langage.

La tendance *anthropomorphiste* a la même racine que la tendance animiste et produit des effets analogues. Elle se produit historiquement davantage chez les peuples plus civilisés ; or, c'est précisément chez eux que le genre sexualiste s'est développé. Tous les êtres possédant un sexe naturel, êtres chez lesquels l'homme tient la première place et qui ne comprennent d'ailleurs que lui et les animaux, se divisent nettement en deux groupes : les masculins et les féminins. Si, en vertu de l'anthropomorphisme descendant (l'anthropomorphisme ascendant fait, au contraire, ressembler la divinité à l'homme), celui-ci est tenté d'imprimer sa ressemblance aux êtres inanimés, il leur donnera fictivement un sexe, quoiqu'ils n'en aient pas en réalité ; il supposera qu'ils vivent comme lui, que les uns sont mâles et les autres femelles. D'après quel critère fera-t-il cette distinction ? L'homme est plus fort, plus important socialement que la femme, plus grand, plus actif, a plus de mouvement ; les objets asexués qui ont ce caractère seront pourvus d'un sexe masculin, tous ceux qui sont plus petits, plus faibles, subordonnés, auront le genre féminin. L'extension du genre sera due à la satisfaction de cet instinct.

Mais précisément c'est cette extension et cette distribution qui permettent d'augmenter la fonction grammaticale du genre. Tout cela se tient d'ailleurs. D'abord la cause efficiente du genre qui réside dans un *instinct classificateur*, puis la cause extensive et distributive du genre, qui consiste dans un *instinct anthropomorphique*, enfin sa cause téléologique qui est un *besoin de coordination et de subordination grammaticales*. L'instinct anthromorphique, qui étend et distribue le genre, a pour résultat de créer, à côté du genre naturel qui se définit et se répartit de lui-même, un genre artificiel. Celui-ci est très complexe, n'a plus des critères aussi nets, varie beaucoup suivant les différents langages, est plein d'irrégularités et est l'effet de plusieurs facteurs concurrents. Malgré ces défauts, il constitue un des grands intérêts linguistiques et plonge profondément dans la psychologie. On peut diviser principalement le genre en deux grandes classes : le genre naturel et le genre artificiel. Seulement ce dernier prend dans le premier son point de départ, il n'en est que l'extension. Nous verrons qu'il se produit le plus souvent au moyen d'une lutte entre deux systèmes de genres naturels.

Ce n'est qu'après avoir parcouru successivement certains idiomes et après les avoir classés suivant leurs ressemblances, soit quant au concept, soit quant à la distribution, l'expression et la fonction du genre, qu'on peut les comparer, puis en induire non des règles, mais des lois scientifiques sur tous ces points, autrement la construction serait sans fondements. Mais la dernière œuvre n'est pas moins nécessaire que la première ; sans elle pas de science, mais seulement un amas de faits. Quant à l'ordre à suivre, point de doute pour celui qui recherche, il doit commencer par constater les faits.

Il n'en est pas de même pour le lecteur et par conséquent pour le linguiste qui s'adresse à lui, pour faire connaître le résultat de ses recherches. Il doit d'abord, en exposant les classements et les lois générales obtenues, éclairer la marche, ce n'est qu'à cette lumière que les faits eux-mêmes seront compris et interprétés.

1° *Genre naturel subjectif.*

Tandis que les genres objectifs suivent différents systèmes, le genre *subjectif* est un, il se confond avec le genre *sexualiste*. Ce genre contient trois termes : le *masculin*, le *féminin* et le *neutre*, quelquefois réduits à deux : le masculin et le féminin.

Nous verrons qu'il ne faut pas confondre le *neutre* avec l'*inanimé*. L'inanimé s'applique aux êtres qui n'ont pas de vie ; ces êtres, il est vrai, par là même, ne sauraient avoir de sexe, mais c'est un résultat *indirect*. Le neutre indique, au contraire, que l'individu, même animé, même pourvu de sexe, est réputé non sexué dans le langage, par exemple les enfants et beaucoup d'animaux, et que les êtres inanimés sont asexués, non comme conséquence de ce qu'ils n'ont pas de vie, mais directement. Des exemples tirés de beaucoup de langues empêchent cette confusion de s'opérer, car le neutre et l'inanimé coexistent sans se confondre et même se contredisent et interfèrent dans plusieurs.

Dans le genre subjectif d'ailleurs, le neutre n'apparaît qu'assez tardivement. On ne trouve d'abord que le masculin et le féminin. Encore ces deux derniers genres ne font ni partout, ni pour tous les mots leur apparition.

Il faut distinguer le cas où l'on ne marque sur un mot que le sexe d'une *seule personne*, celui où l'on marque à la fois celui de *deux personnes* et enfin celui plus rare où c'est le sexe de *trois personnes* qui est indiqué du même coup.

Nous avertissons que les phénomènes que nous allons relater ici sont fort curieux et peu connus, surtout ceux qui ont trait au double et au triple genre.

a) Genre simple.

Le genre sexualiste étant une catégorie toute subjective est étroitement lié dans le discours à sa *forme subjective*, c'est-à-dire l'*interlocution*. Sans doute, pour l'homme, tout ce qui a trait à l'homme est subjectif à quelque degré, mais ce qui a rapport à un *homme individuel* l'est beaucoup plus, que cet homme soit celui qui parle, ou celui à qui l'on parle, ou même celui dont on parle, les deux premiers surtout qui sont présents et agissant par la parole, le dernier, du reste, peut se confondre avec l'homme en général, mais les deux premiers en sont tout à fait distincts ; d'ailleurs, dans certains cas, le troisième se relie intimement au premier.

Il faut donc distinguer : 1° *le sexe de celui qui parle ;* 2° *le sexe de celui à qui on parle ;* 3° *le sexe de celui dont on parle* (lorsque le sexe du premier n'influe pas sur le sien).

1° Genre subjectif simple d'après le sexe de celui qui parle.

C'est alors dans l'interlocution le sexe du *moi* qui apparaît ; cependant, quelquefois, le sexe du *non-moi*, de l'interlocuteur, apporte des modifications.

Il s'agit ici du bilinguisme comportant un langage spécial pour les hommes et un autre pour les femmes. C'est un fait rare. On l'a relevé chez les Caraïbes, les Dacotahs et les Chiquitos, il n'est que sporadique chez les derniers, mais chez les premiers il constitue un système complet, cependant il ne s'applique pas à tous les mots ni à toute la grammaire, mais seulement à une partie.

Les hommes ne parlent que le langage des hommes, les femmes que celui des femmes, le vocabulaire est très différent, par exemple, la pluie : *conoboui* et *oya* ; tuer : *tiouché* et *apara.* Lorsqu'ils parlent ensemble, l'homme continue son propre langage, mais la femme doit prendre le langage de l'homme.

2° Genre subjectif simple d'après le sexe de l'interlocuteur.

Ici l'interlocuteur seul est en jeu, peu importe le sexe de celui qui parle, peu importe le sexe de celui dont on parle.

On comprendrait parfaitement que le sexe de l'interlocuteur eut de l'influence à la seconde personne, c'est-à-dire quand on parle de lui : *tu es, tu as* ; en effet, parlant de lui et à lui, son importance s'est trouvé renforcée, mais il n'en est pas ainsi, c'est à toutes les personnes du verbe que l'influence du sexe de l'interlocuteur se fait sentir.

Ce procédé que nous décrivons plus longuement dans la seconde partie est particulier au basque, il n'a lieu qu'au singulier et par manière de tutoiement. Un homme alors s'adressant à une femme lui dit : *nu-n*, je suis ; s'il s'adressait à un homme, il dirait *nu-c* ; en s'adressant à une femme, il dit *du-c*, il ou elle est. C'est seulement à la deuxième personne qu'on ne fait pas cette distinction.

Il y a là un phénomène difficilement explicable, d'autant que la présence de l'interlocuteur rend son sexe non douteux. Il semble que ce procédé se rapporte aux formes de politesse ou de familiarité ; en effet, quand il s'agit d'une personne supérieure, on emploie une désinence révérentielle ; dans le cas contraire, la désinence virile marque un degré inférieur et la désinence féminine un degré encore au-dessous.

Quoiqu'il en soit, la sexualité trouve ici une application des plus remarquables, surtout dans une langue qui ne connaît pas par ailleurs la distinction sexualiste.

3º *Genre subjectif simple d'après la personne dont on parle.*

Ce genre subjectif ne se rattache plus que faiblement à l'interlocution, il ne le fait plus qu'au *négatif*, il reste subjectif par la catégorie des substantifs auxquels il s'applique et par le fait même de la sexualité.

Il comprend deux cas distincts : 1° celui très répandu et très ancien de l'expression de noms de parenté et d'espèces animales ; 2° celui plus récent, mais rare, de l'expression de tous autres noms.

Noms de parenté.

Nous les retrouverons tout à l'heure quand il s'agira du genre double et du genre triple ; il ne s'agit maintenant que du genre simple.

L'expression de ce genre sexuel a quelques particularités que nous reverrons au chapitre de l'expression. Elle est lexiologique et non grammaticale le plus souvent ; cependant, cela n'est pas toujours vrai, elle se fait aussi soit par une modification interne de la racine, soit par des affixes, mais c'est le premier mode qui est curieux.

Lorsque le nom de parenté s'exprime d'une manière lexiologique, il n'a pas d'influence grammaticale, il n'établit pas de subordination d'accord entre les divers mots de la phrase. Le genre qu'il adopte est donc un genre infécond, sans autre but que le classement. Cette expression est concrète.

Le mot de parenté (ou d'alliance, ou de simple affinité, c'est-à-dire d'alliance d'alliance) est subjectif d'une double manière, d'abord, il se réfère souvent, non toujours, à la personne qui parle ; celle-ci dit surtout : mon père, mon frère, puis il se réfère à l'homme, au genre humain, exclusivement, ce qui est une autre manière d'être subjectif.

Voici quelques exemples des noms de parenté dont nous verrons le développement dans la seconde partie.

On peut s'étonner qu'il n'y ait aucune ressemblance lexiologique entre le nom de père et celui de mère, celui de frère et celui de sœur ; cependant c'est un fait qui est commun dans les langues sauvages et qui se reproduit dans les langues les plus civilisées.

C'est ainsi qu'en Algonquin, père : *attâwi* et mère : *kawig* ; grand-père : *musu* et grand'mère : *okku* ; beau-frère : *istaw* et belle-sœur : *tim* ; en Koggaba, père : *hatei* et mère : *haba* ; *tuéi* : frère et *nallu* : sœur ; *lumi* : cousin et *huso* : cousine ; en Ainu, *michi* : père ; *hebo* : mère ; *ochu* : oncle et *anaruha* : tante.

Les langues des peuples très civilisés ont retenu ce mode. C'est ainsi que le français dit : oncle et tante, père et mère, gendre et bru, frère et sœur.

Il faut ajouter qu'à ce masculin et à ce féminin des noms de parenté, il faut parfois joindre un neutre ou un nom générique contenant à la fois les deux sexes. C'est ainsi que l'allemand *mensch* comprend l'homme et la femme ; il en est de même du latin *homo* ; nous verrons ce système plus développé quand il s'agit des noms d'animaux.

Il y a des langues, mais le cas est exceptionnel, où l'on ne distingue pas du tout les sexes ; en dahoméen, *vi* signifie à la fois le fils et la fille ; *novi*, le frère et la sœur.

Nous verrons plus loin que l'expression concrète si remarquable des noms de parenté a lieu de manière à distinguer le frère aîné du frère cadet, la sœur aînée d'une sœur cadette et même les différents enfants suivant l'ordre de leur naissance, enfin les parents vivants et les parents morts.

Mais parfois l'expression n'est pas concrète, elle rentre dans la règle ordinaire du genre, cependant elle n'abandonne pas tout de suite ce système. En Mandchou, par exemple, on ne change pas la racine, mais on la modifie suivant le sexe masculin ou féminin, *ama* : père et *eme* : mère.

Dans d'autres enfin la finale marque le genre ; espagnol, *hermano* : frère, *hermana* ; *nieto* : petit-fils, *nieta*.

Noms d'animaux.

Ces noms ne se relient pas à l'interlocution, puisqu'ils ne peuvent être que l'objet dont on parle ; mais ils sont subjectifs, surtout les noms d'animaux familiers, les seuls qui soient garnis d'un genre, en ce que ces animaux ont des rapports continuels avec l'homme dont ils sont les compagnons.

On peut relever pour eux tout ce que nous venons de noter pour les noms de parenté.

L'expression lexiologique est concrète, avec absence souvent d'influence grammaticale ; arabe, *hiça* : cheval ; *pharas* : jument ; *djamel* : chameau ; *nàqo* : chamelle ; *tis* : bouc ; *mazan* : chèvre.

L'expression grammaticale par désinence, *kalb* : chien ; *kalba* : chienne.

Il faut noter ici ce que nous avons déjà remarqué que le genre sexualiste n'existe pas chez les animaux en vertu de la nature, mais surtout en vertu d'une assimilation à l'homme.

Autres substantifs.

D'autres langues connaissent d'une manière générale le masculin et le féminin, mais en font l'application seulement à l'homme et aux animaux, c'est le genre sexuel naturel.

Nous renvoyons à un autre chapitre ce qui concerne les langues où le genre subjectif consistant dans le sexe des hommes et des animaux concourt avec le genre objectif s'appliquant au reste ; de même celles où le genre subjectif envahit en tout ou en partie le genre objectif, pour ne retenir que celles où le genre sexualiste naturel apparaît seul.

Dans ce cas, ce genre n'est plus stérile comme tout à l'heure, il produit souvent effet sur les divers mots de la proposition. D'autre part, son expression n'est plus habituellement lexiologique mais grammaticale, c'est-à-dire employant des affixes.

Contrairement à ce qu'on croirait, cet état grammatical est très rare ; cela s'explique. Si l'on divise les êtres seulement suivant le sexe naturel, cela ne s'appliquera qu'aux hommes et aux animaux ; il faudra, en outre, le genre vitaliste pour s'appliquer aux choses ; ou l'on devra partager entre les choses les deux genres naturels, ce qui rentre alors dans les chapitres que nous venons d'indiquer.

Il n'existe même pas du tout, puisque c'est impossible, un système ne présentant d'une manière générale que le genre subjectif, à moins de confondre l'inanimé avec le neutre, confusion qu'il y a lieu d'éviter. Seulement il y a quelques langues qui réalisent approximativement la présente division.

En Caraïbe, par exemple, il existe le genre masculin naturel, lequel s'applique aux hommes et aux animaux mâles. A côté se trouve le genre féminin naturel, lequel s'applique aux femmes et aux animaux femelles. Quant aux objets inanimés, ils ne sont point répartis, comme dans certaines autres langues, entre le masculin et le féminin par une fiction, mais ils sont réunis au genre féminin, de sorte que l'on se trouve en face d'un genre arrhénique et d'un genre métarrhénique caraïbe.

De même en Goajira et en Arrouague, langues apparentées. Mais il faut apporter deux restrictions qui font que le genre arrhénique n'y est pas pur.

Tout d'abord, en Caraïbe, par exemple, il y a concours du genre vitaliste et du genre sexualiste. Cependant, ce concours n'est pas parfait et on ne peut pas en faire résulter trois genres : arrhénique, féminin et inanimé, ni même dans l'ensemble arrhénique, métarrhénique et inanimé. Voici comment. Cette langue distingue l'arrhénique du métarrhénique quand il s'agit de l'effet sur le pronom, le participe et le verbe, et l'animé et l'inanimé quand il s'agit de l'expression sur le substantif. En outre, il est inexact de dire que tous les êtres, dès qu'ils ne sont pas mâles, rentrent dans la catégorie du métarrhénique, c'est-à-dire, en définitive, du féminin. En Goajira, on répute mâle la lune, le soleil et d'autres êtres inanimés importants. En Goajira, même distinction ; on répute animés les membres des êtres animés. En Arrouagne, même système.

En dehors de cette famille, le Khassia ne distingue plus l'animé de l'inanimé, mais le mâle de tous les autres êtres, le système est donc plus pur, seulement certains êtres inanimés sont masculins : l'étoile, la pierre, etc.

Il faut rapprocher de cette distinction entre l'arrhénique et le métarrhénique, une autre distinction entre l'andrique et le métandrique. On ne met plus en opposition le mâle d'un côté et tous les autres êtres de l'autre, mais bien l'homme mâle (*vir*) d'un côté et de l'autre tous les autres êtres. La distinction est toujours sexuelle, mais le genre naturel est plus fortement subjectif ; il se rattache à l'homme seul et non plus à l'homme et aux animaux. Ce système est pratiqué en Iroquois et en Chiquitos. Il y a encore quelques assimilations, mais qui n'affaiblissent plus le principe, qui, au contraire, le renforcent.

Sans doute, dans plusieurs des langues citées, la distinction sexualiste concourt avec la distinction vitaliste, mais il n'y a pas choc entre les deux, chacune opère dans une sphère différente. Quant à l'andrisme, il ne se trouve nullement en concours avec le vitalisme, même dans cette mesure.

En résumé, le genre sexualiste naturel se rencontre dans les langues sus-indiquées ; seulement, comme il faut que les êtres inanimés aient une expression, ils s'assimilent au féminin général ou au féminin hominin. Quant à l'idée sexualiste, elle est tantôt moins subjective, s'adressant à l'homme et aux animaux, tantôt plus, ne s'adressant qu'aux hommes. De là une différence entre l'arrhénique et le métarrhénique d'une part, et l'andrique et le métandrique de l'autre.

Cependant, on peut considérer le genre sexualiste comme existant pur dans quelques langues peu nombreuses, par exemple, le Betoi et le Yaruro, l'Haoussa, le Basque, l'Abchaze, que nous décrirons dans la seconde partie. C'est ainsi qu'en Haoussa, le substantif ne porte la marque que du genre sexualiste naturel : *da*, le fils ; *dia*, la fille. En Basque, le pronom varie suivant le sexe, mais de la personne seulement.

b) Genre double.

Le genre double consiste à exprimer sur un seul mot, d'une manière indivisible, le sexe de deux personnes à la fois. L'utilité d'un pareil processus ne se conçoit et ne se réalise que quand il s'agit des noms de parenté ou d'alliance.

En effet, si je parle de cousin, on se demandera d'abord si c'est un homme ou une femme, s'il s'agit d'un cousin ou d'une cousine, c'est là le sexe, le genre direct de l'objet, mais on se demandera aussi si moi qui parle suis un cousin ou une cousine, si je suis du sexe masculin ou féminin. En effet, il y a cousin de cousin, cousin de cousine, cousine de cousin, cousine de cousine ; toutes ces situations étant relatives, se trouvent au nombre de quatre ; le sexe de chacun des parents qui sont aux deux extrémités de la chaîne les fait varier.

Dans nos langues indo-européennes, la dénomination des noms de parenté est bien embarrassée et très complexe ; la complexité était plus grande pour les sauvages, mais ils s'exprimaient d'une manière plus complète. Nous en donnons le tableau dans la seconde partie ; en voici quelques exemples qui feront comprendre le système.

Mais avant tout il faut noter que ce processus se relie intimement à l'*interlocution*. A l'origine, au moins, la parenté a pour point de départ celui qui parle. On dit : mon cousin, ma cousine, mon frère, ma sœur. Sans doute, on dit aussi : ton cousin, ta cousine, ton frère, ta sœur, mais beaucoup moins. Beaucoup moins encore dit-on : son cousin, sa cousine, son frère, sa sœur ; *le langage est d'abord tout interlocutif, il part du moi, pour s'étendre ensuite au non-moi ; le langage primitif est égoïste, comme l'âme du sauvage et l'âme de l'enfant.*

En algonquin, on dit : *tamis*, cousin d'homme ; *angoceng*, cousine de femme ; *nimocenj*, cousine d'homme ou cousin de femme ; *ta*, beau-frère d'homme ; *nim*, belle-sœur d'homme ; *nim*, beau-frère de femme et *ang*, belle-sœur de femme. De même en mixtèque : *nami*, frère de l'homme ; *cuhua*, frère de la femme ; *cuhua*, sœur de l'homme ; *cahui*, sœur de la femme. En Dacotah, frère aîné :

2

cingyé, si c'est l'homme qui parle, et *timdo,* si c'est la femme qui parle ; sœur aînée : *tangki,* si c'est l'homme qui parle, et *cung,* si c'est la femme qui parle. En Haida, le frère aîné : *quia,* si c'est le frère qui parle, et *dai,* si c'est la sœur qui parle ; la sœur aînée : *chasi,* si c'est le frère qui parle, et *quiay,* si c'est la sœur qui parle.

Plus tard, il n'est pas nécessaire que la parenté se rapporte à la personne qui parle, il suffit que le sexe de la personne située à chaque bout de parenté soit connu, mais il faut retenir le point de départ interlocutif et par conséquent nettement subjectif.

Les noms mêmes du père et de la mère, ces mots si usités, ne s'expriment pas de la même façon s'ils sont exprimés par le fils ou par la fille. En Kalispeln, père se dit : *l'eù* dans le langage de l'homme et *mesim* dans le langage de la femme ; mère se dit *skoi* dans le langage de l'homme et *ton* dans le langage de la femme.

Comme l'expression des noms de parenté se fait très souvent par l'emploi de racines différentes, il en résulte que pour exprimer un même degré de parenté on fait appel à quatre racines à la fois, comme dans l'exemple que nous venons de donner. Quelquefois même plus de quatre racines sont réellement en jeu, si l'on distingue, par exemple, le frère aîné du frère cadet et la sœur aînée de la sœur cadette, distinction que nous retrouverons plus loin.

D'autre part, quelquefois les quatre racines n'apparaissent pas à la fois ; par exemple, en Haida, le mot *père* varie suivant que c'est le fils ou la fille qui parle, mais le mot *mère* est identique dans tous les cas ; le mot fils est : *keet,* si c'est le père qui parle, et le mot fille : *keet,* aussi si c'est la mère qui parle ; le frère cadet : *toon,* que ce soit le frère ou la sœur qui parle. Souvent le parent mâle dont un homme parle s'exprime de la même manière que le parent féminin dont une femme parle ; il y a là comme un croisement, ou plutôt une expression commune quand le sexe est inverse ; l'expression ne varie que quand il y a divergence de sexe.

On doit rattacher, au moins à l'origine, ce phénomène curieux à celui du langage des hommes et du langage des femmes dans certaines langues ; il se relie alors à l'interlocution et à la première personne dans celle-ci, d'une manière plus directe.

c) Genre triple.

On peut tenir compte, dans l'expression des noms de parenté, non seulement des deux bouts de la chaîne, mais aussi des chaînons intermédiaires. En effet, on peut être parent de quelqu'un par son propre père à soi ou par sa propre mère, de telle sorte qu'on ait à tenir compte : 1° de celui qui parle (s'il s'agit de sa parenté) ; 2° de celui dont on parle ; 3° de celui ou de ceux qui relient ces deux personnes.

Il en résulte alors, par exemple, quatre expressions de parenté pour l'idée *neveu-nièce*, multipliées par deux, puisque l'intermédiaire peut être masculin ou féminin, en tout huit. Pour cela huit racines différentes peuvent être employées, mais on se contente généralement d'un moins grand nombre en les modifiant.

Nous trouvons en langue cri des exemples caractéristiques :

n'tozim (dit l'homme) fils de mon frère.
n'tozimwatum (dit l'homme) fille de mon frère.
n'tikwatum (dit l'homme) fils de ma sœur.
n'istim (dit l'homme) fille de ma sœur.
n'tikwatum (dit la femme) fils de mon frère.
n'istim (dit la femme) fille de mon frère.
nikosim (dit la femme) fils de ma sœur.
n'toziniskwem (dit la femme) fille de ma sœur.

Tel est dans ses dernières complications le genre subjectif. Il faut retenir que dans son *concept* il est *naturel* et *sexualiste*, dans son *expression* presque toujours *lexiologique*, dans ses *fonctions* sans influence grammaticale. Nous allons voir qu'il en est tout autrement du genre objectif, sauf que celui-ci est naturel aussi, sauf quelques extensions.

Le genre subjectif a été longtemps sans exercer d'influence grammaticale ; réduit comme il était à exprimer le mâle et la femelle, soit dans le règne humain, soit dans le rège animal, par des mots différents, il ne pouvait en posséder, tandis que le genre objectif en acquit de bonne heure ; mais avec cette importance réduite, il est très ancien, ainsi que tout ce qui est subjectif et il a peut-être même précédé l'objectif. Mais ce n'est que du jour où l'objectif et le subjectif se sont réunis, soit pour partager naturellement le domaine grammatical, soit pour se combattre et s'éliminer, que la catégorie du genre a pris une importance majeure et qu'elle est devenue un point culminant de la grammaire, capable de donner le branle à la phrase et le mouvement à la pensée.

d) Genre objectif.

En face du genre subjectif qui a l'homme pour point de départ et les annexes à l'homme (y compris les animaux), apparaît, également naturel, le genre objectif qui a pour point de départ le monde extérieur. La mesure est toute différente. Le sexe n'est plus ici en question. Les objets inanimés n'en possèdent pas.

Ce qu'ils possèdent surtout, c'est la vie ou l'absence de vie (la présence de la vie se manifeste d'abord par le mouvement spontané) ; ils ont aussi la raison ou l'absence de raison ; la raison est la limite qui les sépare de l'homme. Si l'on tient compte à la fois de la vie et de la raison, on obtient en théorie trois genres distincts qui sont l'inanimé comprenant les choses, l'irrationnel comprenant les animaux, le rationnel s'appliquant aux hommes (les végétaux rentrant dans les choses).

Il peut y avoir mélange entre les trois comme dans le cas précédent, mais plus généralement on ne pratique que la division vitaliste ou la distinction rationaliste : animés ou non animés, raisonnables ou non raisonnables.

Il faut ajouter une troisième distinction que nous avons déjà rencontrée dans le genre subjectif, qui est entre les deux domaines et qu'on peut aussi placer ici. Il s'agit de l'andrique ou du métandrique. La raison n'est plus ici seule en jeu, mais aussi la direction ; la maîtrise sociale attribuée à l'homme seul *vir*.

Est-ce tout ? Non, les choses se distinguent encore entre elles par leur intensité, leur grandeur et leur petitesse, de là le genre augmentatif et le genre diminutif, distinction qui simule celle entre le masculin et le féminin, le féminin étant le plus petit et le plus faible.

Dans tous ces genres objectifs, il s'établit une comparaison, une hiérarchie constante entre eux ; l'inanimé est inférieur à l'animé, l'irrationnel inférieur au rationnel, le subordonné au maître, le petit au grand ; il y a des étages superposés.

Au contraire, on peut classifier les objets sans établir de prééminence de l'un sur l'autre, en y pratiquant, non plus des tranches horizontales, mais des tranches verticales, par exemple : on distingue les objets ronds des objets longs, plats, etc. Il n'y a plus alors subordination, mais simple coordination, ce qui est très différent. Un semblable système paraît être inférieur, cependant il est très fécond en ce qui concerne la fonction grammaticale du genre, il la remplit d'une manière très complète.

Enfin, quelquefois les genres objectifs se cumulent avec le genre subjectif, ce que nous examinerons plus loin, mais ils se cumulent aussi souvent entre eux.

1º Genre coordonnant.

Le genre coordonnant est surtout en usage dans les langues Bantou, seulement il n'y porte pas ce nom, mais s'appelle : classement de substantifs. Il existe aussi dans les langues monosyllabiques, où il classifie, mais sans remplir la même fonction grammaticale. Il consiste essentiellement à ranger tous les êtres dans un certain nombre de catégories, plus ou moins nombreuses, par une classification qui répond quoiqu'imparfaitement à celles de la botanique et de la zoologie.

Comment des peuples au dernier degré de la civilisation ont-ils pu songer à cataloguer les êtres et à leur trouver des compartiments adéquats ? N'est-ce pas le fait de peuples plus avancés ? Nullement ; au contraire, les peuples supérieurs, les Indo-Européens, les Sémites, ont abandonné cette classification et s'en tiennent au genre proprement dit qu'ils développent.

D'ailleurs, le classement n'a point été fait dans une intention quelconque, mais seulement pour satisfaire au besoin d'ordre, de symétrie qui est dans tous les esprits. Ce besoin est très pressant chez des peuples qui possèdent peu de catégories grammaticales et d'ailleurs il se relie à d'autres instincts. Un des principaux est le concrétisme primitif, concrétisme qui est particulièrement en évidence dans le déterminant numéral.

Le concrétisme consiste essentiellement dans une individualisation extrême de l'objet et dans son maintien en cet état, de manière à ce qu'il ne puisse recevoir une idée générale et s'y adapter. C'est ainsi que nos langues disent sans hésitation : deux moineaux, trois chênes, etc., adaptant l'idée abstraite : deux, trois, à tout substantif, mais des langues primitives hésitent devant une application aussi hardie. Elles appliqueront bien, par exemple, les nombres deux, trois, au mot *arbre,* mot très fréquemment employé et pour lequel l'exercice constant aplanit la difficulté, mais pas à chêne, palmier, platane, etc. Lorsqu'il s'agira de dire : deux chênes, on dira : chêne deux-arbres, de même, chêne trois-arbres ; moineau deux-oiseaux, moineau trois-oiseaux ; mais trois-arbres, trois-oiseaux, seront devenus des expressions concrètes, comme on dit en français une douzaine, une treizaine, moins abstraits que les nombres douze ou treize. Tel est le déterminant numéral.

D'ailleurs, en dehors de ce cas, toute détermination concrétise. Si l'on dit : lune-cercle, l'expression sera plus concrète que si l'on dit : lune, parce qu'on se représentera en même temps la figure géométrique ; de même, si l'on dit : lit-chose étendue, homme-corps, la chose est rendue visible par une de ses qualités les plus frappantes. Un mot explique l'autre ; on parle par couples et l'objet se trouve individualisé.

On pourrait, il est vrai, soutenir qu'il y a là aussi bien généralisation, car le mot adjoint est plus général que l'autre. Sans doute, et c'est bien cette généralisation qui conduit au classement de l'individu dans un genre ; mais étant jointe à l'objet individuel, elle ne fait alors que le préciser davantage.

Ce n'est pas d'ailleurs seulement une idée concrète ni le but de faciliter l'application de l'abstrait au concret qui a dominé, mais, en outre, dans certaines langues un besoin diacritique. Ici et là l'abréviation des mots conduit au monosyllabisme et ce dernier à l'homonymie, ce qui implique des amphibologies fréquentes. Pour les détruire, on accompagne l'homonyme d'une classe générale qui enlève toute incertitude. Ce procédé est très fréquent en chinois, cette langue forme ainsi des familles entières de mots ; on se croirait en face d'une classification d'histoire naturelle : *ly,* par exemple, a plusieurs sens différents, mais si l'on dit *ly chou,* châtaignier-arbre, il n'y aura plus de doute ; de même *pe* dans *pe chou,* cyprès-arbre.

Le système est coordonnant, parce qu'on n'indique aucune supériorité d'une classe sur l'autre, elles sont toutes égales en dignité, mais elles restent toujours subordonnantes dans la phrase, en ce sens que c'est le genre du substantif qui se reporte sur les autres mots.

L'emploi de la classe exclut celui du genre soit subjectif, soit objectif subordonnant ; la langue se trouve autrement organisée dans son ensemble.

Quant à l'influence de la classe sur les autres mots du discours, tantôt elle est absolument nulle, tantôt, au contraire, elle a l'effet le plus complet.

Ce qui subdivise en deux catégories : 1° genre coordonnant sans effet grammatical ; 2° genre coordonnant avec développement de l'accord.

a) Genre coordonnant purement lexiologique.

Il s'agit de l'addition au nom d'un être individuel d'un autre nom qui le classe, empêche de le confondre avec l'homonyme et permet de lui appliquer un mot de nombre.

C'est le système d'abord dans toutes les langues qui exigent le déterminant numéral et elles sont fort nombreuses ; on peut citer le birman, le siamois, le samoan, le vitien et surtout le chinois et le japonais. Quelquefois les mots de nombre ne sont pas en jeu, mais l'usage est de faire suivre le substantif de la désignation de sa classe, c'est ce qui a lieu dans plusieurs langues de l'Orient.

b) Genre coordonnant grammatical.

Ce genre est simple ou double.

1° *Genre simple.*

Ici le rôle diacritique n'apparaît pas ; le mécanisme du concrétisme est latent ; ce qui ressort, c'est l'emploi grammatical que nous décrirons plus loin. Ce sont surtout les langues bantou qui l'ont adopté.

Dans ces langues, *bu,* par exemple, au pluriel *mo,* indique les objets liquides (les boissons, le miel, le sang) ; la classe *mu*, pluriel *ba*, indique la situation debout et par conséquent les personnes ; la classe *li*, pluriel *ma*, désigne ce qui est plat, nu ou raide (les parties du corps plates, la main, la peau, le couteau).

Dans une autre famille linguistique, le Woloff *ga* indique les arbres fruitiers ; *bo*, les fruits ; *va*, les animaux ; *sa*, les diminutifs.

2° *Genre double.*

C'est en traitant de l'expression et de la fonction que nous verrons comment ces classifications tiennent sous leur dépendance, non seulement le substantif auquel elles s'appliquent directement, mais l'adjectif, le génitif, le pronom personnel et par lui le sujet et le régime.

b) Genre objectif subordonnant.

Le genre subordonnant ne porte plus le nom de classe, mais celui de genre ; nous lui donnons celui de genre subordonnant objectif parce que son point de départ est dans le monde extérieur et non plus dans la personnalité humaine.

Il est subordonnant en ce sens que dans chaque genre qu'il établit (toutes les langues n'admettent pas le même système de genre objectif) il donne la supériorité à l'un et l'infériorité à l'autre ; par exemple, l'être animé est au-dessus de l'être inanimé, l'être raisonnable au-dessus de l'être privé de raison ; il y a *hiérarchisation* dans le concept. En ce qui concerne l'accord entre les divers termes de la proposition, il est bien subordonnant encore, mais le genre coordonnant ci-dessus l'était déjà.

La genèse du genre objectif subordonnant résulte de l'instinct de hiérarchisation propre à l'esprit de l'homme. L'idée de hiérarchie a été profondément gravée en lui par la religion et la politique, elle l'est aussi par les usages mondains, l'existence du révérentiel dans la grammaire le prouve. Pourtant il faut, semble-t-il, un supérieur et un inférieur ; cependant, au point de vue grammatical et de l'accord, le classement égalitaire suffisait.

Les systèmes de genres objectifs ont d'ailleurs les uns vis-à-vis des autres une progression, ils vont en s'affinant et en s'élevant dans leur concept. De la *coordination* à la *subordination* il y avait déjà un progrès ; ce progrès s'accentue au cours de cette dernière. L'homme compare entre eux des êtres dont le supérieur est de plus en plus élevé.

Nous avons indiqué les divers genres objectifs : 1° genre *intensif* (commun, diminutif, augmentatif) ; 2° genre *vitaliste* (inanimé, animé) ; 3° genre *rationaliste* (anthropique, métanthropique) ; 4° genre *viriliste* (homme *vir*), tous autres objets. Il existe aussi un genre qui contient trois degrés, au lieu de deux : celui qui distingue les objets, les animaux et les hommes, joignant le rationalisme au vitalisme.

Nous mettons en dehors les genres où vient se mêler le genre subjectif ; ils rentrent dans le genre artificiel.

Le genre intensif est fort peu fréquent, on le rencontre dans le Nama. Il a été longtemps confondu avec le masculin, le féminin et le neutre. Sa véritable nature résulte de ce fait que le même mot peut être des trois genres successivement, suivant qu'il s'agit d'un objet grand (prétendu masculin), petit (prétendu féminin), ou moyen (prétendu neutre). On ne saurait cependant méconnaître que c'est un point par lequel le genre objectif confine au genre subjectif. L'Oigob a un système analogue ; il s'agit toujours du contraste entre ce qui est grand et ce qui est petit : *ol-alem*, grande pierre, rocher ; *e-soid*, petite pierre. Que s'il s'agit des hommes et des animaux, ces préfixes s'emploient pour désigner le sexe naturel.

Un tel système se rapproche beaucoup du concept du diminutif qui a tant de force dans plusieurs langues ; en effet, le diminutif et le féminin ont une grande analogie.

Le genre *vitaliste* est usité dans des langues américaines assez nombreuses ; il a peu d'influence grammaticale sur les autres mots de la phrase et son expression a lieu seulement au nombre pluriel. On peut citer comme sa sphère d'application toutes les langues algonquines ; la distribution influe sur beaucoup de parties du discours, en particulier sur le verbe et sur tous les pronoms ; il existe, ce qui fait défaut à d'autres langues, même à genre vitaliste, une *conjugaison animiste* complète. Ce n'est pas tout, il y a dans ces langues une catégorie très particulière, celle de l'*obviatif* et du *surobviatif*; hé bien ! c'est la distinction vitaliste qui en règle le développement, nous donnerons

2.

plus loin le tableau complet de ce phénomène. Ce sont les langues algonquines qui forment le domaine du genre vitaliste.

En effet, la plupart des autres langues qui ont ce genre ne le marquent que sur le substantif affecté et n'établissent aucun accord sur les autres mots de la phrase. Bien plus, par un phénomène singulier, ils ne l'expriment même sur ce mot que sous le réactif du nombre ; au singulier il n'y en a pas de trace, au pluriel tantôt on emploie un indice différent suivant que l'objet est animé ou inanimé, mais plus fréquemment encore, et c'est un fait caractéristique, le pluriel ne se marque que sur les noms animés ; le pluriel pour les êtres inanimés n'existe pas ; ici, il y a rencontre et influence réciproque du genre et du nombre, ou, s'il faut absolument le pluriel des inanimés, on le marque d'une manière non grammaticale, mais lexiologique, en faisant précéder ou suivre des adverbes : beaucoup, peu, etc. Cependant, quelquefois, l'effet du genre est autre. En Chiapanèque, par exemple, ce sont les mots de nombre qui diffèrent suivant le vitalisme de l'objet. En Jagan, les substantifs animés possèdent seuls un duel. En Mutsun, c'est la forme du verbe substantif qui subit cette influence. Mais ce sont des cas exceptionnels.

Quelle est l'explication de cette influence du pluriel ? Il faut la rattacher à la hiérarchie entre les genres ; le genre supérieur est toujours entouré d'une certaine considération. Qu'il y ait une ou plusieurs choses, qu'importe, à moins qu'on n'ait un intérêt spécial à les compter, mais alors on les compte exactement ; s'il s'agit d'êtres vivants, c'est autre chose, qu'il s'agisse de plusieurs hommes ou de plusieurs animaux, il faut l'indiquer, car il y a là des objets de valeur. Les choses apparaissent en masse ; les êtres vivants sont individuels.

Tel est le genre vitaliste. Pourquoi est-il très ancien, assez répandu et a-t-il laissé des traces nombreuses ? D'où lui vient cette importance? Disons d'abord qu'il ne faut pas le confondre avec le neutre, nous le prouverons dans un chapitre spécial ; le neutre dépend du genre subjectif, il est tout négatif, l'inanimé, du genre objectif, il est positif ; le neutre n'existe que par opposition au masculin et au féminin ; l'inanimé apparaît en opposition à l'animé, lequel comprend indifféremment les deux sexes.

Le vitalisme se conçoit parfaitement, même dans nos idées actuelles. Une barrière sépare les personnes et les êtres possédant la vie de tout ce qui ne vit pas. La vie et l'absence de vie forment un critère très net. Pour un sauvage surtout, ce qui ne vit pas ou ne vit plus a une infériorité très marquée, d'autant plus que pour les objets importants : le soleil, la montagne, nous verrons qu'il les doue fictivement de vie en vertu de son instinct animiste. Aujourd'hui, nous distinguons les personnes et les choses, sinon comme genre principal, puisque nous possédons le genre sexualiste, du moins comme genre secondaire et latent qui influe souvent sur notre dictionnaire et même sur certaines parties de notre grammaire ; c'est ce que nous établirons ; nous employons certaines expressions, seulement lorsqu'il s'agit des personnes. Bien plus, nous avons des termes l'un pour les hommes, l'autre pour les animaux, l'autre pour les choses, nous continuons ainsi un genre mélangé de vitalisme et d'anthropisme. La vie est plus palpable que la raison même. Au point de vue de celle-ci, par exemple, comment classer les animaux? Tous les êtres vivants sont sur un certain pied d'égalité entre eux ; il n'y a plus ensuite que des degrés d'intensité de vie.

Aussi le vitalisme est très résistant et nous le retrouverons tout à l'heure plus puissant que jamais dans le mélange entre le genre subjectif et le genre objectif.

Entre l'être inanimé et l'être animé apparaît l'être qui a été animé, mais qui ne l'est plus, l'être mort; il est vrai que la mort peut s'appliquer même à l'être inanimé lorsqu'il est détruit. Il y a là une brèche faite par l'objectif dans le subjectif, car les noms de parenté possèdent déjà le genre sexualiste. Ce sont surtout les intermédiaires morts qui influent sur l'expression de la parenté, comme par exemple dans la langue kalispeln.

Au concept vitaliste se rattache aussi celui qui distingue, suivant l'âge, soit le frère aîné du frère cadet, soit la sœur aînée de la sœur cadette, soit les différents enfants suivant leur naissance. D'après les idées sur l'aînesse, il semble que celui qui a le premier reçu la vie ait une primauté vitale. Or cette distinction a lieu dans une foule de langues, nous en énumérerons bientôt quelques-unes.

Il y a lieu de faire mieux comprendre l'importance du genre vitaliste en en relevant les nombreuses survivances,

Ces survivances sont de plusieurs sortes : 1° une survivance qui existe dans presque toutes les langues et qui affecte le pronom interrogatif-relatif ; 2° une autre répandue dans toute la grammaire et qui interfère, sans se confondre, avec le genre sexualiste ; 3° une autre sporadique manifestée dans les lexiques et l'emploi grammatical de certains mots.

La première de ces survivances est d'un intérêt hors ligne ; elle fait entrevoir le tréfond de la grammaire et l'état mental primitif. Dans une foule de langues, même dérivées, le pronom interogatif-relatif ne connaît ni masculin, ni féminin, ni neutre, même quand le substantif auquel il se rapporte se règle d'après ces catégories. Il est essentiellement dans sa forme inanimée différent de la forme du neutre. Nous en donnons plus loin le tableau, il nous suffira de citer ici quelques exemples.

On est tout surpris en ouvrant les grammaires pratiques, après y avoir trouvé le développement du genre habituel, de rencontrer tout à coup dans certaines parties du discours un genre fruste, simple, tout à fait exceptionnel, qui ne se relie à rien, une sorte de neutre vis-à-vis d'un masculin seul. Le concept en est tout différent, il s'agit de savoir si l'on a voulu représenter une personne ou une chose. L'expression aussi est très singulière ; ce qui n'a plus cours chez nous, un genre se différencie de l'autre par l'emploi d'une racine différente ; que si la racine est la même, la finale de l'animé est autre que celle du neutre. Ce sont les pronoms interrogatifs, lesquels, comme on le sait, cumulent souvent la fonction relative, qui présentent cette particularité. Si ce genre sporadique se trouve au milieu de langues qui ont le genre sexualiste, par exemple, il se rencontre aussi dans des langues qui n'ont absolument aucun genre subjectif.

Il faut remarquer que l'animé de l'interrogatif emploie presque toujours une consonne éclatante, tandis que l'autre une consonne nasale, mais ce n'est qu'une tendance.

Plus rarement il n'y a qu'une mutation vocalique.

Dans les langues ouraliennes : animé racine *ka ;* inanimé racine *ma ;* en sémitique : *mi* qui et *mà* quoi ; en turc : *kim* qui, *ki* quoi ; en tagevy : *xele* qui, *mà* quoi ; en kazikumuk : *tsu* qui, *tsi* quoi ; en wiradurei : *ngandi* qui, *myngan* quoi ; en Polynésien : *wai* qui, *ha* quoi ; en grec : *tis* et *ti.*

Il y a là un état très ancien du langage et le souvenir d'une époque où peut-être le genre vitaliste dominait partout ; ce sont des vestiges qui se sont conservés ; cependant on voit ce phénomène dans des langues qui n'ont aucun genre, par exemple les ouralo-altaïques. C'est qu'à la fois le genre vitaliste est né plus tôt et s'est conservé plus longtemps sur le pronom interrogatif que partout ailleurs. Pourquoi ? C'est que ce pronom est lui-même très antique, c'est un des plus anciens mots du discours et qui a conservé le plus de son autonomie. Il a quelque chose du même ordre d'idées que l'exclamatif et tient au langage du sentiment.

Une seconde survivance est plutôt une réviviscence, car le genre vitaliste avait complètement disparu dans la langue proethnique et tout à coup on le retrouve avec surprise apparaissant de nouveau. Elle se produit dans les langues slaves et il en résulte un genre latent opposé au genre ostensible et principal. C'est ainsi qu'en polonais la première déclinaison comprend des noms masculins, féminins et neutres, de ces genres c'est la désinence qui décide ; mais parmi les masculins, les uns désignent les êtres animés, les autres les êtres inanimés ; les premiers ont l'accusatif en *a*, les seconds le font semblable au nominatif ; de même le génitif est en *a* pour les noms animés et en *a* ou en *u* pour les inanimés. Il existe dans cette langue et en russe beaucoup d'autres cas où le genre vitaliste se fait sentir, de sorte que la grammaire est dirigée par un double courant, le second cependant beaucoup plus faible, tellement que le triomphe du système sexualiste reste complet, que les deux genres ne se partagent point la grammaire et qu'il y a seulement des vestiges de vitalisme.

La troisième survivance est plus sporadique encore, elle est surtout lexiologique ; nous en trouvons des traces nombreuses en français. On évite souvent de rendre la même idée par le même mot, lorsqu'il s'agit des hommes, des animaux ou des choses. La division n'est pourtant pas tripartite, on distingue entre les êtres animés et les inanimés ou entre les hommes et les animaux. C'est ainsi que pour un homme on dit *mourir*, pour un animal *crever*, pour une chose *périr* ; que les *enfants* des animaux s'appellent *petits* ; qu'une femme *accouche* et qu'une femelle *met bas* ; que le *nez* devient les *naseaux* ; la *mamelle*, le *pis* ; la *peau*, le *cuir* ; le *lit*, une *litière* ; mais la distinction est plutôt ici rationaliste, anthropique d'une part et animaliste de l'autre. D'autres mots distincts s'appliquent aux personnes ou aux choses : vieillesse, vétusté ; venimeux, vénéneux ; nul, rien ; irascible, irritable ; malfaisant, nuisible.

La grammaire elle-même porte des traces de cette distinction. L'emploi des pronoms *soi*, *en*, *le*, en dépend. C'est ainsi que *soi* s'emploie toujours avec des noms de chose, tandis qu'il ne le fait que suivant de nombreuses distinctions s'il s'agit d'une personne. Pour son emploi au pluriel, il est toujours possible s'il s'agit de choses. Ici une nouvelle catégorie apparaît, celle des choses *personnifiées*, qui suivent les règles des personnes. Il s'agit d'un genre mixte entre l'animé et l'inanimé, de sorte que dans le vitalisme on pourrait distinguer trois genres : l'*animé*, l'*inanimé* et le *personnifié*, mais celui-ci doit plutôt rentrer dans le genre artificiel que nous examinerons à part.

Tous ces vestiges du genre vitaliste prouvent combien les racines en étaient profondes.

Nous avons dit que l'inanimé ne devait pas être confondu avec le neutre et ce que nous venons d'observer le prouve davantage, car il y a dans certaines langues cumul des deux. Mais il faut reconnaître que ces deux genres occupent une place symétrique, l'une dans le genre subjectif, l'autre dans le genre objectif, et que la confusion, même dans leur concept, en devient souvent facile. Les deux s'appliquent en effet à ce qui ne peut être masculin, ni féminin, si ce n'est par une fiction.

Le troisième système de genre objectif c'est celui du *rationalisme*, qui se réalise dans l'anthropique et le métanthropique. La raison est un critère rehaussé ; la catégorie inférieure devient ainsi plus nombreuse, celle supérieure est plus séligée, en même temps on se rapproche du subjectif. Ce qui fait la différence pratique entre les deux, c'est la place à donner aux animaux ; le vitalisme les met dans le compartiment supérieur, avec l'homme ; le rationalisme les replonge dans le compartiment inférieur, avec les choses ; leur nature, en effet, est mixte ; aussi nous verrons qu'un autre système ouvre trois classes qui sont : l'inanimé, l'irrationnel animé ou animalique et le rationnel animé ou anthropique.

La distinction rationaliste est assez rare, surtout lorsqu'elle est sans mélange, celle vitaliste est plus naturelle et enracinée dans l'esprit. Les animaux ne sont-ils pas doués d'une certaine raison ? la question est embarrassante, tandis qu'il sont certainement doués de vie.

Les êtres doués de raison et ceux qui en sont dépourvus se distinguent grammaticalement souvent par le même procédé que celui employé dans le système vitaliste, en ne marquant le pluriel que dans le genre supérieur. Mais il y a d'autres effets singuliers que la distinction produit ; par exemple, dans la langue Poul ; l'expression du pluriel consiste dans la modification du phonème initial, par exemple *k g* deviennent *h w ; p* devient *f, b* devient *w v*, mais cela seulement chez les êtres doués de raison ; s'il s'agit d'un être privé de raison cette mutation s'accomplit encore, mais en sens inverse : *h* devient *k ; f* devient *p ; w v* deviennent *b*.

Il ne faut pas abandonner le rationalisme avant de mentionner comment il se mélange souvent avec le vitalisme, car il peut en résulter un autre système.

Il existe d'abord un mélange en ce sens que le même mot au commencement prend la marque rationaliste et à la fin la marque vitaliste.

C'est ce qui a lieu dans la langue Poul précitée ; si l'anthropique et le métanthropique se marquent par la modification initiale du mot au pluriel, l'animé et l'inanimé le font au pluriel par l'emploi de suffixes différents. Ainsi à la fin du mot on reconnaîtra si le genre est inanimé ou animé et au commencement s'il est anthropique ou métanthropique.

Le cumul du rationalisme et de l'animisme est encore plus net en Nahuatl, là il y a véritablement trois genres : 1° *l'inanimé ;* 2° *l'animé métanthropique ;* 3° *l'animé anthropique.*

C'est sur le pluriel que l'indice se marque ; le premier genre n'a point de pluriel proprement dit, il ne peut en posséder qu'un périphrastique au moyen des adverbes : beaucoup, etc. ; le second apocope la finale *tl* et suffixe *me* ; le troisième forme le pluriel en suffixant *tin*, avec ou sans redoublement de la première syllabe.

D'autres langues cumulent beaucoup de systèmes quant au genre les uns avec les autres, par exemple le genre subjectif et sexualiste avec le genre objectif, et en même temps plusieurs genres objectifs, comme le vitaliste et le rationaliste. Nous les classerons plus loin. Mais nous devons cependant les mentionner ici, en faisant abstraction de leur genre sexualiste. On les trouve surtout parmi le groupe du Caucase.

Le Kazikumûk distingue le genre *animé*, le genre *animalique* et le genre *anthropique* ; puis il sous-distingue dans ce dernier le genre *masculin naturel* et le genre *féminin naturel* ; d'où quatre catégories, quatre genres en réalité. Il en est de même de l'Artschi. De même aussi en Thusch. Dans cette dernière langue on distingue les objets inanimés, les animaux et les végétaux, les hommes mâles, les hommes féminins. Il faut remarquer qu'ici pour la première fois les végétaux sont rangés parmi les êtres animés. Partout donc au lieu du genre bipartite, soit le vitaliste comprenant l'animé et l'inanimé, soit le rationaliste comprenant l'anthropique et le métanthropique, apparaît le genre tripartite : 1° les choses inanimées, 2° les animaux, 3° les hommes, sans compter que les hommes se divisent à leur tour suivant leur sexe.

Enfin, le système viriliste vient s'élever au-dessus du système rationaliste et du système vitaliste ; c'est le point le plus élevé du genre objectif subordonnant, la hiérarchisation continue et le point terminus s'élève ; en même temps la catégorie supérieure contient des personnes de moins en moins nombreuses. C'est l'homme seul, l'homme masculin (vir) qui est le seigneur et maître ; au-dessous de lui, tout est confondu, femme, enfant, mâle et femelle d'animaux, choses inanimées.

Il ne faut pas confondre le système viriliste avec le système sexualiste. Il existe plusieurs différences. La femme n'occupe pas la même place dans les deux. L'idée dans le virilisme n'est pas une pure idée sexuelle, mais une idée de domination, de hiérarchie sociale ; cependant, d'autre part, le virilisme tient au sexualisme, on peut dire que c'est un sexualisme plus objectif. Nous avons observé que le langage n'a pas mis le genre sexualiste en relief autant par idée sexuelle que par idée subjective, que celui des animaux n'est pas toujours compté et que, lorsqu'il l'est, c'est par analogie avec l'homme et lorsque l'animal est domestiqué. On peut donc hésiter s'il faut placer le genre viriliste au sommet du genre subjectif comme sexualiste surélevé, ou au sommet du genre objectif comme sommet de la hiérarchie suprême.

C'est l'Iroquois qui possède un spécimen très net des genres andrique et métandrique ; l'homme seul forme une classe à part et il s'annexe les dieux. Du reste, l'effet grammatical est peu important, on détermine ainsi le pronom de la troisième personne. On pourrait donc pratiquement le négliger.

Tels sont les genres subjectifs et objectifs. Mais ils ne sont pas toujours isolés l'un de l'autre, ils se mêlent entre eux de manière à former des genres mixtes.

3° Des genres cumulant le subjectif et l'objectif.

Il ne faut pas confondre le sujet actuellement envisagé avec le cas où le genre artificiel est obtenu en faisant le genre subjectif envahir le domaine où règne le genre objectif et chasser celui-ci en tout ou en partie ; il y a alors une lutte et non un cumul.

Ici le subjectif et l'objectif se cumulent de manière à former ensemble un système mixte comprenant trois ou quatre termes au lieu de deux seulement. Quelquefois même le nombre est plus grand, si on a déjà réuni plusieurs sortes de genres objectifs.

Nous avons déjà cité les langues du Caucase, elles contiennent une vaste application de ce mélange ; inanimé, métanthropique, anthropique, masculin, féminin, tout s'y trouve souvent ensemble.

En Kazikumük, on rencontre, d'une part le masculin et le féminin, comme genre naturel, mais s'appliquant seulement à l'homme, de manière à former l'*hominin masculin* et l'*hominin féminin*, et, d'autre part, le *genre hominin*, le *genre animalique* et le *genre inanimé*, ce qui est un mélange de vitalisme et de rationalisme. Ces genres multiples sont marqués par de nombreux préfixes qui s'appliquent non au substantif lui-même, mais aux mots en concordance. Le masculin et le féminin ne comptent que s'il s'agit de l'homme, de sorte qu'en réalité il y a : 1° l'inanimé, 2° l'animalique, 3° l'anthropique, et que ce dernier se subdivise en masculin et en féminin. En Hurkan, il n'existe que le métanthropique et l'anthropique, le dernier se subdivise en masculin et en féminin ; il en est de même du tchentschenze et du Thusch.

Ce n'est pas seulement dans ce groupe qu'apparaît le mélange des genres. Les langues Arrouague et Goakhira possèdent à la fois le genre sexualiste et le genre vitaliste : le premier se marque sur le substantif en faisant varier la désinence, le second pour la formation du pluriel. Il en est de même en Kalinago et en Paez. Le Moxo, le Baure et le Maipure cumulent aussi le genre sexualiste avec le genre anthropique : le premier domine pour le pronom possessif, le second pour la formation du pluriel. Il en est de même dans les langues dravidiennes.

Tel est le mélange du genre subjectif et du genre objectif ; nous avons terminé ainsi l'exposé sommaire du *genre naturel.*

Le genre artificiel va consister à introduire le genre subjectif dans le genre objectif, ou un genre naturel supérieur dans un genre naturel inférieur, c'est ce qui nous reste à examiner.

Auparavant, remarquons que le genre *objectif coordonnant* et le genre *subjectif subordonnant* ne sont pas séparés par un abîme ; qu'il en est de même du genre subjectif et du genre objectif.

Pour le premier, les classes du genre coordonnant sont très nombreuses et parallèles, tandis que celles du genre subordonnant sont peu nombreuses et superposées. Mais lorsque le genre coordonnant se réduit en nombre et que le genre subordonnant augmente, ils peuvent arriver à se joindre. C'est ce qui se produit en Thusch et en Tchentchenze où les genres subordonnants sont au nombre de sept, et dans quelques langues bantou où les classes se sont réduites.

De même, le genre subjectif et le genre objectif peuvent presque coïncider lorsque, par exemple, l'andrique se rapproche du masculin et devient un masculin hominin ; il en est de même lorsque le diminutif du nom donne presque la même impression que le féminin d'autres langues.

Nous avons parcouru dans leur concept toutes les espèces de genre naturel ; on voit qu'elles sont nombreuses, en thèse tout au moins, car plusieurs sont peu pratiquées. Nous avons vu aussi comment elles peuvent se cumuler et alterner ; il nous reste à étudier dans son concept et dans son application le genre artificiel qui n'est qu'une extension d'un des

genres naturels, du genre subjectif, du genre sexualiste.
C'est celui qui domine dans les langues de grande civilisation, les sémitiques, les chamitiques, les indo-européennes
et qui s'est développé dans nos langues dérivées modernes.

CHAPITRE III

Du genre artificiel

Le genre naturel peut être subjectif (masculin, féminin, neutre) suivant que l'individu est mâle, femelle ou dépourvu de sexe, ou, ce qui revient au même, de sexe non considéré ; il peut être objectif coordonnant (les nombreuses classes des langues bantou, suivant que l'objet est long, rond, plat, etc.) ou objectif subordonnant, suivant les distinctions diminutive, vitaliste, anthropique, andrique ; il ne cesse pas dans tous les cas d'être naturel, parce que la limite de chaque genre est marquée par la nature elle-même et que l'homme n'y touche pas capricieusement.

Le genre artificiel commence lorsqu'on attribue à un objet un genre qui ne lui appartient pas réellement ; cette attribution est faite par analogie, c'est-à-dire en vertu d'une ressemblance vraie ou supposée. Nous avons vu que cette assimilation s'opère le plus souvent sous l'empire de l'idée anthropomorphique. Mais ce serait restreindre le procédé que de l'interpréter toujours ainsi. Lorsque règne le genre vitaliste, c'est-à-dire lorsqu'on distingue seulement entre l'animé et l'inanimé, l'anthropomorphisme ne saurait être en jeu, puisque l'animé comprend aussi bien l'animal que l'homme, et cependant beaucoup des êtres inanimés sont par analogie assimilés aux êtres animés.

Il ne saurait s'agir de distribution du genre dans les langues où l'on s'en tient au genre naturel, il n'en est question que dans celles où il y a extension du genre naturel, c'est-à-dire genre artificiel. Alors se pose la question de savoir quels seront les êtres inanimés qui seront promus au grade d'êtres animés, quels seront les êtres neutres ou inanimés qui deviendront masculins ou féminins.

a) De la promotion de l'inanimé à l'animé.

Cette promotion a lieu surtout dans les langues où le genre vitaliste a le plus d'effet, par exemple, dans les langues algonquines.

Voici la nomenclature d'un certain nombre d'objets, inanimés en réalité, qui sont réputés animés :

1° La flèche, l'arc, la pierre, l'aviron, la chaudière, le jonc, la cuiller, la pipe, la cloche, l'argent, la voiture, le tabac, le vermillon, le ruban, le rhum, le pain, la farine, les plumes, les peaux, les planches, la pierre à fusil, les filets, les raquettes, les mitaines, le calumet, le sommeil, les rêves, les fables, la croix, la médaille ;

2° Les sourcils, les tempes, les narines, les joues, les genoux, les mollets, les ongles ;

3° Le jonc, l'orge, l'étoile, la sève, la glace, l'arbre, le blé, le soleil, la lune, le tonnerre, les plantes ;

4° Les noix, les prunes, le maïs, la gomme.

Il est facile d'entrevoir la transition ; le subjectif anthropomorphique ou plutôt ici anthropocentrique opère aux paragraphes 2 et 1 : d'abord pour les parties du corps, puis pour les instruments servant à l'homme, essentiellement subjectifs ; dans l'ordre objectif rentrent les grandes puissances de la nature assimilées aux objets animés : le soleil, etc.

Certains noms sont *ad libitum* des deux genres : le chapelet, l'arc.

b) De la promotion de l'inanimé ou du neutre au masculin ou au féminin.

Nous avons vu que c'est directement sous l'influence anthropomorphique que s'est opérée cette assimilation ; tout à l'heure tous les êtres avaient une tendance à devenir animés ; ici ils ont une tendance à adopter un sexe.

Tantôt l'action du genre sexualiste fait une brèche dans la catégorie de l'inanimé, brèche profonde, mais celui-ci demeure ou tout au moins se confond avec le neutre que le sexualisme met à sa place, tantôt l'élimination est complète ; le premier effet s'est produit dans les langues indo-européennes, le second dans les langues chamitiques et sémitiques.

Nous examinerons cette distribution du genre sexualiste

entre les objets inanimés dans des chapitres différents, en même temps que l'expression du genre dans ces langues, parce qu'il est difficile d'exposer l'un sans l'autre ; nous y renvoyons.

Nous sommes d'autant plus obligé de le faire que le choix artificiel entre les deux genres ne dépend pas toujours du seul concept, mais aussi d'accidents purement morphologiques, c'est-à-dire de diverses désinences employées.

Nous devons seulement mettre en relief l'instinct anthropomorphique qui a conduit à cette distribution du masculin et du féminin chez les êtres inanimés. Mais avant de le faire notons que dans d'autres parties du discours, l'évocation des objets inanimés à la vie, à la pensée et même à la parole a lieu aussi ; nous pouvons le constater même en français.

L'interjection dite objective est en ce sens, par exemple en Mandchou. On exprime interjectivement non seulement les bruits que font les objets, comme dans le français : cric-crac, mais aussi les sentiments qu'on leur suppose exprimer.

En voici un exemple dans la phrase suivante : les herbes croissent, disant *der*, disant *ler*, disant *salhar*, disant *ter*, disant *shang*.

En français, quoique cette interprétation ait été contestée, un grand nombre de mots composés sont formés en partie par un impératif. Quand cet impératif est adressé à une autre personne ou émane d'une autre personne, il y a là un phénomène intéressant, mais qui ne ressortit pas à la présente étude. Mais si cet impératif s'adresse à une chose ou si, ce qui est plus curieux, l'impératif est le langage d'une chose, il y a là une personnification au plus haut point.

En voici des exemples :

1° On parle à une chose et on lui commande, ce qui suppose artificiellement qu'elle nous entend.

On peut dans ce cas désigner l'objet auquel on s'adresse, ce qui est rare, ou ne pas faire la désignation ; on le fait implicitement en lui donnant un ordre que lui seul peut recevoir. L'objet est placé alors à la fin et se trouve au vocatif.

1ᵉʳ cas : Claque-bois, grippe-minaud, va-tout, vire-lai,

pêche-martin, pêche-bernard, toc-sin, mor-pion, chassez-huit, cauche-mar, bêche-lisette, boute-hache, volte-face, perce-feuille, trousse-barre, passe-fleur, passe-garde, passe-pomme, gratte-boësse, chausse-trape.

Et les noms propres suivants :

Chant-alaude, Chantaloup, Chante-alouette, Chante-caille, Chante-louve, Chante-merle, Chante-perdrix, Chante-pie, Chante-reine (rana), Chante-corps, Chante-graille (grillon), chante-grue, Chante-loche, chante-renard.

2ᵉ cas : Il y a toujours impératif, mais sans vocatif et on ne désigne plus explicitement la chose à laquelle on commande.

Il faut distinguer encore : l'impératif peut être sans complément, ou en posséder un direct ou indirect. Le premier cas est assez rare, l'impératif alors est double.

Le chante-pleure, le chassez-croisez, le passe-passe, le vire-vire, le va et vient.

Le second cas est très fréquent.

Le complément est généralement direct. (Nous extrayons les exemples suivants d'une savante monographie de M. Arsène Darmesteter sur la formation des mots composés en français) :

Accroche-cœur, attrape-mouche, attrape-nigaud, attrape-sou, babeurre (bat-beurre), bassecule (baisse-cul), bé-gueule, bec-figure, bègue-fleurs, bouche-nez, bouche-trou, boute-feu, brise-cou, brise-glace, brûle-gueule, brûle-tout, cache-cou, cache-misère, cache-nez, cache-pot, caille-lait, casse-bras, casse-noix, casse-tête, casse-poitrine, chasse-cousin, chasse-marée, chasse-pierres, chauffe-pieds, claque-dent, coupe-chou, couvre-lit, coupe-tête, crève-cœur, croque-mort, cure-dent.

Dans les exemples suivants le verbe est accompagné d'un complément indirect, d'un adverbe ou d'une préposition ayant une valeur adverbiale :

Par-à-vent, pare-à-faux, vol-au-vent, bout-en-train, meurt-de-faim, par-à-chute, par-à-foudre, par-à-pluie, par-à-tonnerre, pince-sans-rire, pisse-en-lit, passe-debout, tape-dur, rêve-creux.

2ᵉ C'est la chose elle-même qui parle par un degré de **personnification supérieure.**

Regardez-moi (scabieuse), suivez-moi jeune-homme, ne m'oubliez-pas (myosotis), ramasse ton bras (fanfaron), laissez-passer, noli me tangere (plante et ulcère), nota bene, marche-pied, passe-temps.

Il faut rapprocher du même ordre d'idées des figures de rhétorique, la prosopopée et l'hypotypose, qui personnifient aussi des êtres inanimés.

Le genre grammatical se comprend de lui-même quand il suit nettement les catégories qu'il s'est instituées ; par exemple le genre sexualiste rangera parmi les êtres masculins les hommes et les animaux mâles, et parmi les êtres féminins les femmes et les animaux femelles ; il fera en bloc une troisième catégorie des êtres asexués, lesquels comprendront : 1° ceux qui n'ont aucun sexe ; 2° ceux dont le sexe n'est pas visible extérieurement d'après l'ensemble du corps et la nature des vêtements, les enfants en très bas âge et les petits d'animaux ; 3° ceux dont le sexe n'est pris en aucune considération, les animaux sauvages ou inférieurs ; cette troisième catégorie formera le neutre, la sexualité, loin d'être étendue au delà de ses limites naturelles, sera donc plutôt restreinte. Il en est de même du genre vitaliste classant les êtres en animés, c'est-à-dire doués de vie, et inanimés. La première classe comprendra les hommes et aussi les animaux ainsi que les dieux, qui ne sont le plus souvent que des hommes transfigurés ; la seconde, tout le reste. Les barrières entre les deux sont nettes et infranchissables ; jamais ce qui est en deça ne peut passer au delà.

Tel a été certainement le point de départ, mais il ne s'est pas maintenu. Comme nous l'avons vu, les deux grands systèmes sont : le système *vitaliste* et le système *sexualiste* ; le premier a eu ses variantes, et en particulier, la *variante anthropique*, l'animal formait entre l'animé et l'inanimé un domaine douteux ; de même, le second, car le masculin a été souvent remplacé par l'andrique et l'arrhénique, mais les deux grands principes se retrouvent partout. Hé bien ! dans les deux on a rapidement franchi le critère, admettant dans le domaine supérieur quelques-uns des êtres appartenant au domaine inférieur, de sorte que soit l'inanimé, soit le neutre voyait peu à peu son domaine diminuer. Aussi bien celui de l'animé ; celui du masculin et du féminin dans leur état primitif avaient été très restreints ils étaient les moins peuplés et il n'est pas surprenant que les autres aient forcé la porte ou qu'eux-mêmes les aient introduits pour s'étendre davantage.

Mais par la force de quel instinct ce résultat si important dans l'histoire des langues s'est-il produit ?

Il a eu trois *causes confluentes*, l'une *efficiente*, quoique *mentale*, l'autre *téléologique*, la troisième *mécanique*.

La cause efficiente est la première en ordre de dates, elle était inconsciente, a ses racines dans l'ensemble de l'esprit humain et se rapproche beaucoup des causes mythiques.

On sait que les premières religions furent naturistes, on adorait surtout les astres, mais aussi une foule d'autres objets ; il est reconnu que l'adoration se portait ainsi sur des êtres inertes, par conséquent, inférieurs à l'homme, dénués non seulement de raison, mais même d'action apparente. Pour pouvoir les adorer, il fallait d'abord les animer, les douer en imagination d'une intelligence au moins égale à celle de l'homme. C'est ainsi que tout devint Dieu dans la nature. Ce fut la période *religieuse animiste*, qui dura fort longtemps et qui a survécu dans mainte superstition. Le soleil était doué d'une âme ; dans le fétichisme le plus vil objet l'était aussi. C'était son propre esprit que l'homme ainsi communiquait à tout. Plus tard ce système se restreignit, il est vrai, l'assimilation ne porte plus que sur les objets les plus importants.

Mais d'une autre façon, elle devient plus complète. Jusque-là l'homme n'avait communiqué aux choses que son propre esprit ; ces choses conservaient leur corps. Le dieu Soleil, désormais pensant, continuait de rouler régulièrement dans l'espace et n'avait nullement le facies ni le corps de l'homme. Mais ce dernier voulut bientôt transmettre à ces objets de la nature non seulement son âme, mais son corps, non seulement son intelligence, mais ses passions, non seulement son essence, mais ses traits. Le soleil, par exemple, devint Apollon, qui se détacha du soleil lui-même et en devint le conducteur et le maître. De l'*animisme* on était passé à l'*anthropomorphisme*, l'homme n'était pas fait, conformément à la conception sémite, à l'image de Dieu, mais cette fois le dieu complètement à l'image de l'homme.

Une des conséquences importantes de l'anthropomorphisme fut de douer et les dieux et les objets inanimés d'un sexe.

Cette préoccupation fut si grande que quelques-uns de ses effets nous semblent très singuliers aujourd'hui. Ce sont d'abord les minéraux eux-mêmes qui sont doués de sexe, et au moyen de la litholâtrie, cette communication prend des effets mythologiques. Plus tard, l'adoration des pierres naturelles conduit à la construction des pierres artificielles, des mégalithes, puis des temples. Certaines ont le caractère mâle, certaines autres le caractère femelle en raison de leur ressemblance, réelle ou imaginaire, avec les organes génitaux. Les pierres levées, les menhirs, les obélisques représentent la virilité; les pierres arrondies, plates ou striées ont le caractère féminin. Un roc mâle a pour femmes deux pierres voisines. Les grandes déesses d'Asie ou de Grèce ont été d'abord des météorites, des pierres coniques; en Chaldée et dans l'Asie mineure les bois sacrés, les marécages, les gouffres sont consacrés au culte de la femme.

Cette *sexualisation mythique* s'applique d'autre part au ciel et à la terre, le premier était le principe mâle et fécondant, la seconde le principe femelle et fertile, l'eau et la mer se réunissent à la terre; c'est même le culte du principe femelle qui l'emporte alors sous le nom de *chthonisme*. Il est représenté par Istar, la Mylette babylonienne, l'Astarté de Sidon, la Baalut, l'Ascher de Judée, l'Ashtar des Arabes, la Tame de Carthage, la Cybèle de l'Asie mineure. Le chthonisme s'empare de la nature entière, des hauts lieux, parce que la terre s'y unit au ciel, des vallons, des bois, des sources, parce que la nature y déroule aux yeux ses organes secrets. La Grèce et l'Italie, l'Inde ont les *lingam*, les Hermès et les Thermes qui personnifient le principe masculin. Le culte spécial du ciel qui personnifie le principe mâle porte le nom technique d'ouranisme. Cette doctrine est plus élevée que l'autre, de même que le principe mâle est supérieur, mais l'un est toujours impliqué par l'autre.

C'est ainsi que de l'animisme on a passé à l'anthropomorphisme; la sexualité fictive a été le point de cette transition.

Cette sexualité aboutit à l'union sexuelle et à la génération; la religion égyptienne en offre de frappants exemples.

Tout le Panthéon égyptien est classé par triade : Osiris, Isis et Horus ; Ammon, Bouto et Khons.

Cependant l'instinct d'assimilation à l'homme, de subjectivation de l'objet n'était pas encore tout à fait satisfait. L'homme songea à donner un corps humain, non seulement aux êtres matériels divinisés, mais aux pures abstractions et aux entités et c'est ce phénomène qui règne encore complètement aujourd'hui. Par exemple, la mort n'est pas un être, c'est l'état individuel de tel être, et si l'on généralise, c'est l'état de tous les êtres à un moment donné, mais pas plus que tout autre action ou état, elle n'a d'existence substantielle, c'est un phénomène, elle ne peut devenir un noumène. Cependant, tout le monde se représentait involontairement la mort sous la forme d'une personne, de nombreuses peintures l'ont figurée ainsi, des locutions toutes faites ont été ainsi façonnées : *la mort vient, la mort est entrée*, etc. Il en est de même de la justice, qui est devenue Thémis ; de la beauté, Vénus ; de la force, Mars, de toutes les entités qui ont formé en partie et dans la mythologie de seconde couche les dieux de l'Olympe, car les dieux-entités ont succédé en partie aux dieux-astres. La peinture, la sculpture ont contribué à fixer ces idées dans les esprits et pour tous, dans un premier moment d'irréflexion, la justice est encore une femme, elle en porte d'ailleurs la robe, ainsi que le sexe grammatical. La vertu en est une autre et le vice lui fait justement antithèse avec son genre masculin.

L'anthropomorphisme a été quelquefois poussé plus loin ; c'est ce qui est arrivé dans certaines religions où le dieu, au lieu de s'assimiler à l'homme en tous points, est devenu homme même par les diverses incarnations. On ne pouvait le concevoir longtemps comme un être entièrement distinct, même anthropomorphisé, il fallait le faire descendre.

Tel fut l'instinct dans le domaine religieux. Il est trop profond pour ne pas se faire sentir dans celui du langage.

Comme dans le mythe nous le voyons se réaliser de plus en plus étroitement dans le système vitaliste d'abord, puis dans le système sexualiste.

Dans le premier on ne s'en tient pas à la réalité ; d'un côté, tout ce qui est doué, d'autre côté, ce qui est privé de vie (la vie est analogue à l'esprit) ; c'est l'homme qui par excellence est doué de vie et il va attirer dans sa catégorie, non les animaux doués aussi eux de vie naturelle, mais une partie des êtres inanimés.

Ce résultat a été observé suivant nous dans des langues qui établissent le genre vitaliste. Les objets inanimés importants, surtout les objets animés du mouvement, lequel ressemble à la vie, passent du domaine de l'inanimé dans celui de l'animé ; ainsi se réalise grammaticalement un phénomène correspondant à l'animisme. Il serait fort curieux, mais difficile de poursuivre cette assimilation dans toutes les langues à genre vitaliste.

Il est plus général dans celles à genre sexualiste et alors il correspond non à l'animisme simple, mais à l'anthropomorphisme.

Ce domaine sexualiste ne renferme que l'homme et les animaux ; le domaine autre est plus étendu infiniment ; il constitue le genre neutre et comprend ainsi tous les êtres, moins quelques-uns. L'instinct de l'homme veut encore s'élever au-dessus de la barrière naturelle ; il va subjectiver, anthropomorphiser et par conséquent douer fictivement d'un sexe les objets qui n'en ont pas. Quelquefois l'assimilation est si complète qu'il n'y a plus de genre neutre ; d'autres fois celui-ci laisse un résidu et ce ne sont que les plus importants des êtres inanimés qu'on assimile. Cette assimilation, plus ou moins étendue, donne aux objets qu'elle touche une véritable nature humaine. L'objet doué de force, d'intensité, de mouvement, d'éclat, acquerra le genre masculin ; celui plus faible, de vie moins intense, de moindre éclat, sera du genre féminin, ou s'il subsiste un genre neutre, sera en partie replongé dans ce genre. Il s'agira tantôt d'objets purement matériels : la terre, le ciel, la jambe ; tantôt d'objets idéaux : la justice, le vainqueur, la vue. Il semble que sous l'empire de ce genre emprunté, toutes ces choses vont acquérir, non seulement la vie, mais une vie semblable à celle de l'homme : le ciel se tient debout, le soleil marche avec un visage humain, la lune se meut lentement avec une lueur plus faible et un visage de femme ; la terre est étendue, passive et obscure, c'est le soleil qui la féconde. Tout cela n'est qu'une illusion, une impression subjective, mais c'est en cela précisément que consiste l'anthropomorphisme. Tous les objets s'animent, se meuvent, agissent dans leur expression grammaticale. L'univers se repeuple non plus seulement d'esprits, mais de corps doublés d'esprits et semblables à ceux humains. Il n'y a plus que des hommes, naturels ou fictifs, dans la nature, avec leur sexualité double. Quoi d'étonnant, d'ailleurs, puisqu'il y a des sexes, longtemps cachés, longtemps ignorés dans le monde végétal et cependant si identiques aux sexes zoologiques.

Tel est l'instinct subjectif de réalisation, tantôt animiste, tantôt sexualiste. Les deux réalisations d'ailleurs sont dominées par une idée commune : la distinction entre le principe *intensif, actif, supérieur* et le principe *extensif, passif, inférieur ;* en d'autres termes, entre l'esprit et la matière : *mens* et *moles.* Du simple mouvement, de la vie, de la masculinité, se dégage le principe de l'esprit ; de la féminité, se dégage celui de la matière ; de sorte que tous les systèmes du genre peuvent en définitive se ramener à l'esprit ou à la matière, à ce qui est fécondant ou fécondé, à ce qui est intensif, petit, mais puissant, ou à ce qui est extensif, grand, mais plus faible ; ainsi il y a une subordination universelle dont la distinction en masculin et féminin n'est qu'un aspect, mais capable de représenter tous les autres.

L'extension du genre au-delà de ses limites n'a pas eu pour seul facteur cet instinct ; deux autres ont concouru, d'abord un facteur inconscient encore, mais non moins efficient, l'*instinct téléologique,* relatif à l'*emploi grammatical* du genre animiste, mais surtout sexualiste, nous n'examinerons que ce dernier.

L'emploi utile grammaticalement du genre n'est pas dans la distinction marquée sur le substantif même qui en est affecté ; il consiste à s'en servir, en même temps que du nombre, pour relier ensemble tous les mots de la phrase. Ce lien n'est pas indispensable ; ne peut-on pas se passer même de toute la grammaire et marquer les relations seulement par l'ordre des mots ? Oui, mais ce moyen est embryonnaire. Un plus normal consiste à marquer la dépendance entre mots d'une même proposition tantôt par le système des *cas,* tantôt par celui de l'*accord* ou par les deux à la fois ; mais lorsqu'il s'agit non plus d'une seule proposition, mais de deux se suivant, la corrélation ne peut plus être établie par les cas, mais seulement par l'accord. Or, voici en quoi il consiste essentiellement. Entre les mots de la même proposition, l'adjectif prend le même genre et le même nombre que le substantif auquel il se rapporte ; quelquefois il en est de même du nom au génitif ou en apposition, quelquefois aussi du verbe ou de l'attribut. Ce qui est plus important, les propositions sont reliées entre elles par des pronoms, lesquels empêchent la répétition des substantifs de la proposition précédente et s'accordent en genre et en nombre avec ces substantifs ; on connaît ce processus, il suffit de le rappeler.

Mais comment cette relation pourra-t-elle se réaliser si le pronom relatif, personnel ou possessif employé dans la seconde phrase a pour corrélatif plusieurs substantifs qui ont figuré dans la première ? Comment se fera la correspondance ? Ne pourra-t-il pas y avoir confusion ? Non, puisque nous supposons les genres naturels. Les pronoms se mettront au masculin ou au féminin s'ils se rapportent à un substantif de genre naturel mâle ou à un substantif de genre naturel féminin ; s'il s'agit d'autres objets, ils se mettront au neutre. Mais cette dernière catégorie est immense et il serait utile de la diminuer un peu pour ne pas confondre, lorsque le pronom peut se rapporter à plusieurs êtres inanimés. On évite cet inconvénient en le divisant et en reversant un certain nombre de noms de choses, quand même ce serait arbitrairement, entre le masculin et le féminin. Tel est le second facteur de l'extension.

Il en est un troisième, cette fois matériel, mais reposant cependant sur un procédé psychologique, l'*analogie*. Nous la rencontrons surtout dans les langues de pays civilisés et flexionnelles. Les noms masculins, par exemple, de genre naturel se terminent par un *s* et les noms féminins de même nature par un *a ;* si des noms d'êtres inanimés se trouvent par hasard posséder une de ces désinences, ils feront, par là même, l'impression d'êtres du sexe masculin ou du sexe féminin et on les rangera peu à peu dans ces catégories. C'est ainsi qu'en grec *helios* ayant une terminaison masculine est rangé parmi les masculins et *selênê* ayant une terminaison féminine parmi les féminins, tandis qu'en allemand l'inverse se produit, *mond* étant plutôt masculin et *sonne* tout à fait féminin par leurs désinences.

Tels sont les trois facteurs qui ont présidé à la distribution des substantifs entre les divers genres et l'extension de quelques-uns de ces genres au-delà de leur domaine naturel.

Par ces observations se dégage le caractère définitif du féminin ; il exprime plus que le sexe du même nom et finit par signifier tout ce qui n'est pas masculin, c'est ce qu'il fait dans toutes les langues qui ne possèdent pas de neutre. C'est le principe de la matière et du passif, vis-à-vis de l'esprit et de l'actif ; nous venons d'expliquer comment. Aussi exprime-t-il le matériel, mais en même temps l'abstrait. Tout ce qui a un sens très *précis*, très individuel, surdéterminé, est *masculin* ; au contraire, ce qui est *imprécis*, général, abstrait, est *féminin*. Ce critère se poursuit jusque dans la dérivation française, où le mot simple est masculin très souvent, tandis que le mot dérivé est féminin presque toujours. Nous-mêmes, c'est presque toujours par le féminin que nous représentons les entités et les êtres abstraits. Tout se réduit donc en dernière analyse à la *grande différenciation* entre l'*abstrait* et le *concret*.

Ces idées sont corroborées par les observations que nous pouvons recueillir dans les langues où le substantif a un double genre soit naturel, soit artificiel, d'après le sens qu'on lui attribue. En outre, cette observation nous mettra sur la voie du critère suivi pour attribuer à un objet inanimé un sexe ou l'autre.

Le genre a dans plusieurs langues l'effet suivant qu'on emploie le masculin, le féminin ou le neutre dans le but de faire varier le sens d'un même mot. Voici des exemples en français. Le produit constitue un doublet par changement de genre.

Pour qu'il y ait véritablement un tel phénomène, il faut qu'il n'existe pas une différence totale de signification. Dans ce cas, il y a *simple coïncidence,* par exemple, entre le greffe, bureau du greffier, de *grafô* écrire, et la greffe d'un arbre ; entre le somme = le sommeil, dérivé de *somnus* et la somme = le total, dérivé de *summa ;* le mousse, jeune matelot et la mousse, plante ; le coche, voiture et la coche, femelle du porc. Ce sont là de purs hasards qui n'ont rien de scientifique. Cependant ils sont nombreux et il faut bien se garder de confondre un sens avec l'autre.

Parmi les doublets par genre, certains opèrent un virement du *concret* au *concret,* d'autres de l'*abstrait* au *concret,* d'autres du nom d'*action* au nom d'*agent*, d'autres enfin d'un sens *abstrait* à un autre sens *abstrait*.

1re classe. — *De concret à concret.*

La manche d'un habit, le manche d'un couteau ; la pivoine, plante, le pivoine, oiseau ; la Champagne, province, le champagne, vin ; la Gruyère, contrée, le gruyère, fromage ; la loutre, animal, le loutre, chapeau fait de loutre ; la jujube, fruit, le jujube, suc ; la réglisse, plante, le réglisse, suc ; la vapeur, vapeur, le vapeur, vaisseau ; une enseigne, étendard, un enseigne, celui qui le porte ; une trompette, un trompette ; une paillasse, un paillasse, bouffon ; un aigle, oiseau, une aigle, étendard ; le voile, la voile, vaisseau ; le crêpe, étoffe, la crêpe, pâte ; le pendule, balancier, la pendule, horloge ; la pourpre, le pourpre, couleur.

Il existe entre ces substantifs un rapport, tantôt de ressemblance : la manche et le manche ; tantôt d'origine : la Gruyère et le gruyère ; tantôt du tout à la partie : la pendule, le pendule.

2e classe. — *De nom abstrait d'action à nom d'agent.*

Une aide, un aide ; la critique, le critique ; l'élève (art d'élever), un élève ; la garde, le garde ; la guide (rêne), le guide ; la manœuvre, le manœuvre ; la statuaire, le statuaire.

3e classe. — *D'un sens abstrait à un autre sens abstrait.*

La mode et le mode ; la période et le période.

4e classe. — *De l'abstrait au concret.*

La mémoire, le mémoire ; une office, un office ; le relâche (interruption), la relâche (lieu pour relâcher) ; le triomphe, la triomphe (jeu de cartes) ; la remise, le remise (voiture à quatre places).

De ces exemples et de ceux que nous allons étudier tout à l'heure, il résulte que le genre féminin indique un sens plus large et par là plus indéterminé, plus vague. Le genre masculin précise, limite à une espèce particulière.

Ainsi l'amour est masculin au singulier et féminin au pluriel ; l'expression : les amours est plus vague, plus étendue que l'amour, comme on le sentira dans ces expressions : revenir à ses premières amours et revenir à son premier amour ; dans le second cas, il s'agit d'un amour précis et individuel. Il en est de même des mots : délice et orgue qui sont aussi masculins au singulier et féminins au pluriel ; la circonstance que le pluriel est seul usité dans un sens contribue à mieux marquer l'indétermination.

De même, la foudre est une expression plus vague qui comprend à la fois l'éclair et le tonnerre, tout l'ensemble de l'orage ; le foudre aux mains de Jupiter est une foudre localisée, individualisée. Il en est de même de l'expression figurée : un foudre de guerre, un foudre d'éloquence, puisqu'il s'agit alors d'un seul individu.

De même, l'aigle est du masculin quand il signifie l'oiseau, c'est-à-dire un genre très précis, tandis que les aigles signifient, en parlant du drapeau, les armoiries de plusieurs nations différentes : aigles romaines, aigles françaises, aigles allemandes.

De même encore, la voile est plus grande, plus étendue que le voile qui est comme une voile diminuée.

La couple n'exprime qu'une réunion toute matérielle, accidentelle, applicable à tous objets de même espèce, tandis que le couple est une expression qui ne s'applique qu'à une liaison voulue et individuelle.

C'est pour le même motif qu'orge est féminin quand il s'agit de toute espèce d'orge ; il devient masculin dans orge perlé, orge mondé, parce qu'alors on spécialise.

De même, le pendule est plus restreint que la pendule, puisqu'il y est souvent contenu.

Dans : une aide, un aide ; une enseigne, un enseigne, les seconds substantifs sont masculins, parce qu'ils désignent un homme et deviennent déterminés ainsi.

Dans tous ces doublets parfaits qui ne se distinguent que par le genre, le féminin marque l'indétermination relative, la plus grande généralité, une certaine abstraction, tandis que le masculin précise et individualise, rend le plus souvent plus concret.

A côté de ces doublets parfaits dans lesquels le substantif

3.

reste identique et où la différence sur le genre les distingue, il y en a d'autres qui se distinguent, en outre, lexiologiquement eux-mêmes, mais très peu. En voici des exemples : la graine, le grain ; la montagne, le mont ; la fosse, le fossé ; la barre, le barreau ; la terre, le terrain et le terroir ; la pâte, le pâté ; la limace, le limaçon ; la pointe du jour, le point du jour ; la taxe, le taux ; la tombe, le tombeau ; la discorde, le discord ; la course, le cours ; les dépenses, les dépens ; la jupe, le jupon ; la forteresse, le fort ; la cervelle, le cerveau ; la charrette, le chariot ; la troupe, le troupeau ; l'escabelle, l'escabeau ; la bande, le bandeau ; la tonne, le tonneau ; la poussière, le poussier ; une espérance, un espoir.

Ici encore le critère est le même. Le féminin marque l'indétermination relative, tandis que le masculin précise. C'est toujours la grande distinction entre l'abstrait et le concret. Le masculin a une plus forte individualité, tandis que le féminin est plus indifférent, renferme l'élément matériel plus vague et plus vaste.

Cependant, n'y a-t-il pas lieu de s'étonner que le féminin représente un être plus vaste et par conséquent plus grand, et le masculin un être plus déterminé et par conséquent plus petit ? Nous allons essayer de résoudre cette contradiction tout à l'heure.

Interprétons d'abord les exemples ci-dessus cités. La graine s'étend à beaucoup plus d'objets que le grain, ce mot se dit de toutes semences, tandis que le grain se restreint à la nourriture des hommes et des animaux. La montagne indique une suite continue d'élévations et le mont une élévation unique, individuelle. Le barreau est une espèce de la barre qui constitue un genre plus étendu ; de même, le terrain est une terre limitée et individualisée, le terroir est entre les deux. Le pâté est une espèce parmi les pâtes. Le limaçon est un genre particulier de limace. Le point du jour est plus petit, plus net. Le tombeau est la tombe se précisant en un monument. L'espérance est générale, l'espoir est l'espérance d'une chose précise. Le discord est un seul moment de la discorde. Le cours est une course réglée, assignée : le cours des astres. La jupe est un terme général, puisqu'on dit : jupe d'une redingote, tandis que le jupon est un vêtement spécial. La fosse sert à beaucoup d'usages, le fossé seulement à enclore. La forteresse a une idée plus étendue que celle du fort. Le cerveau est la cervelle dans sa fonction spéciale. L'escabelle sert à plusieurs personnes, l'escabeau à une seule. Le chariot est une espèce de charrette. Le tonneau est une tonne dont la capacité est réglée par l'usage.

Il est remarquable, comme nous le verrons, que les autres langues appliquent le même critère. En italien, *fiasca* désigne un grand vase et *fiasco* un vase d'une forme déterminée, limitée. En grec, *è stroùthin* signifie des petits oiseaux de toute sorte et *o stroùthos*, le moineau ; *è kerdos*, le cèdre et *o kerdos*, le fruit du cèdre ; *è xorax*, un échalas et *o xérax*, un échalas façonné.

Si nous cherchons des comparaisons dans les langues anaryennes, nous trouvons les langues sémitiques qui semblent bien appliquer le même principe. Dans ces langues, la plupart des choses inanimées sont du genre féminin. Ce genre fait donc fonction à la fois de genre féminin naturel et en grande partie, de genre neutre, c'est un genre plus étendu, plus vague, tandis que le masculin est plus restreint. Dans nos langues européennes elles-mêmes, le féminin s'applique en général aux êtres abstraits qui réellement sont neutres.

Mais, d'autre part, nous avons vu que dans le Nama, le masculin correspond aux êtres plus grands, le féminin aux êtres plus petits, le neutre est intermédiaire. Cela semble tout opposé et en somme plus naturel, l'homme ayant été considéré partout comme supérieur à la femme, comme plus fort et plus grand.

Ces idées peuvent parfaitement se concilier. Sans doute, la femme est plus petite que l'homme, réputée inférieure, et c'est un diminutif qui peut exprimer exactement le féminin, comme on le fait en Nama. Mais, d'autre part, le principe femelle est moins intensif, mais plus extensif que le principe mâle et ce dernier est moins extensif que le principe femelle par là même qu'il est plus intensif. Dans la génération, c'est la femme qui donne la matière, la nourriture, le réceptable à l'embryon lui-même. L'un est le contenant, l'autre le contenu, donc le principe féminin est plus compréhensif, plus étendu, moins précis, et de cette différence radicale et générale se déduit le critère que nous venons d'établir.

L'observation du double genre de beaucoup de mots allemands conduit à la même conclusion. Le masculin et le neutre y expriment une idée plus restreinte que le féminin ; si le neutre est seul mis en comparaison avec le masculin, il a le même sens qu'aurait eu le féminin ; *der band* signifie le tome, dont le sens est beaucoup plus précis et restreint que celui de *das band,* le livre en général ; *die scheuer* est la grange entière et *der scheuer* un simple local ; *die see,* la mer et *der see,* une mer très réduite, le lac ; *das schild* est l'enseigne et *der schild,* le bouclier ; pour le même motif, le masculin indique l'agent, et le féminin ou le neutre, la chose.

Nous donnons ailleurs la nomenclature de ces noms.

Ces exemples nous permettent de conclure et de fixer la genèse de l'extension du genre subjectif ou sexualiste à des êtres qui ne possèdent aucun sexe et qui sont même inanimés. Nous avons établi que c'est l'instinct tour à tour animiste et anthropomorphiste qui a été le grand ressort, mais on peut saisir maintenant comment le départ a été fait du genre masculin et du genre féminin à ces êtres. On a attribué le masculin à ceux qui paraissent doués de plus d'énergie, de force, d'activité, et le féminin à ceux plus faibles ou moins déterminés. Le départ, fait dans le même mot, des deux genres suivant le sens, le prouve. Le principe féminin est un principe passif, récepteur, conformément à la physiologie même de la femme, tandis que celui de l'homme, en suivant la même analogie, est essentiellement actif, transmetteur, la femme formant la matière, l'homme la force ; le masculin est moins étendu, mais plus précis. Il est facile de suivre cette règle pour rendre un être inanimé, grammaticalement, d'un sexe ou de l'autre. C'est ainsi que dans presque toutes les langues, les substantifs abstraits sont du genre féminin, parce que l'idée est vague, indéterminée, ce ne sont pas des personnes, même pas des choses proprement dites.

Cependant ce critère, vrai *in abstracto,* est parfois démenti par les faits. On trouve des substantifs féminins même parmi des êtres qui ont le sexe naturel masculin, l'anomalie est alors évidente. Comment s'explique-t-elle ?

C'est qu'à côté du *critère intellectuel* qui répartit les êtres pour le genre artificiel, il survient à la suite des frottements de la pratique, un autre critère, le *critère matériel,* dû à l'*analogie.* Un grand nombre de noms naturellement féminins, ou devenus tels artificiellement par leur sens, ont une forme déterminée, par exemple, en latin se terminent par *a* ; qu'un autre mot se trouve muni d'un *a* final par accident, il passera au féminin, quand même il aurait un sens masculin. C'est ainsi qu'en latin les noms terminés en *a* sont féminins et ceux terminés en *us* masculins, ceux en *es* féminins.

Le concours de ces deux critères rend la répartition du genre artificiel tout à fait *irrégulière*. Ce qui est masculin dans une langue est féminin dans l'autre et neutre dans une troisième. Nous donnons dans la seconde partie une liste curieuse sous ce rapport. *Soleil* est masculin en français et féminin en allemand, par contre, *lune* est masculin en allemand et féminin en français. Le mot *beurre* est masculin en français et en italien, féminin en espagnol, neutre en grec, féminin en allemand et neutre en russe. Le mot *lit* est masculin en français et en italien, féminin en espagnol et en russe, neutre en allemand. Il n'y a pas besoin de passer du roman au germanique ou au slave pour changer ainsi de sexe. Bien des fois on a remarqué ces dissidences dans le genre artificiel, on s'en est étonné et il y a là entre les nations une barrière de ridicule qui ne semble pas pouvoir être levée.

Il ne faut pas dire, pour expliquer ces divergences, que le genre artificiel est capricieux et sans lois. Il en a, et nous venons de les indiquer, mais leur application uniforme est difficile à faire. Tout d'abord, quant au premier critère, sans doute, l'être le plus intense et le plus déterminé devra être masculin et l'être plus faible et moins important féminin ; mais l'appréciation de l'importance dépend du point de vue qui n'est pas partout le même. Par exemple, le soleil est certainement supérieur à la lune, c'est une étoile lumineuse par elle-même, tandis que l'autre est une planète qui emprunte sa lumière ; le premier sert d'ailleurs pour le comput du temps. Mais certaines nations ont non pas l'année solaire, mais l'année lunaire, c'est à la lune qu'ils donnent la préférence ; cet astre vu par eux est mis naturellement au masculin. Il en sera de même à plus forte raison de beaucoup d'êtres dont l'importance plus ou moins grande est douteuse.

D'autre part, le second critère, le critère matériel, vient

croiser et souvent détruire le premier ; or, celui-là est tout
à fait irrégulier, il dépend des hasards de l'analogie.

Le genre artificiel, résultant d'une invasion du genre
subjectif sexuel dans le genre objectif, peut être plus ou
moins étendu suivant que l'invasion a été totale ou par-
tielle. Il n'a atteint que quelques familles de langues, mais
des plus importantes, les langues chamitiques, les langues
sémitiques, les langues indo-européennes.

Dans les deux premiers groupes, l'effet a été complet ; le
genre objectif, sauf quelques traces dans le pronom interrogatif, a été éliminé. Il n'existe plus d'inanimé, il n'existe
même plus de neutre. Tous les êtres sont masculins ou
féminins.

Dans la famille indo-européenne, il n'en est pas de même.
Sans doute, l'inanimé proprement dit a disparu ; mais, en
classant les langues, la grammaire laisse beaucoup de noms
inanimés dans leur sphère d'ombre naturelle, le neutre. Elle
en retire, il est vrai, un grand nombre pour leur donner
soit le masculin, soit le féminin, mais son œuvre d'anthro-
pomorphisation est incomplète.

Elle l'est, du moins, dans les langues non dérivées, mais
dans les langues dérivées cette œuvre avance quelquefois
davantage, quelquefois aussi elle recule. Il y a là un phénomène intéressant à étudier.

C'est ainsi que le latin contient les trois genres, à savoir
le masculin, le féminin et le neutre, c'est-à-dire l'*asexuel*,
sans compter quelques traces d'inanimé ; le masculin et le
féminin naturels ont été étendus artificiellement à un grand
nombre d'êtres asexués, mais non à tous ; l'invasion du
genre subjectif et le sexe artificiel ne sont pas devenus
universels.

Mais un pas de plus a été fait dans des langues dérivées
du latin, en particulier, en français. Dans notre langue, le
neutre a disparu ; toujours, sauf les traces d'inanimé, tous
les substantifs sont masculins ou féminins soit naturellement, soit artificiellement. Il y a, sans doute, des raisons
externes qui ont collaboré à ce devenir ; les déclinaisons
latines masculine et neutre ne se distinguaient qu'à certains
cas et faiblement, l'assimilation a donc pu souvent être
morphologique ; mais ce qui pourtant a été directeur, c'est
l'instinct, poussant à compléter de plus en plus le genre
artificiel ; d'ailleurs, un grand nombre le possédait déjà,

pourquoi ne pas le communiquer à tous ? Le même phénomène s'est produit en italien, en portugais ; l'espagnol seul
a retenu le neutre, mais dans une très faible mesure.

Souvent aussi il y a eu *regrès*. Le gothique, l'ancien allemand, l'allemand moderne, possèdent, comme le latin, le
masculin, le féminin et le neutre, et comme lui étendent le
masculin et le féminin naturels à beaucoup d'êtres inanimés, de sorte que le domaine conservé par le neutre est
très restreint. L'anglais a détruit tout ce mouvement. Le
masculin et le féminin ont reculé en deçà de leurs fron-
tières naturelles, *il n'y a plus de genre artificiel*, tout ce
qui n'est pas naturellement masculin ou féminin est neutre.

En danois, un autre résultat se produit. Les pronoms de
de la troisième personne et les adjectifs possessifs ont bien
les trois genres, mais les noms, les pronoms possessifs et
les pronoms démonstratifs sont ou non-neutres ou neutres.

*L'abolition du neutre est un fait considérable dans l'his-
toire des langues*, c'est le triomphe complet de l'anthropomorphisme et du genre artificiel subjectif. Il ne se réalise
souvent qu'en plusieurs étapes. C'est ce que nous venons
d'observer du latin au français. C'est aussi ce qu'on peut
vérifier du latin au portugais et à l'italien, du sanscrit à
l'hindoustani, du vieux celte aux langues néo-celtiques.

Aujourd'hui dans des langues nombreuses, en français,
par exemple, il nous est impossible de nous figurer un
objet sans le pourvoir d'un sexe, non seulement les êtres
abstraits qu'on peut facilement personnifier : la vertu, le
vice, la sagesse, etc., mais les êtres concrets et visibles
eux-mêmes : la table, la chaise, le bureau, la porte, le fau-
teuil. L'illusion est complète et ce qui est singulier, c'est
que si pour eux un sexe ne se présente pas à notre esprit
comme effectif, cependant il ne semble pas non plus
être nul ; il nous semble que pour les objets mis au féminin, une physionomie féminine, ou tout au moins quelques
traits féminins apparaissent, plus de faiblesse, de petitesse,
de douceur, de passivité, tandis qu'avec l'article masculin
nous sentons plus de fermeté, de rudesse, de précision.
C'est une illusion en somme, ce peut être pourtant une
réalité, comme nous l'avons vu pour quelques-uns d'entre
eux, réalité devenue fiction et transportée à d'autres par
une certaine analogie.

Avant de terminer ce qui concerne le concept du genre,

nous devons remarquer le double genre. Nous avons déjà signalé le double et le triple genre parmi les noms de parenté, consistant en ce qu'on exprime dans un seul mot le sexe des deux parents tenant les deux bouts de la chaîne. Mais il existe aussi un double genre dans un sens différent ; il s'agit de marquer sur un mot à la fois son propre genre et le genre de celui qui le domine ; par exemple, dans le français : *son nez* signifiant le nez d'une femme, le mot *son* marque bien que *nez* est du masculin, mais nullement que c'est un nez de femme, car on dira aussi bien *son nez* quand il s'agit d'un homme ; le mot *nez* n'est pas par conséquent parfaitement déterminé ; pour qu'il le fut, il faudrait qu'une flexion variée du mot *son* vint l'indiquer.

Or, ce que le français est impuissant à faire, d'autres langues y réussissent en exprimant à la fois ce double genre. Dans plusieurs des langues bantou, en cafre, par exemple, ce résultat se produit. Nous avons signalé ce fait. Il a lieu aussi dans le système du genre artificiel et sexualiste. C'est ainsi qu'en allemand, s'il s'agit d'une femme, on dit : *ihr gesicht*, son visage ; *ihre zahn*, sa dent ; et s'il s'agit d'un homme : *sein gesicht*, son visage ; *seine zahn*, sa dent, marquant ainsi à la fois les deux genres. L'anglais détruit l'un de ces genres et garde l'autre, mais non pas celui qu'on exprime en français. Il supprime le genre du substantif déterminé et ne conserve que celui du substantif en dépendance. C'est ainsi qu'on dira : *his son*, son fils (d'un homme) ; *his daughter*, sa fille (d'une femme) sans distinction de genre entre fils et fille ; et, au contraire : *his son*, son fils (d'un homme) ; *her son*, son fils (d'une femme), en distinguant entre le fils d'un homme et le fils d'une femme.

CHAPITRE IV

Expression et fonction du genre

1° Expression du genre.

Nous serons très bref dans la présente partie, en ce qui concerne l'expression et la fonction du genre, car là les principes sont simples, et ce qui intéresse surtout, c'est de voir en activité le système, ce qui sera fourni par les tableaux de la seconde partie.

L'expression du genre, comme toutes les autres expressions grammaticales, s'accomplit par les moyens suivants : 1° un changement total de racines ; 2° une modification de la racine, interne ou externe ; 3° l'addition d'un préfixe ou d'un suffixe. Ces procédés peuvent être isolés ou cumulés.

Cette expression a lieu soit sur le substantif lui-même doué d'un genre, soit seulement sur les mots en relation avec lui.

Les expressions du genre et du nombre peuvent être séparées ou réunies en un tout indivisible.

Enfin, le genre peut ne s'exprimer que d'une manière indirecte et par une sorte de réactif, par l'apparition du nombre pluriel.

Il faut placer en dehors, parce qu'alors il y a, non pas expression du genre, mais absence de son principe grammatical, le cas où le substantif ne varie pas au masculin et au féminin par exemple, mais où on le fait précéder ou suivre des mots : mâle ou femelle, ou encore comme en anglais de pronoms parfaitement détachés : *a he goot, a she goot.*

Nous devons dire quelques mots de chacun des modes d'expression que nous venons d'indiquer.

Le changement total de racines est usité surtout pour les noms de parenté et pour ceux d'animaux, comme on le verra d'après les nombreux exemples que nous donnons plus loin. C'est une sorte de genre prégrammatical, car un tel emploi n'entraîne pas de marque de l'accord sur les autres mots. Il a d'ailleurs un caractère concret. Il a laissé des traces nombreuses jusque dans nos langues modernes.

La modification de la racine est assez rare, on peut la regarder ici comme exceptionnelle. Le mandchou en offre des exemples curieux. Souvent cette mutation est un simple phénomène de périphonie et alors se cumule avec un affixe.

Au contraire, l'expression ordinaire consiste en un affixe. C'est dans nos langues indo-européennes, surtout un suffixe : en latin *a*, par exemple, pour le féminin, *us* pour le masculin au nominatif et *um* pour le neutre ; en français, *esse, ice* pour le féminin, cette fois par voie de dérivation.

L'expression consiste en un préfixe et ce préfixe peut être un indice grammatical comme *th* dans les langues sémitiques, ou un pronom personnel aggluliné, comme dans les langues bantou.

Parfois il existe à la fois un préfixe et un suffixe identiques, par exemple, en berbère : *th-ammer-th*, femme.

Souvent le féminin seul est désigné ainsi, le masculin restant sans un indice ; d'autres fois, chaque genre a le sien spécial.

Nous avons déjà exposé, en parlant des langues bantou, que parfois le genre n'y est pas marqué sur le substantif même, mais seulement sur les mots en dépendant. Cela se produit ailleurs, en algonquin, par exemple ; il y a alors expression défective du genre.

Au contraire, l'expression du genre (abstraction faite de sa fonction et de la répétition résultant de l'exercice de cette fonction) peut être géminée. Elle l'est, en général, dans les langues qui admettent l'article, pas toujours cependant, car celui-ci est souvent invariable, par exemple, en sémitique, en anglais, etc. En grec, l'article accompagne toujours le substantif et le genre est marqué deux fois : *ê gê, o ouranos, to dendron, oi ouranoi.* La répétition est plus frappante à cause des consonnances. Au contraire, en latin, point d'article et l'expression du genre est unique. En français, c'est encore tout autre chose. Pratiquement au moins, le genre s'exprime non point sur le substantif, mais sur l'article qui l'accompagne. Sans doute, le substantif est lui-même masculin ou féminin dans son concept, mais rien ne l'indique dans sa désinence ; par exemple, celle en *e* muet, quoique plus fréquente au féminin, est cependant usitée aussi au masculin et, d'autre part, les substantifs dépourvus d'*e* muet sont féminins souvent ; ce n'est que l'article qui exprime clairement le genre : *la voix, le minois ; le caprice, la nourrice ; le verbe, la gerbe* ; on peut dire que le substantif exprime alors son genre d'une façon périphrastique. Souvent, il est vrai, sa terminaison indique elle-même ce genre, alors l'expression de celui-ci se trouve géminée.

Ce fait que le genre n'est pas exprimé sur le substantif lui-même, fait dont nous venons d'indiquer un exemple en français, se développe davantage ailleurs. Beaucoup de langues de la famille bantou n'expriment, au moins clairement, le genre que sur l'adjectif ou sur le pronom qui suit.

Souvent, ce qui est très fréquent dans nos langues indo-européennes, le genre et le nombre s'expriment indivisi-blement, il est même parfois impossible, pour les analyser, de retrouver ce qui appartient à l'un et ce qui appartient à l'autre ; l'indice des cas est en même temps confondu, ainsi qu'on pourra s'en convaincre par les paradigmes que nous donnons plus loin.

Le fait le plus singulier est celui que présentent les langues à genre objectif vitaliste, lorsque celui-ci est sans indice au singulier et se marque au pluriel en cela seulement que les êtres animés ont seuls un pluriel, tandis que les autres n'en ont pas. Nous avons tenté d'expliquer cette anomalie. Nous voulons seulement ici la rappeler à sa place.

On voit par ce qui précède que l'expression du genre est moins étendue que son concept. Dans certaines langues où celui-ci existe, il n'est pas exprimé du tout ou ne l'est qu'indirectement par un autre mot chargé de porter le genre ou par ceux qui doivent le refléter. D'ailleurs, cette expression est très irrégulière dans ses procédés.

Il nous reste à étudier la fonction grammaticale du genre.

2º *De la fonction du genre.*

C'est la fonction grammaticale qui en fait le principal intérêt ; dans les langues où elle n'existe pas, le genre lui-même dépérit comme tout ce qui reste stérile. D'ailleurs, il n'a pas alors grande utilité, même lorsqu'il s'agit du genre naturel, puisqu'on peut l'exprimer facilement, là où il est nécessaire, au moyen d'une périphrase, et le genre artificiel ne peut pas se développer. En effet, ce dernier est fortement incité par son emploi futur. Sans doute, la cause efficiente est l'instinct anthromorphique, mais la cause téléologique est l'accord entre les divers mots de la proposition et cette cause a puissamment agi.

Quelle est donc la *fonction grammaticale du genre ?*

C'est celle qui consiste à établir une coordination et une subordination entre les différents mots de la phrase. En effet, l'adjectif dépend du substantif qu'il qualifie, l'article dépend aussi de son substantif, de même, l'autre substantif en relative génitive. Ce n'est pas tout, un autre ordre de relations commence qui n'est plus entre mots seulement, mais qui relie l'ensemble de la proposition : le verbe est sous la dépendance du sujet, le complément direct sous celle du verbe, et, par conséquent, indirectement du sujet ; il en est quelquefois ainsi même du complément indirect ; il y a donc subordination, qui implique à plus forte raison coordination, mais la coordination peut exister seule, par exemple, entre le sujet et l'attribut, entre plusieurs sujets, entre plusieurs compléments.

Comment s'exprime cette subordination, cette hiérarchisation des mots composant actuellement un discours ? Les moyens sont au nombre de plusieurs. Nous avons noté d'ailleurs : 1º l'existence des cas ; 2º celle de l'obviatif algonquin ; 3º l'accord au moyen du genre et du nombre. Quelquefois, du reste, ils coexistent en tout ou en partie.

Le système de l'emploi des cas est bien connu, nous n'avons pas à le décrire. Il consiste à modifier partout le mot qui est dominé, soit réellement, soit formellement, sans qu'il y ait aucune modification de l'autre : *liber Petr-i* (nom : *petrus*) ; *dedit Petr-o, occidit Petr-um,* le mot servant porte seul la livrée grammaticale. De plus, il n'y a pas d'accord général menant toute la phrase, mais dépendance seulement de mot à mot.

Le système de l'obviatif est des plus curieux ; nous l'avons décrit dans d'autres ouvrages. Le résultat est le même, mais la hiérarchisation est plus générale. Un mot entre en hiérarchie non pas seulement avec un autre mot, mais avec tous les autres. D'autre part, le moyen d'hiérarchisation n'est pas un accord, ni phonétique par une sorte de consonnance, ni psychique par la communication d'un concept grammatical tel que le nombre ou le genre.

Le troisième système est celui de *l'accord*. Les mots dépendants prennent le genre et le nombre de celui duquel ils dépendent, cela constitue la subordination. Lorsque le système est plus parfait, tous les mots de la phrase ou presque tous deviennent dépendants d'un seul qui mène toute cette phrase et alors la coordination est complète. Nous avons dit que d'ailleurs ce système de l'accord peut se cumuler avec celui des cas ; mais lorsqu'il devient intégral, ceux-ci tendent à disparaître.

Il y a donc dans ce troisième procédé qui nous occupe deux degrés : 1° celui de la réalisation par l'accord des relations de mot à mot ; 2° celui de la réalisation par l'accord des relations de mot à proposition, même à phrase.

C'est la première seule que nous rencontrons entière dans nos langues indo-européennes ; l'accord n'y court pas dans toute la proposition. Avec le substantif s'accordent généralement l'article, l'adjectif qualificatif, démonstratif ou autre, le pronom personnel, quelquefois le pronom possessif, souvent le pronom relatif, en un mot, tout ce qui détermine ou qualifie et tout ce qui représente le substantif. Cependant l'adjectif qualificatif qui peut suivre ou précéder souvent celui-ci ne s'accorde pas dans l'une ou l'autre de ces deux situations.

A cette réalisation du premier accord il se joint quelquefois des amorces du second. C'est ainsi que l'adjectif attribut s'accorde avec le substantif sujet ; cela n'est pas toujours vrai, les langues slaves, par exemple, rejettent cet accord.

Le second degré consiste à établir une coordination dans toute la proposition, complète autant que possible et telle que l'opère ailleurs le système de l'obviatif. Il s'agit, en outre, d'exprimer le genre d'une manière plus énergique, plus pléonastique, de manière à ne pas faire coïncider seulement par la communication du concept, ni même par des désinences de temps en temps consonantes, mais par la répétition régulière et presque intégrale de l'indice du genre du mot dominant sur le mot dominé.

Le degré supérieur se réalise surtout dans deux familles linguitisques, celle des langues bantou, celle des langues caucasiques.

Dans les premières le genre est marqué par un pronom très court préfixé au substantif ; ce pronom sous sa forme pleine ou abrégée est ensuite préfixé à l'adjectif, au substantif en dépendance génitive, au pronom personnel, au pronom possessif, au pronom relatif ou interrogatif, au mot de nombre, au pronom complément quand il représente ce substantif. Ce qui est remarquable et ce qui rend son expression plus nette et plus forte, c'est qu'il ne détruit pas, mais conserve à côté de lui la marque du genre du substantif en dépendance.

Il en est de même dans les langues caucasiques. D'abord le genre du sujet se communique à l'attribut : en artchi, *nosh b-i haribattu-b,* le cheval est bon ; dans cet exemple, le genre du sujet est marqué une première fois sur le verbe et une seconde fois sur l'adjectif attribut. Ainsi la proposition est reliée fortement et dans son ensemble, sans compter l'accord entre mots se qualifiant. Ce n'est pas tout, le substantif sujet projette l'indice de son genre jusque sur le complément indirect ou locatif du verbe. C'est ce qui se produit dans la langue aware ; en cette langue pour l'instrumental le masculin emploie les suffixes *tsa, sa, s, z* ; le féminin et le neutre, le suffixe *l* au pluriel ; il en est de même du locatif-*inessif* : *dans,* qui est suivi de l'indice du genre du sujet de la proposition : *roqo-un* dans la maison lui, *roqo-i* dans la maison-elle, *roqo b-e* dans la maison-cela, *roqo-re* dans la maison-eux.

En ce qui concerne l'influence du genre sur le pronom personnel, il faut remarquer qu'en général cet effet ne se fait pas sentir à toutes les personnes, mais seulement à la 3ᵉ ; c'est, en effet, celle-là qui remplace un substantif. Ce n'est que par exception que la 1ʳᵉ et la 2ᵉ reçoivent le genre ; ce phénomène se produit surtout dans les langues chamitiques, les langues sémitiques et quelques autres dont la conjugaison semble modelée sur ces dernières, par exemple l'haoussa. On comprend, en effet, que le sexe des deux interlocuteurs étant connu a moins besoin d'être exprimé. Cependant parfois un résultat autre se produit. En cingalais ce sont les deux premières personnes, mais seules, qui portent le genre, le pronom de la 3ᵉ personne n'en est pas affecté, l'adjectif y reste invariable.

Telle est la fonction du genre à divers degrés. Nous en verrons dans la seconde partie les détails.

Il la remplit toujours avec le concours du nombre, jamais seul ; et la collaboration de ces deux concepts est fort remarquable ; c'est la réunion du quantitatif et du qualitatif qui opère, jamais le genre seul ne donne l'accord qui est le but, jamais non plus ce n'est le nombre seul. S'accorder en genre et en nombre est un adage pratique. La coïncidence marque seule fortement la relation. Ce fait est d'autant plus remarquable que ni le nombre ni le genre ne semblent essentiels. Sans doute il faut nombrer, mais alors on emploie les nombres précis et lexiologiques : un, deux, trois ; sans doute il peut être utile de savoir s'il s'agit d'un mâle ou d'une femelle, mais alors il suffit de joindre au substantif les mots : mâle ou femelle, mais rien de cela n'est grammatical. Le nombre grammatical, c'est-à-dire collectif et non précis, le genre grammatical, c'est-à-dire rangeant par classes étendues au delà de leurs limites et tout subjectif ne sont pas indispensables en eux-mêmes. L'instinct morphologique a pu contribuer fortement pour le genre, mais il n'a pu guère influer pour le nombre ; ce qui a poussé dans le développement des deux, grâce à leur réunion, ce fut la *cause téléologique*, le but d'établir un accord grammatical parfait. La fonction a contribué à créer ou à développer l'organe.

DEUXIÈME PARTIE

OBSERVATION ET INDUCTION

CHAPITRE V

Division du Sujet

Nous venons d'exposer les principes directeurs dans les diverses langues, qui se dégagent pour nous de l'observation ; pour qu'on puisse les contrôler et en même temps se représenter d'une manière sensible les *processus* qui se sont produits et la réalisation des tendances de l'esprit humain, nous donnons maintenant le tableau de ce qui concerne le genre dans ces langues, soit quant à leur concept, soit quant à leur expression, soit quant à leur fonction ; nous présenterons ensemble ce qui concerne le concept, les critères et l'expression, parce qu'il y a là un tout difficile à diviser ; nous ne mettrons à part que la fonction. Cependant, vu l'importance des langues indo-européennes, nous ferons pour elles trois chapitres distincts : celui des critères, celui de l'expression, celui de la fonction.

Nous ne donnons point pêle-mêle les divers documents que les fouilles linguistiques fournissent, ce serait un amas confus qui n'intéresserait pas le lecteur ; nous les rangeons en classes logiques, distinguant celles qui expriment le genre subjectif naturel seul et parmi elles celles où le genre varie suivant le sexe de celui qui parle ou le sexe de l'interlocuteur, puis celles qui expriment le genre objectif coordonnant, etc., enfin celles où le genre subjectif a envahi le genre objectif ; de cette manière la vérification de ce que nous avons dit sera plus facile. Nous rejetons à la fin quelques constatations d'ensemble qui n'auraient pu trouver place logiquement dans le cadre.

Voici les chapitres que comprend cette seconde partie qui se subdivise elle-même :

PREMIÈRE DIVISION

CONCEPT, CRITÈRE, EXPRESSION DU GENRE

PREMIÈRE SECTION

GENRE NATUREL

1ᵉⁿᵗ GENRE SUBJECTIF.

a) Genre simple.

Langues qui expriment le genre de la personne qui parle ;
Langues qui expriment le genre de l'interlocuteur ;
Langues qui marquent le genre sur les noms de parentés généralement par un changement de racines ;
Langues à expression générale du genre naturel.

b) Genre double et genre triple.

2ᵉⁿᵗ GENRE OBJECTIF.

a) Genre coordonnant.

Langues où il n'existe aucun genre objectif ;
Langues à genre objectif coordonnant sans influence grammaticale ;
Langues à genre objectif coordonnant avec influence grammaticale.

b) Genre subordonnant.

Langues à genre intensif (mineur et majeur) ;
Langues à distinction vitaliste ou biotique (animé et inanimé).

Réaction de l'inanimé sur l'animé :

Survivance du genre biotique dans les pronoms interrogatifs.

4

Survivance dans les autres mots :

Langues à genre logistique (anthropique et métanthropique) ;
Langues à genre viriliste (andrique et métandrique) ;
Langues à double distinction vitaliste et logistique ;
Langues à double genre sexualiste et logistique.

DEUXIÈME SECTION

GENRE ARTIFICIEL

Langues qui ne possèdent que le genre sexualiste artificiel ;
Langues qui ne possèdent un genre artificiel qu'en partie.

Quant aux critères,
Quant à l'expression :

Elimination hystérogène du neutre ;
Elimination hystérogène du féminin.

DEUXIÈME DIVISION

FONCTION GRAMMATICALE

Fonction du genre objectif coordonnant ;
Fonction du genre subjectif subordonnant ;
Fonction du genre subjectif et du genre objectif cumulés ;
Fonction du genre artificiel dans le chamitique, l'indo-européen et le sémitique.

TROISIÈME DIVISION

Appendices.

Du genre des mots désignant plusieurs êtres ;
Des substantifs se rapportant à plusieurs objets ;
Des rapports entre le genre et le nombre (qualitatif et quantitatif) ;
De la distinction entre le neutre et l'animé ;
Des réactifs qui font apparaître le genre.

Nous commençons par des faits qui établissent le genre naturel dans son concept, son critère, son expression.

CHAPITRE VI

Langues à genre subjectif

a) Genre simple.

1° Langues qui expriment le sexe de celui qui parle.

Il s'agit du *parler des femmes* distinct de celui des hommes et réalisant le *genre sexualiste*, quel que soit celui des objets, par le *sexe seulement de la personne qui parle*. C'est l'extension du procédé que nous avons étudié tout à l'heure ; seulement il ne se borne plus aux noms de parenté, mais s'applique aussi à d'autres, même d'objets inanimés. Il se réalise lexiologiquement et n'a pas d'influence grammaticale.

En dacotah, ce double langage se cantonne à l'expression de l'*impératif*. Les femmes et les enfants se servent de l'indice *na*. En outre, les hommes emploient *no*, *yo* qui sont des particules de commandement, et les femmes *we*, *ya*, *pe*, *miye*, qui sont des particules de prière.

Des traces du langage des femmes se trouvent en chiquita. Il s'agit seulement du pronom de la 3ᵉ personne ; ce pronom a deux formes : l'une pour le masculin et l'autre pour le féminin et le neutre, mais cette distinction n'a lieu que lorsque c'est un homme qui parle ; si c'est une femme, la seconde forme est seule employée.

En le dépouillant de l'élément bilinguiste, le système chiquita présente donc le genre andrique et à ce point de vue nous en faisons le renvoi :

Genre andrique : *oôs-tu*, sa nourriture ; *oôs-mu*, leur nourriture ; *itemoeno-tu*, il lie.

Genre métandrique : *oôs*, sa nourriture ; *om-oôs*, leur nourriture ; *itomoeno*, il lie, elle lie.

Par le pronom de la 3ᵉ personne l'influence se fait sentir sur les verbes, le prédicatif et le possessif.

C'est surtout dans la langue caraïbe que les deux parlers diffèrent. Les femmes savent la langue de leur mari et doivent s'en servir lorsqu'elles leur parlent, mais elles ne l'emploient jamais lorsqu'elles parlent entre elles, elles usent alors d'un idiome différent. De leur côté, les hommes n'emploient le langage féminin que quand ils ont à rapporter textuellement les paroles d'une femme. Ce bilinguisme ne s'applique pas à tous les mots, mais à quatre cents environ et en outre à une double série de préfixes pronominaux et à un double verbe négatif.

La différence grammaticale n'est donc pas nulle, mais elle se réduit à peu, pour le pronom personnel à la 1ʳ personne, en parler viril *i* et en parler féminin *n*, à la 2ᵉ personne *a* et *b*, à la 1ʳ du pluriel *k* et *oua*.

Pour former les verbes négatifs, les hommes suffixent *pa* et les femmes *ma*.

Voici des exemples des différences lexiologiques :

	VIRIL	FÉMININ
aviron	*aboùcoùiti*	*enane*
poignet	*abouli*	*eleoùchagoné*
hamac	*acat*	*ekere*
âme	*acamboue*	*opoyem*
flèvre	*akeleou*	*ocobiri*
manger	*amineti-na*	*laman-ha-ti-na*
avare	*amoinbé-ti*	*akinti*
blé de Turquie	*aoachi*	*marichi*
bien	*aoùere*	*inaleki*
main	*iboùere*	*noubalaa*
case	*aute*	*obogne*
beau-frère	*i-bamoui*	*n-ani-re*
lit	*i-bati*	*n-ékéra*
vent	*beberti*	*mémééli*
mère	*bibi*	*noucou chourou*
demeurer	*bocken*	*erémati*
urine	*i-chieoù-loù*	*n' araguani*
tuer	*tioué*	*apara*
flûte	*china*	*couloura*
pluie	*conoboui*	*oya*
ennemi	*i-etoutoù*	*n-acani*

nom	*i-éti*	*n-iri*
dents	*i-eri*	*n-ari*
œil	*enoulou*	*nacu*

Il faut noter en terminant un phénomène intéressant qui se produit dans la langue cri.

Cette langue varie certaines interjections suivant que c'est un homme ou une femme qui parle.

na, nå	interjection d'admiration	(femmes seules)
nisi	id.	(hommes et femmes)
n'teh	mépris	(femmes seules)
netch	démenti	(hommes seuls)
neh	id.	(femmes seules)

ahayà, ahussa, awistchi cri de douleur quand on reçoit un coup (hommes et femmes).

e, he, hey, admiration ou regret (femmes seules).

Les langues dravidiennes offrent aussi un exemple frappant du bilinguisme sexuel.

La distinction du féminin dans le sens où nous l'entendons n'y existait pas primitivement, car même dans les langues qui ont été très cultivées les noms de femmes sont du neutre au singulier.

Mais la distinction des genres apparaît dans quelques-unes d'entre elles ; le malto possède aux deux secondes personnes une masculine et une féminine.

D'autre part, ce qui nous importe ici, le kurukh ou oraon a toute sa conjugaison double : les formes masculines y sont employées entre hommes ou entre hommes et femmes, les formes féminines n'y servent qu'entre femmes ou lorsque des hommes et des femmes se parlent à la seconde personne.

Ainsi, malto : *nin bandeke*, tu tues, (homme) ; *nin bandeki*, tu tues, (femme) ; en kurukh : *en ankan*, j'ai dit, au masculin ; *en anyan*, j'ai dit, au féminin ; *nin barekan*, tu es venu, (homme) ; *nin bareki*, tu es venu, (femme.)

La langue des femmes se distingue encore de celle des hommes par une particularité en matière de *tabou*. On sait que dans des groupes nombreux, les sauvages ne doivent pas prononcer le nom propre de leurs parents ou alliés ; ce nom est remplacé par un autre créé par différents

4.

moyens. Cette règle existe, que ce soit l'homme ou la femme qui parle, mais, si c'est cette dernière, la prohibition a beaucoup plus d'effet ; celle-ci ne peut prononcer un nom commun dans lequel se retrouve la syllabe accentuée de ce nom propre. Ce nom commun doit être remplacé lui-même par un autre. C'est le *tabou verbal renforcé*. Quelquefois une simple consonnance suffit pour que le mot soit taboué.

Chez les Cafres, la femme ne peut prononcer le nom de son mari, de ses beaux-frères, ni employer aucun mot commun qui leur ressemble ; il en résulte un dialecte spécial nommé langage des femmes : *uku-teh ku aba-fazi*.

En voici des exemples :

	HOMMES	FEMMES
au loin	*kude*	*kutse*
âge	*ubu-dala*	*ubu-tsah*
air	*umoya*	*um-klengetiva*

Même tabou renforcé quand c'est la femme qui parle chez les Kirghises, les Dayaks, les Alfoures, les Lenguas de l'Amérique du Sud.

2º Langues où la conjugaison diffère suivant le sexe de la personne à qui l'on parle.

La langue basque porte un concept très particulier du masculin et du féminin. Observons d'abord que les substantifs ne sont d'aucun genre grammatical et par conséquent ce genre ne peut se refléter sur les autres parties du discours. Tout au plus y trouve-t-on, comme dans d'autres langues, quelques vestiges de l'animé et de l'inanimé. En tout cas, le genre sexualiste y est totalement inconnu en principe, même lorsqu'il s'agit du genre naturel.

Mais la conjugaison présente un phénomène particulier, celui que les grammairiens traduisent par le nom de *traitement*. Voici comment s'exprime à ce sujet la grammaire de Gèze.

Celui ou celle qui prononce une phrase s'adresse :

1° A plusieurs personnes réunies ; alors le traitement est *indéfini*, c'est-à-dire ne porte aucune trace de genre ni de révérence spéciale : il donne, *émaiten du ;*

2° A une seule personne à laquelle il veut témoigner du *respect* : il donne, *emaiten dizu ;*

3° A un homme qu'il *tutoierait* en français : il donne, *emaiten dik ;*

4° A une femme qu'il *tutoierait* en français : il donne, *emaiten din.*

Ainsi le traitement *indéfini* et le traitement *révérentiel* n'admettent aucune distinction sexualiste. Il en résulte que cette distinction n'existe pas quand on s'adresse à plusieurs personnes ou même à une seule que l'on considère comme supérieure.

Elle est limitée au cas où il s'agit d'une *seule personne de condition égale ou inférieure.*

D'autre part, ces divers traitements ne s'appliquent qu'à la proposition *principale* et non aux propositions régies ou incidentes ; on n'emploie pour celles-ci que le traitement indéfini, excepté lorsque le verbe a un pronom singulier de la deuxième personne pour sujet ou pour régime.

Le traitement indéfini est aussi seul employé lorsque la proposition principale est *interrogative*, excepté lorsqu'un pronom singulier de la seconde personne exprimé ou sous-entendu est sujet ou régime.

Les *quatre traitements* ne règnent donc complètement que dans la forme principale de l'indicatif, du conditionnel et du potentiel. Les autres modes et les formes secondaires n'ont plusieurs traitements que lorsque la seconde personne du singulier est sujet ou régime.

Le point essentiel à remarquer, c'est que pour marquer le genre sexualiste, *la personne de l'interlocuteur compte seule*, on ne prend en considération ni le sexe de celui qui parle, ni le sexe de celui dont on parle.

Ainsi lorsque l'interlocuteur est du genre féminin, par exemple, ce n'est pas seulement le pronom *tu* qui se met au féminin, mais aussi le pronom *il*, quand même il s'agirait d'un homme, mais aussi le pronom *je*, quand même celui qui parle serait un homme.

De même, si l'interlocuteur est un homme, non seulement le pronom *tu* se met au masculin, ce qui se comprend, mais aussi le pronom *moi*, quand même celle qui parle serait une femme et le pronom *il*, quand même il s'agirait d'une femme.

D'autre part, cependant, lorsque à la fois l'interlocuteur
est une femme et que le sujet du verbe : *tu* représente
la même femme, il y a, pour ainsi dire, confluent de deux
éléments sexualistes, l'élément ordinaire et celui particulier
au concept basque, et le genre sexualiste se marque, même
dans les formes secondaires.

On voit que le genre basque est né de la seule interlocution, qu'il est essentiellement subjectif, non subjectif à
la personne qui parle, mais subjectif à la personne à qui
l'on parle. Toute objectivité est enlevée par ce fait remarquable que le pronom qui représente la personne dont on
parle ne porte pas son propre sexe, mais celui d'une autre.

On ne saurait trop remarquer cette circonstance que dans
la *forme secondaire* il suffit que la *seconde* personne soit
régime pour imprimer au pronom sujet la marque de sexualité de ce pronom régime, c'est qu'alors la personne de l'interlocuteur se trouve ainsi visiblement en jeu, d'une manière
tacite et d'une manière expresse. D'autre part, le motif pour
lequel les formes dérivées ne portent pas en général le traitement sexualiste, est que l'interlocuteur ne s'y trouve plus
directement interpellé ou que tout au moins l'interpellation
de la phrase principale se trouve déjà éloignée. Il ne peut
donc plus influer que s'il se trouve visé de nouveau sous
forme de sujet ou de régime.

Tel est le système général. Indiquons-en quelques applications.

Verbe intransitif ÊTRE

Il faut remarquer qu'il n'y a pas de traitement sexualiste
dans les temps principaux toutes les fois que le pronom singulier de la 2ᵉ personne *hi* entre dans leur formation. On
conçoit d'ailleurs que la 2ᵉ personne n'ait pas d'influence sur
elle-même. Cependant c'est l'inverse qui se produit dans
les temps secondaires.

INDICATIF PRÉSENT :

1ʳᵉ pers. : je suis, m. *nu-c*, f. *nun* ; 2ᵉ pers., m. et f., *hiz* ;
3ᵉ pers., m. *du-c*, f. *du-n*.
Plur. : 1ʳᵉ pers., m. *gutu-c*, f. *gutu-n* ; 3ᵉ pers., m. *dutu-c*,
f. *dutu-n*.

IMPARFAIT :

1re pers., m. *nundian*, f. *nundunan* ; 2e pers., *huitzan* ; 3e pers., *zian, zuyan*, f. *zunan*.
Plur. : 1re pers., m. *guntian, guntuyan*, f. *guntunan* ; 3e pers., *zutian, zutuyan*, f. *zutunan*.

FUTUR :

1re pers., m. *nuke-c*, f. *nuke-n* ; 2e pers., *hizate, hizateke* ; 3e pers., *duke-c*, f. *duke-n*.
Plur. : 1re pers., *gutuke-c*, f. *gutuke-n* ; 3e pers., *dutuke-c*, f. *dutuke-n*.

CONDITIONNEL :

1re pers., m. *nuduke-c*, f. *nuduke-n* ; 2e pers., *hinzate, hinzateke* ; 3e pers., m. *luke-c*, f. *luke-n*.
Plur. : 1re pers., m. *gutuke-c*, f. *gunduke-n* ; 3e pers., *lutuke-c*, f. *lutuke-n*.

CONDITIONNEL PASSÉ :

1re pers., m. *nundukeyan*, f. *nundukenan* ; 2e pers., *hinzatekian* ; 3e pers., *zukeya-n*, f. *zukenan*.

CONDITIONNEL FUTUR :

1re pers., *ninte-c*, f. *ninte-n* ; 2e pers., *hintake* ; 3e pers., *lite-c*, f. *lite-n*.
Plur. : 1re pers., *gintake-c*, f. *gintaken* ; 3e pers., *litake-c*, f. *litake-n*.

POTENTIEL PRÉSENT ET FUTUR :

1re pers., m. *nite-c*, f. *nite-n* ; 2e pers., *hati* ; 3e pers., m. *dite-c*, f. *dite-n*.
Plur. : 1re pers., *gite-c*, f. *gite-n* ; 3e pers., *ditake-c*, f. *ditake-n*.

POTENTIEL PASSÉ :

1re pers., m. et f. *ninteckenan* ; 2e pers., *hintakian* ; 3e pers., *zitakeyan*, f. *zintahenan*.
Plur. : 1re pers., *gintakeyan*, f. *gintakenan* ; 3e pers., *zintakeg-n*, f. *zintakenan*.

IMPÉRATIF :

Il n'y a de différence sexualiste que si le régime indirect est à la 2ᵉ personne. Alors :

	qu'il soit	soyons	qu'ils soient
à toi m.	*bekic*	*gitzakeyan*	*bekitza-c*
f.	*beki-n*	*gitzakenan*	*bekitza-n*

IMPÉRATIF NÉGATIF :

Régime à la 2ᵉ personne

	qu'il soit	soyons	qu'ils soient
à toi m.	*eztakiala*	*ezkitzakegan*	*eztakitzayala*
f.	*eztakinala*	*ezkitzakenan*	*eztakitzanala*

SUBJONCTIF :

Régime à la 2ᵉ personne

	que je sois	qu'il soit	que nous soyons	qu'ils soient
à toi m.	*nakian*	*dakian*	*gitzakeyan*	*dakitzayan*
f.	*nakinan*	*dakinan*	*gitzakenan*	*dakitzanan*

SUBJONCTIF IMPARFAIT :

Régime à la 2ᵉ personne

à toi m.	*nenkian*	*lekian*	*gintzakian*	*lekitzayan*
f.	*nenkinan*	*lekinan*	*gintzakinan*	*lekitzanan*

VOTIF :

Régime à la 2ᵉ personne

à toi m.	*ainintzei-c*	*ailitzei-c*	*aikintzei-c*	*ailitzeitzac*
f.	*aintzei-n*	*ailitzei-n*	*aikintzei-n*	*ailitzeitzan*

VOTIF FUTUR :

Régime à la 2ᵉ personne

à toi m.	*ainenki-c*	*aileki-c*	*aigenenki-c*	*ailezki-c*
f.	*ainenki-n*	*aileki-n*	*aigenenki-n*	*ailezki-n*

SUPPOSITIF :

Régime à la 2ᵉ personne

à toi m.	*banintzei-c*	*balitzei-c*	*baginzei-c*	*balitzeitza-c*
f.	*banintzei-n*	*balitzei-n*	*baginzei-n*	*balitzeitza-n*

Suppositif futur :

à toi m. *banenki-c*   *baleki-c*   *bagenenki-c*   *balezki-c*
   f. *banenki-n*   *baleki-n*   *bagenenki-n*   *balezki-n*

On voit que le genre sexualiste de l'interlocution s'exprime tantôt en ajoutant *c* pour le masculin et *n* pour le féminin, tantôt en changeant *i* en *n*.

3° Langues où le genre sexualiste naturel est marqué sur les noms de parenté généralement par un changement de racine.

(Personne dont on parle).

LANGUES AMÉRICAINES

En cri :

Père, *os* ; mère, *ga* ; fils, *kwisis* ; fille, *onis* ; cousin d'homme, *tame* ; cousine d'homme, *nimocenj* ; beau-père, *unis* ; belle-mère, *sikosis* ; gendre, *ningwan* ; bru, *sni* ; beau-frère d'homme, *ta* ; belle-sœur d'homme, *nim* ; tante paternelle, *sikos* ; tante maternelle, *nocenj*.

Quelquefois on fait abstraction du sexe : *tcijan* signifie à la fois frère et sœur.

En algonquin :

Père, *ottâwi* ; mère, *kawiy* ; grand-père, *musu* ; grand-mère, *okku* ; oncle paternel, *okkimis* ; tante paternelle, *isikus* ; oncle maternel, *isis* ; tante maternelle, *t'osis* ; gendre, *nahâkisi* ; bru, *ista* ; fils, *kosis* ; fille, *anis* ; frère aîné, *istes* ; sœur aînée, *mis* ; beau-frère de l'homme, *istaw* ; belle-sœur de l'homme, *tim* ; beau-frère de la femme, *itin* ; belle-sœur de la femme, *akkus* ; sœur cadette, *sim*.

Quelquefois les deux sexes sont confondus :
Petit-fils et petite-fille, *osisim* ; cousin et cousine, *itimos*.

En dakotah :

Frère aîné, *c'ingye* ; sœur aînée, *tangké* ; frère cadet, *sùngké* ; cousin, *tahngsi* ; cousine, *hanykasi* ; beau-frère, *tahang* ; belle-sœur, *hangké*.

En mixtèque :

Père, *dzuta, taa* ; mère, *dzahe* ; grand-père, *sij* ; grand-mère, *sitwa* ; cousin, *dzasi* ; cousine, *dzicù* ; beau-père, *dzatadzigo* ; belle-mère, *dzahadzidz* ; frère de l'homme, *nani* ; frère de la femme, *cahua*.

La flexion apparaît cependant quelquefois :

Dziso, oncle ; *dzidzi*, tante.

En koggaba :

Sigui, homme ; *mungi*, femme ; *hatei*, père ; *huba*, mère ; *abama*, aïeul ; *sàgha*, aïeule ; *tuei*, frère ; *nallu*, sœur ; *suia*, oncle ; *keku*, tante ; *là mi*, sobrino ; *haso*, sobrina ; *hateshaka*, parâtre ; *haka*, marâtre ; *hù à sgǎi*, beau-père ; *kagua*, belle-mère ; *huézi*, gendre ; *cagui*, bru ; *leù ma*, beau-frère ; *huà dbi*, belle-sœur.

Au contraire, les noms d'animaux n'expriment pas le sexe par des racines différentes.

En aïnu :

Chambi, père ; *tatto*, mère ; *acha*, oncle ; *unaruhe*, tante. *Aïnù*, homme ; *shiwentep*, femme ; *akihi*, frère cadet ; *mataki*, sœur cadette ; *heikochi*, garçon ; *matkach*, fille ; *haku*, mari ; *machi*, épouse ; *michi*, père ; *hebo*, mère ; *ekachi*, grand-père ; *huchi*, grand-mère ; *sontake*, petit garçon ; *opera*, petite fille ; *yupo*, frère aîné ; *sapo*, sœur aînée.

Les noms d'animaux ne s'expriment pas par des termes concrets.

JAPONAIS

NOMS DE PARENTÉ

Aidi, grand-père ; *baba*, grand-mère ; *titi*, père ; *haha*, mère ; *ko, kodono*, enfant ; *odi*, oncle ; *woba*, tante ; *oi*, neveu ; *mei*, nièce ; *mussume-no muko*, beau-fils ; *yome*, belle-fille ; *wotati*, mari ; *tuma*, épouse.

Mais souvent on emploie une simple flexion :

Mussu-ko, fils ; *mussu-me*, fille ; *kiyau-dai*, frère ; *wome kiyau-dai*, sœur ; *sshohu*, grand-père ; *ssobo*, grand-mère ;

mayo ssi sson, petit-fils ; *mayo mussu-me*, petite-fille ; *ssiù-to*, beau-père ; *ssiù-to-me*, belle-mère ; *ane-muko*, gendre ; *ane-yome*, bru. .

NOMS D'ANIMAUX

Ici il n'existe pas de racines différentes pour chaque sexe.
Le masculin s'exprime en préfixant *o*, le féminin *me*, le neutre (c'est-à-dire le petit) par *ko* :

o-uma, cheval entier ; *me-uma*, jument ; *uma-no-ko*, poulain ; *uma*, cheval en général.

TURC

NOMS DE PARENTÉ

Peder, baba, père ; *validé, ana*, mère ; *dédé*, aïeul ; *néné*, aïeule ; *evlad, oghul*, fils ; *kez*, fille ; *birader*, frère ; *hemchiné*, sœur ; *kodja, gunéyi*, mari ; *kari, guélin*, épouse ; *dâi, amondja*, oncle ; *teizé, halon*, tante ; *guvéyi, damod*, gendre ; *guelin*, bru ; *babalek*, père nourricier ; *suduna*, nourrice.

NOMS D'ANIMAUX

Kotch, bélier ; *maria*, brebis ; *koyoùn*, mouton ; *échek*, âne ; *sepa*, ânon ; *enkuz*, bœuf ; *bougha*, taureau ; *inék*, vache ; *dana*, veau ; *erkedj*, bouc ; *kétchi*, chèvre ; *oghlok*, *tchépidj*, chevreau ; *at*, cheval ; *kesrak*, jument ; *tay*, poulain ; *keipek*, chien ; *kandzek*, chienne ; *horoz*, coq ; *tavouk*, poule ; *pilidj*, poulet.

Ici, d'une manière régulière, la différence de racines constitue l'expression du masculin, du féminin et du neutre familial représenté par les petits.

Jamais l'expression par différence de racines n'a lieu pour les animaux non domestiqués. Si la distinction devient nécessaire, on ajoute *dichi* pour la femelle et *yavrouc* pour le petit : *aye*, l'ours ; *aye yavrouçan*, l'ourson : l'ours son petit.

En ce qui concerne les noms de parenté, souvent il n'y a aucune différence entre le masculin et le féminin : *ékiz*, jumeau et jumelle ; *amongha*, cousin et cousine.

Parfois il y a une légère différence qui simule une flexion : *kaïnata*, beau-père ; *kainana*, belle-mère.

5

Enfin, le sexe peut s'exprimer analytiquement comme nous venons de le voir pour les animaux (c'est la négation de l'expression proprement dite du sexe) :

Toroum, petit-fils ; *kiz toroum*, petite-fille ; *karendach*, frère, *kij karendach*, sœur ; *yéguin*, neveu, *kij yéguen*, nièce.

ARABE

NOMS DE PARENTÉ

Zudj umm, beau-père, *khala*, belle-mère ; *'ç ihu*, gendre, *kanna*, bru ; *abu*, père, *umm*, mère ; *valad*, garçon, *bint*, fille.

Mais la plupart des noms de parenté s'expriment par une véritable flexion :

Sab, jeune homme, *sab-ia*, jeune fille ; *ah*, frère, *uht*, sœur : *bikr*, frère ainé, *bikra*, sœur ainée ; *djadd*, aïeul, *djadda*, aïeule.

Nous touchons au féminin grammatical.

NOMS D'ANIMAUX

Hiçan, cheval, *pharas*, jument, *phahal*, étalon ; *djamel*, chameau, *naqa*, chamelle ; *kabsch*, bélier, *nadja*, brebis, *kharuf*, agneau ; *tis*, bouc, *maja*, chèvre, *djadi*, chevreau ; *dik*, coq, *dudjadja*, poule, *faradj*, poulet, *çuç*, poussin ; *qamra*, tourtereau, *yamam*, tourterelle.

Mais la plupart des autres animaux, même domestiques, forment leur féminin par flexion ou par variation vocalique :

Kalb, chien, *kalba*, chienne ; *quth*, chat, *qutta*, chatte ; *sab'*, lion, *sab'a*, lionne.

Seulement, même parmi ces derniers, il existe une racine différente pour les petits :

Sab', lion, *shibl*, lionceau ; *djimur*, âne, *djahash*, ânon.

En yenissei-ostiake, il existe un genre sexuel, mais seulement pour certains noms ; pour tous les autres, il n'y a ni masculin ni féminin.

Ces noms sont surtout des noms de parenté. Pour les autres, pour ceux d'animaux, par exemple, le masculin et le féminin s'expriment en ajoutant *fig* pour le mâle et *xim* pour la femelle, ce qui est la négation du sexe grammatical.

Les noms de parenté s'expriment les uns par un changement total de racines, les autres par une véritable flexion terminale.

1ᵉʳ procédé : *appas*, beau-père, *ammas*, belle-mère ; *tip*, chien, *fang*, chienne.

2ᵉ procédé : *baghat*, vieillard, *bagham*, vieille ; *xip*, grand-père, *xima*, grand'mère ; *papesh*, frère, *papetsha*, sœur ; *hoi*, oncle, *haja*, tante ; *hus* cheval, *huts hea*, jument ; *dol*, garçon, *dolea*, fille ; *fup*, fils ; *fun*, fille.

Le genre sexuel ne se marque pas ainsi seulement sur le substantif qu'il concerne, mais il se reflète sur l'attribut.

Fup kasaxtu, le fils est sain ; *fun kasaxta*, la fille est saine, mais il en est autrement de l'adjectif qualificatif qui reste invariable.

La langue mandchou emploie dans les noms de parenté, pour distinguer le masculin du féminin, un procédé tout spécial, celui de la variation vocalique ou métaphonie, système qui du reste dépasse cet emploi. En voici des exemples :

Ama, père, *eme*, mère ; *amha*, beau-père, *emhe*, belle-mère ; *haha*, homme, *hehe*, femme ; *amba*, frère aîné, *ambu*, sœur aînée ; *dehema*, oncle maternel, *deheme*, tante maternelle.

De même :

Amila, oiseau mâle, *emile*, oiseau femelle ; *ganggahon*, de haute taille, *genggahun*, courbé ; *gamggan*, esprit fort ; *genggen*, esprit faible ; *wasime*, descendre, *wesime*, monter.

LANGUES INDO-EUROPÉENNES

POLONAIS

NOMS DE PARENTÉ

Mezczina, homme, *kobieto*, femme ; *mlodzieniec*, jeune homme, *dziewczyna*, jeune fille ; *ma'z*, mari, *z'ona*, épouse ; *dziddek*, grand-père, *babka*, grand'mère ; *ziec'*, beau-fils, *synova*, belle-fille ; *ajczym*, beau-père, *macocha*, belle-mère ; *otets*, père, *mat*, mère ; *syn*, fils, *corka*, fille ; *brat*, frère, *siostra*, sœur.

Les autres noms de parenté s'expriment déjà par flexion : *wnuk*, petit-fils, *wnuka*, petite-fille ; *siostrzeniec*, neveu, *siostrzenica* ; *szwoger*, beau-frère (all.) *szwogeron* ; *tesc*, beau-père, *tesciowa*.

NOMS D'ANIMAUX

Kon, cheval, *ogier*, étalon, *walach*, cheval hongre, *kobyla*, jument ; *wol*, *byk*, bœuf, taureau, *krowa*, vache, *ciele*, veau, *krowka*, génisse ; *baran*, bélier, *owca*, brebis, *agnie*, agneau ; *swinia*, porc, *vieprz*, verrat, *mociora*, truie ; *prosci*, pourceau ; *pies*, chien, *suka*, chienne, *szczenie*, petit chien ; *jelen*, cerf, *lania*, biche.

On emploie ainsi des racines différentes pour distinguer non seulement le mâle de la femelle, mais aussi les adultes de leurs petits ; on distingue aussi l'animal reproducteur de celui qui a été châtré.

Mais le polonais emploie aussi la flexion :

Osiol, âne, *osiolek*, ânon ; *kaczek*, canard, *kaczka* ; *ges*, oie, *gasion*, jars, *guska*, oison ; *sarna*, chevreuil, *sarnie*, faon ; *koziol*, bouc, *koza*, chèvre, *kozle*, chevreau.

Quant aux animaux non domestiqués, il n'y a pas en général de distinction grammaticale sexuelle.

Il faut noter que le Polonais a créé dans le genre subjectif des noms de parenté et de ceux d'animaux, non seulement un féminin et un masculin, mais aussi un neutre véritable, distinct à la fois de l'inanimé et du neutre ordinaire, ainsi qu'on peut l'apercevoir par le tableau suivant :

MASCULIN	FÉMININ	NEUTRE
objiec, père	*matka*, mère	*dziecie*, enfant
gasion, jars	*ges*, oie	*gazie*
golub, pigeon	*golebica*	*golebie*
jelen, cerf	*lania*	*jelenie*
koczor, canard	*kaczka*	*kacze*
koziol, bouc	*koza*	*kozle*
kon	*klacz*	*zrebie*
kot	*kotka*	*kocie*

kogut	*kura*	*hurcze*
lew, lion	*lwica*	*lwie*
lis, renard	*lisica*	*lisie*
miedzwiedz, ours	*miedzwiedzica*	*miedzwiedzie*
osiel, âne	*oslica*	*osle*
orzel, aigle	*orlica*	*orle*
pies, chien	*suka*	*szczenie*
wieprz, sanglier	*swinca*	*prosie*
wilk, loup	*wilczica*	*wilcze*
wol, bœuf	*krowa*	*ciele*

RUSSE

NOMS DE PARENTÉ

Syn, fils, *dotch*, fille ; *pa-syn-ok*, beau-fils, *padtchentsa*, belle-fille ; *brat*, frère, *sestra*, sœur ; *diadia*, oncle, *tětka*, tante ; *ziat*, gendre, *nevietstka*, bru ; *otets*, père, *mat*, mère.

D'autres noms emploient la flexion : *plemiannik*, neveu, *plemiannitsa*.

NOMS D'ANIMAUX

Vol, bœuf, *byk*, taureau, *telenok*, veau, *korowa*, vache ; *lochad*, cheval, *kobyla*, jument ; *svinia*, cochon, *borov*, verrat, *suporos*, truie ; *pietux*, coq, *kuritsa*, poule, *tsi-plionok*, poulet.

LANGUES GERMANIQUES

ANGLAIS

NOMS DE PARENTÉ

Father, père, *mother*, mère ; *boy*, garçon, *girl*, jeune fille ; *brother*, frère, *sister*, sœur ; *man*, homme, *woman*, femme ; *bachelor*, garçon, *maid*, fille ; *son*, fils, *daughter*, fille ; *husband*, mari, *wife*, épouse ; *king*, roi, *queen*, reine ; *uncle*, oncle, *aunt*, tante ; *gaffer*, compère, *gammer*, co-mère.

NOMS D'ANIMAUX

Colt, poulain, *filly*, pouliche ; *buck*, daim, *doe*, daine ; *cock*, coq, *hen*, poule, *chicken*, poulet ; *doy*, chien, *bitch*, chienne ; *boar*, sanglier ; *sow*, laie ; *bullock*, jeune taureau, *heifer*, génissc ; *drake*, canard, *duck*, canne ; *horse*, cheval, *mare*, jument, *colt*, poulain ; *gander*, jars, *goose*, oie ; *ram*, bélier, *ewe*, brebis, *lamb*, agneau ; *bull*, taureau, *cow*, vache ; *kid*, chevreau ; *stag*, cerf, *hind*, biche, *fawn*, faon.

Beaucoup d'autres noms d'animaux s'expriment par une seule racine en préposant *he* pour le masculin et *she* pour le féminin : *he cat, she cat*, chat ; *he calf, she calf*, veau ; *he kid, she kid*, chevreau ; *he fool, she fool*, poulain ; *he lamb, she lamb*, agneau ; mais comme on le voit, ce procédé s'applique surtout aux petits des animaux où le sexe a moins d'importance.

ALLEMAND

NOMS DE PARENTÉ

Sohn, fils, *tochter*, fille ; *bruder*, frère, *schwester*, sœur ; *vetter*, cousin, *base*, cousine ; *onkel*, oncle, *tante*, tante.

La plupart de ces noms, au contraire, marquent le féminin par des dérivations : *gatte*, époux, *gattin* ; *braut*, fiancée, *brauti-gam* ; *schwager*, *schwagerin* ; *enkel*, petit-fils, *enkelin*.

NOMS D'ANIMAUX

Eber, sanglier, *sau*, *frischling* ; *widder*, bélier, *schaf*, *lamm*, *hammel* ; *bock*, bouc, *ziege* ; *pferd*, cheval, *stute*, *füllen*, *hengst*, *wallach* (jument, poulain, cheval entier, cheval hongre) ; *stier*, taureau, *kuh*, *kalb*, *ochs* (bœuf) ; *eber*, verrat, *sau*, *schwein*.

Mais le procédé soit de la mutation vocalique, soit des désinences, est plus fréquent.

Mutation vocalique : *hahn*, coq ; *henne*, poule ; *huhn*, poulet.

Extension aux femelles et aux petits de *kuh* et *kalb* : *hirsch*, cerf, *hirsch-kuh*, *hirsch-kalb* ; *pfau*, paon, *pfau-henne* ; *trut-hahn*, dindon, *trut-henne*, *trut-huhn-chen*.

Désinences avec ou sans périphonie : *lœwe*, lion, *lœwin* ; *wolf*, loup, *woelfin* ; *bar*, ours, *baerin* ; *affe*, singe, *aeffin* ; *tiger*, tigre, *tigerin* ; *esel*, *eselin* ; *enterich*, canard, *ente* ; *tauberich*, pigeon, *taube*.

On remarque que ce n'est pas toujours le féminin qui se forme du masculin, mais que c'est quelquefois l'inverse.

LANGUES CELTIQUES
IRLANDAIS ET ÉCOSSAIS

NOMS DE PARENTÉ

Athair, père, *mathair*, mère ; *brathair*, frère, *piuthair*, sœur ; *balachan*, garçon, *caileag,* fille ; *duine*, homme, *bean*, femme ; *fleasgach*, jeune homme, *maighdean ; firionn*, mâle, *boirionn*, femelle ; *mac*, fils, *nighean*, fille ; *oide*, beau-père, *muime*, belle-mère ; *manach*, moine, *cailleach, dubh*, nonne.

NOMS D'ANIMAUX

Boc, bouc, *earb*, chèvre ; *coileach*, coq, *cearc*, poule ; *cu*, chien, *galla*, chienne ; *culluch-torc*, sanglier, *muc*, laie ; *damh*, taureau, *atharla*, génisse ; *drac*, canard, *tunag*, cane ; *each*, cheval, *làr*, *capull*, jument ; *ganra*, jars, *geahd*, l'oie ; *reithe*, bélier, *caora*, brebis ; *tarbh*, taureau, *bo*, vache.

Ce système d'expression par doublet n'est pas général ; ailleurs, on exprime le féminin en préposant *bana* : *bana-ceile*, l'épouse.

S'il s'agit d'animaux, on prépose *firionn* pour le mâle et *boirionn* pour la femelle.

GALLOIS

Cette langue emploie aussi des racines différentes :

NOMS DE PARENTÉ

Bachge, garçon, *geneth*, fille ; *brawd*, frère, *chwaer*, sœur ; *cefnder*, cousin, *cyfenther*, cousine ; *daw*, gendre, *gwaidd*, bru ; *ewgthr*, oncle, *modryb*, tante ; *gwas*, serviteur, *morwyn*, servante ; *mab*, fils, *merch*, fille ; *tad-cu*, grand-père, *mam-gu*, grand-mère ; *priod-fab*, fiancé, *priod-ferch.*

Sans préjudice d'autres procédés qu'on trouvera plus loin décrits.

NOMS D'ANIMAUX

Adiad, canard, *hwyaden,* cane ; *baedd*, sanglier, *hwch*, laie ; *bustach*, taureau, *anner*, génisse ; *ceffyl*, cheval, *caseg,* jument ; *ceiliog*, coq, *iar*, poule ; *ci*, chien, *gast*, chienne ; *hesbwrn*, brebis de deux ans, *hesbin* ; *hwrdd*, bélier, *dafad*, brebis ; *tarw*, taureau, *buwch*, vache.

LANGUES ITALIQUES ET ROMANES
ESPAGNOL
NOMS DE PARENTÉ

Padre, père, *madre*, mère ; *yerno*, gendre, *nuora*, bru ; *marido*, mari, *mujèr*, femme.

Ce procédé lexiologique est très rare dans cette langue ; la parenté s'exprime par flexion là même où des langues congénères emploient d'autres moyens.

Abuelo, grand-père, *abuela* ; *hijo*, fils, *hijà* ; *hermano*, frère, *hermana* ; *nieto*, petit-fils, *nieta* ; *tio*, oncle, *tia* ; *sobrino*, neveu, *sobrina* ; *primo*, cousin, *prima* ; *suegro*, beau-père, *suegra* ; *cunado*, beau-frère, *cunada*.

NOMS D'ANIMAUX

Carnero, mouton, *oveja*, *cordero* ; *buey*, bœuf, *vaca*, *ternero* ; *caballo*, cheval, *yegua* ; *asno*, âne, *borrica* ; *castron*, bouc châtré, *cabron*, bouc, *cabra*, *cabrito*.

Plus souvent *simple changement de désinence* : *mulo*, mulet, *mula* ; *leon*, lion, *leona*, *leoncillo* ; *lubo*, loup, *loba* ; *oso*, ours, *osa*, *osillo* ; *mono*, singe, *mona*.

Plus souvent encore, les sexes sont *confondus* et arbitrairement l'un d'eux est donné à toute une espèce animale. C'est ainsi que l'on compte parmi les noms masculins : *leopardo, elefante, raton, topo, texon, conejo, piojo, tabano*, et parmi les féminins : *camuza*, chamois ; *hardilla*, écureuil ; *comadreja*, belette ; *hyena*, hyène ; *pulga*, puce ; *lodra*, loutre ; *panthera*, panthère ; *abispa*, guêpe.

PORTUGAIS
NOMS DE PARENTÉ

Pai, père, *mai*, mère ; *genro*, gendre, *nora*, bru.

Ici, même observation :

Nieto, petit-fils, *nieta* ; *irmao*, frère, *irmâ* ; *tio*, oncle, *tia*.

NOMS D'ANIMAUX

Carneiro, bélier, *ovelha*, brebis, *borrego*, agneau ; *bode*, bouc, *cabra*, chèvre ; *cavallo*, cheval, *egua*, jument, *poldro*, poulain ; *mucho*, mulet, *mula*, mule ; *toùro*, taureau, *vaca*, vache, *bezerro*, veau, *boi*, bœuf ; *porco*, porc, *marrà*, truie, *verrasco*, verrat ; *gallo*, coq, *frango*, poulet ; *cervo*, *veedo*, cerf, *corça*, biche, *enho*, faon ; *coelho*, lapin, *laparo*, lapereau.

Par ailleurs, même pour des animaux domestiques, on emploie le procédé flexionnel :

Liao, lion, *liazinho* ; *urso*, ours, *ursa*, *ursinho* ; *mono*, singe, *mona* ; *gamo*, daim, *gama* ; *burro*, âne, *burra* ; *gato*, chat, *gata* ; *cao* chien, *cadella* ; *gallo*, coq, *gallinha* ; *pombo*, pigeon, *pomba*.

ROUMAIN

NOMS DE PARENTÉ

Tatalu, père, *mama*, mère ; *moshulu*, grand-père, *bunica*, grand-mère ; *fratele*, frère, *sora*, sœur ; *unchiulu*, oncle, *matushica*, tante ; *ginerele*, gendre, *nora*, belle-fille ; *barbatulu*, époux, *nevasta*, épouse.

La plupart des autres emploient la flexion :

Verulu, cousin, *vera* ; *nepotulu*, petit-fils, *nepota* ; *cumnatulu*, beau-frère, *cumnata* ; *socrulu*, beau-père, *socra* ; *finulu*, filleul, *fina* ; *cumetulu*, compère, *cumeta* ; *logodniculu*, fiancé, *logodnia*.

NOMS D'ANIMAUX

Cal, cheval ; *capa*, jument ; *manz*, poulain ; *cocosh* coq ; *gaina*, poule ; *puiu*, poulet ; *berbece*, bélier ; *oie*, brebis ; *miel*, agneau ; *tap*, bouc ; *capra*, chèvre ; *ied*, chevreau ; *porc*, porc ; *scrofa*, truie ; *cerb*, cerf ; *ciuta*, biche.

Le français possède deux genres seulement : le masculin et le féminin.

Il exprime la différence entre les deux par plusieurs moyens :

L'un s'applique aux noms de parenté et à ceux d'animaux

domestiques. Il consiste dans le changement total de la racine :

Le père, la mère ; l'oncle, la tante ; le gendre, la bru ; le neveu, la nièce ; le parâtre, la marâtre ; le parrain, la marraine ; le frère, la sœur ; le papa, la maman.

Il a même pour les noms d'animaux domestiques une sorte de genre neutre désignant les petits, enfin un nom générique désignant à la fois le mâle et la femelle.

	MALE	FEMELLE
1 cheval	étalon	jument
	poulain	pouliche
2 bœuf	taureau	vache
veau	bouvilllon	génisse
3 mouton	bélier	brebis
agneau		
4 cochon, porc,		
cochon de lait,		
marcassin	verrat	coche, truie
5 chèvre	bouc, bouquin	chèvre, bique
chevreau	biquet	biquette
6 coq	coq, chapon	poule, poularde
poussin	poulet	poulette
7 chat	matou	chatte
chaton	minet	minette
8 lièvre	bouquin	hase
9 lapin	bouquin	lapine, hase
lapereau		
10 cerf	biche	

Les autres animaux n'ont qu'un nom, tantôt masculin, tantôt féminin.

Chez d'autres animaux le féminin se forme du masculin en ajoutant *e, esse* ou *ette* et le masculin du féminin au moyen d'un augmentatif : *ard, on, et; le can-ard,* le *din-don,* le *mul-et.*

Les autres noms féminins se forment du masculin en ajoutant *e, ine, ette, esse* :

Louis, Louise ; cousin, cousine ; fils, fille ; Jeannette ; maîtresse ; devineresse.

Certains noms masculins n'ont pas de féminin : *peintre, auteur, écrivain.*

Il en est ainsi pour les animaux dont les noms sont généralement à la fois masculins et féminins, c'est-à-dire *le renne, le merle, la souris, la grue.*

Ce fait est remarquable. Sont masculins, quel que soit leur sexe : *écureuil, éléphant, hérisson, rat, chevreuil, blaireau, chamois, sanglier, bourdon, castor* ; sont féminins, quel que soit le leur : *belette, fouine, hermine, taupe, souris, hyène, panthère, tortue, loutre, araignée, puce, abeille, cigale.*

Dans ce cas, l'animal est *assimilé* à *l'être inanimé,* il est fait abstraction de son sexe ; puis, en vertu de l'anthropormorphisme, on lui communique le genre sexualiste d'après une assimilation nouvelle reposant soit sur une certaine analogie, soit sur des désinences de même nom.

Une particularité des noms d'animaux sous ce rapport est qu'il faut distinguer entre les *animaux domestiques* d'une part et les *animaux sauvages* de l'autre. Les premiers seuls sont assimilés à l'homme de manière à leur donner le genre naturel ; les autres le sont aux choses et ils ne sont plus désormais capables que du genre artificiel.

Enfin, chez les premiers, en se basant sur l'idée sexualiste exacte, le français et beaucoup d'autres langues ne distinguent pas seulement le masculin du féminin, mais dans le masculin, sous-distinguent l'animal effectivement mâle, c'est-à-dire capable de reproduction, et celui dont la masculinité a été détruite ; d'autre part, les petits de l'animal sont souvent mis hors sexe en ce sens que ce sexe n'est plus considérée, qu'il en est fait abstraction, c'est qu'en effet le sexe chez eux n'est pas encore effectif ; au fond l'idée développée de sexualité cause toutes ces distinctions. En dernier lieu, il peut y avoir à côté des termes indiquant le sexe, un terme générique, même pour les adultes, comprenant à la fois les deux sexes comme pour les noms de personnes : *homo* et *vir, mensch* et *mann.*

Terme générique	Terme d'asexualité	Terme de masculinité	Terme de féminité	Terme d'impuberté ou neutre
cheval	cheval hongre	étalon	jument	poulain (On distingue parfois le sexe quand l'animal est plus grand, pouliche).

bœuf	bœuf	taureau	vache	veau (parfois génisse).
coq	chapon, poularde	coq	poule	poulet (quelquefois poulette)
				poussin
porc		verrat	truie	marcassin
chat		matou	chatte	minet, chaton
mouton		bélier	brebis	agneau

4° *Langues à expression générale du genre naturel.*

I. — *Langues où l'on peut considérer la distinction sexualiste naturelle comme principale, quoique le vitalisme s'exprime sur d'autres mots.*

Les langues arrouague et goaxira cumulent la distinction sexualiste et celle vitaliste, mais les deux ne se font pas sur le même mot, on peut ne retenir ici que comme sexualiste.

La distinction sexualiste se fait jour dans l'expression du genre naturel par la flexion terminale du substantif ; le masculin a pour caractéristique *i* et le féminin *u* en arrouagne ; en goajira le féminin substitue *e* à l'*i* du masculin.

Basabanti, garçon ; *basabantu*, fille ; *üsati*, homme bon, *üsatu* ; *kansiti*, amant, *kansitu* ; *ahuduti*, un mourant, *ahudutu*.

Et en goaxira :

Anashi, bon, *anase* ; *aûtushi*, mort, *autuse* ; *morsashi*, petit, *morsase* ; *oikori*, marchand, *oikare*.

Et avec l'emploi du diminutif : *basabanti-kan*, petit garçon, *basabantu-kan*.

Le genre sexuel s'exprime sur l'adjectif, du moins en goaxira : *xatshitshi aûtushi*, un homme mort ; *xier aûtuse*, une femme morte.

Au contraire, c'est, en arrouague, à la 3ᵉ personne du singulier, que la distinction sexuelle agit sur le pronom personnel : au masculin *li-kia*, au féminin et au neutre *tu-*

reha et au possessif masculin *li, l*, féminin et neutre *tu, t* :
li-sikwa, la maison d'un homme ; *tü-sikwa*, la maison d'une
femme.

De même pour les pronoms objets : masc. *i*, fém. *n*.

Du pronom personnel cette distinction passe au verbe :
li-yahada, il marche ; *tü-yahada*, elle marche.

Et avec le pronom postposé : *misire-la*, il est debout ;
misire-ta, elle est debout ; *halikebe-i*, il se réjouit ; *hali-
kebe-n*, elle se réjouit.

Il faut remarquer qu'il existe aussi le genre neutre, lequel
se confond avec le genre féminin, ce qui a fait croire à
quelques linguistes qu'il s'agit en réalité d'un genre arrhénique opposé à un genre métarrhénique. Nous pensons
plutôt qu'il existe un genre féminin se répandant sur les
objets inanimés comme dans les langues sémitiques.

La distinction de l'animé et de l'inanimé se fait jour pour
la formation du pluriel. Aucun indice pour les êtres inanimés ; au contraire, pour les animés, suffixe *nuti*, quelquefois
nu, na.

Iti, père, *iti-nuti* ; *uyu*, mère, *uyu-nuti* ; *üsa*, enfant,
üsa-nuti ; *uyuhu*, parent, *uyuhu-nu* ; *luku*, homme, *luku-
nu* ; *kalipé*, caraïbe, *kalipé-nu*.

La langue kalinago contient aussi cette double conception
du genre.

Le féminin se distingue du masculin par la conversion de
la finale *i* en *u* :

Aparuti, meurtrier, *aparutu* ; *iropoti*, bel homme ; *iro-
potu*, belle femme.

Quant à l'animé et à l'inanimé, cette catégorie n'a d'effet
que sur le pluriel. Les êtres inanimés manquent de pluriel
morphologique ; les animés le marquent par les suffixes *em,
um* : *owekeli*, homme, *owekeli-em*.

Le genre sexuel se retrouve sur le pronom et le verbe, là
il se combine avec la distinction entre le langage des hommes et celui des femmes. Le premier de ces langages est
emprunté au galibi et le second à l'arrouague ; nous retrouvons ce phénomène dans un autre chapitre.

Le pronom possessif à la 3ᵉ personne est le même dans le
langage des hommes et dans celui des femmes, il est *l* pour
le masculin et *t* pour le féminin et le neutre : *liuman*, son
père (d'un homme) ; *t-iûman*, son père (d'une femme) ; *laku*,
son œil (d'un homme) ; *t-aku*, son œil (d'une femme).

De même dans le verbe 3ᵉ personne du singulier *l, li* pour le masculin, *t, ru* pour le féminin et le neutre ; ici encore le langage des femmes ne se distingue pas de celui des hommes.

Les langues apparentées moxo, baure et maipure cumulent le genre vitaliste et le genre sexuaiste, mais, comme dans les langues précédentes, en font un emploi différent.

En ce qui concerne la formation du pluriel, la distinction vitaliste existe seule, les noms forment le pluriel en suffixant *no* et *ono*, mais pour les êtres inanimés, aucun suffixe.

Les possessifs cumulent les deux distinctions à la 3ᵉ personne : *ma*, pour les hommes, *su* pour les femmes ; au pluriel, au contraire, c'est l'animé qu'on distingue de l'inanimé : *na*, pour les hommes et les femmes, *ta* et *to* pour les choses.

La langue paez fait le même cumul.

La distinction entre l'animé et l'inanimé a trait à la formation du pluriel dans les substantifs. Pour les noms animés on emploie le suffixe *geks*, pour les autres aucun suffixe.

Le pronom personnel porte la distinction sexuelle non à la 3ᵉ personne comme cela arrive d'ordinaire, mais à la 1ʳᵉ et à la 2ᵉ :

1ʳᵉ personne sing. masculin *anki*, féminin *oku*.
2ᵉ — — — *ing*, — *itsha*.

II. *Langues où le système sexualiste naturel est pur.*

Ce groupe comprend d'abord le yaruro et le betoi, où la distinction sexuelle a lieu seulement sur le pronom de la 3ᵉ personne :

3ᵉ pers. masc. *xu-dî*, fém. *xi-na*.

L'haoussa ne le marque sur les substansifs que dans les mots de sexe naturel et alors par une sorte de flexion.

da, le fils ; *diu*, la fille ; *yara*, garçon, *yarinu* ; *mutum*, homme ; *mutummà* ; *sa*, bœuf, *samà* ; *gado*, porc, *guedonia*.

Dans ce cas, l'adjectif s'accorde : *yàro karami*, petit

garçon ; *yarinia karamia*, petite fille ; *mugum mutun*, méchant homme ; *mugumia mats'he*.

Il faut remarquer que le pronom semble étendre la dis-.
tinction au delà du sexe naturel.

Elle affecte alors le pronom et le verbe d'une manière qui sera indiquée dans la dernière partie.

Le basque connait le genre sexuel naturel, non dans le substantif, mais sur le pronom seulement.

3ᵉ pers. préfixé : *hi ;* suff. *k* pour le masculin, *n* pour le féminin :

n-a-bil-ki-k, je vais vers toi (homme) ; *n-a-bil-ki-n*, je vais vers toi (femme) ; *h-ebil-ki-k*, il va vers toi (homme) ; *b-ébil-ki-n*, il va vers toi (femme); *d-a-kar-k*, toi (homme) porte lui ; *d-a-kar-e-n* , toi (femme) porte lui.

L'abchaze possède aussi le genre sexuel naturel, marqué non sur les substantifs, mais sur les pronoms de la 2ᵉ et de la 3ᵉ personne, comme nous le verrons plus loin.

b) Genre double et triple.

Langues à sexe subjectif sexualiste double et triple d'après le sexe du parent qui parle, de celui dont on parle et des parents intermédiaires.

En algonquin, le neveu de l'oncle paternel se dit : *ojim ;* la nièce de l'oncle paternel, *ojim-ikwe ;* le neveu ou la nièce de la tante paternelle, *ojimis;* le neveu de l'oncle paternel ou de la tante maternelle, *ningwanis;* la nièce de l'oncle maternel ou de la tante maternelle, *cimis*.

Le degré de cousin donne lieu aux expressions suivantes : *tamis* = cousin d'homme ; *angocenz* = cousine de femme ; *nimocenz* = cousine d'homme ou cousin de femme. Ainsi se trouve exprimé différemment le cousinage suivant les deux bouts de la parenté.

De même pour l'alliance. *Ta* exprime le beau-frère d'homme ; *nim*, la belle-sœur d'homme ou le beau-frère de femme ; *ong*, la belle-sœur de femme.

Il en est de même de la langue cri.

On y distingue les intermédiaires : *okkumis*, oncle paternel ; *isikus*, tante paternelle ; *isis*, oncle maternel ; *t'osis*, tante maternelle.

Mais dans les exemples suivants, on ne note pas seulement le sexe du parent intermédiaire, mais aussi celui de la personne qui parle :

N'tozim (dit l'homme), fils de mon frère ; *n'tikwatum* (dit l'homme), fils de ma sœur ; *n'tozimiskwem* (dit l'homme), fille de mon frère ; *n'istim* (dit l'homme), fille de ma sœur.

Par contre :

N'tikwatum (dit la femme), fils de mon frère ; *nikosim* (dit la femme), fils de ma sœur ; *n'istim* (dit la femme), fille de mon frère ; *n'tojiniskwem* (dit la femme), fille de ma sœur.

Il y a lieu d'observer ici un croisement en retrouvant, par exemple, *nistim* dans le langage de l'homme et dans celui de la femme en sens inverse.

En algonquin, nous avons omis de relater les cas suivants :

(Il s'agit du sexe des parentés intermédiaires et de celui des deux bouts de la parenté) :

Ojim, neveu de l'oncle paternel ; *ojimikwe*, nièce de l'oncle paternel ; *ningwanis*, neveu de la tante paternelle ; *cimis*, nièce de la tante paternelle.

Par contre :

Ningwanis, neveu de l'oncle maternel ; *cimis*, nièce de l'oncle maternel ; *ojimis*, neveu de la tante maternelle ; *ojimis*, nièce de la tante maternelle.

On tient compte ainsi à la fois : 1° du sexe de celui qui parle ou du sujet de parenté : *neveu, nièce* ; 2° de celui de l'objet de parenté : *oncle, tante* ; 3° de l'intermédiaire paternel ou maternel.

Mais aussi il existe un *croisement* ; le même mot signifie : nièce de la tante paternelle et nièce de l'oncle maternel.

Tawis, cousine d'homme ; *nimocenz*, cousine d'homme ; *nimocenz*, cousin de femme ; *angocenz*, cousine de femme.

Cette distinction ne suffit pas, on ne donne le titre de *tawis* qu'aux fils de l'oncle maternel et à ceux de la tante maternelle ; de même celui d'*angocenz* qu'aux filles de l'oncle maternel ou à celles de la tante paternelle, enfin celui de *nimocenz* qu'aux fils et filles de l'oncle maternel et aux fils et filles de la tante paternelle.

On retrouve la triple expression : 1° *nimocenz* pour les sexes croisés, 2° *tawis* pour le cousinage entre hommes, 3° *angocenz* pour le cousinage entre femmes.

En mixtèque, le genre subjectif produit les exemples suivants :

Nani, frère de l'homme ; *cuhua*, frère de la femme ; *cuhua*, sœur de l'homme ; *cahui*, sœur de la femme ; *nanitucuchisindi*, cousin germain de l'homme ; *cuhuatucuchisi*, cousin germain de la femme ; *cuhuatucuchisindi*, cousine germaine de l'homme ; *cuhuitucuchisi*, cousine germaine de la femme ; *sacuvaiviùchisina*, cousin issu de germain d'homme ; *sacuvaiviùchisi cuhua tucuchisindi*, cousin issu de germain de la femme ; *sacuvui viùsichi cuhua tucuchisinda*, cousine issue de germain de l'homme ; *sacuviù viùsichi cuhui tucuchisindi*, cousine issue de germain de la femme.

En dacotah, on tient compte aussi du fait que c'est un homme ou une femme qui parle :

	L'HOMME PARLE	LA FEMME PARLE
frère aîné	*cingyé*	*timdo*
sœur aînée	*tangké*	*c' ung*
frère cadet	*sungkà*	*sungkà*
sœur cadette	*tangksi*	*tangka*
cousin	*tahangsi*	*ic' es'i*
cousine	*hangkàsi*	*ic' épangsi*
beau-frère	*tahang*	*s' ic' é*
belle-sœur	*hemgka*	*ic' épang*

Deux langues de la Colombie britannique produisent le même phénomène.

C'est d'abord la langue haïda :

Fils (le père parle) *keet* ; (la mère parle) *kin* ; père (le fils parle) *haing* ; (la fille parle) *hahta* ; fille (le père parle) *hàhta* ; (la mère parle) *keet* ; mère (le fils parle) *oway* ; (la fille parle) *oway* ; sœur cadette (le frère parle) *chastoon* ; (la sœur parle) *toonay* ; sœur aînée (le frère parle) *chasi* ; (la sœur parle) *quiay* ; frère aîné (le frère parle) *quia* ; (la sœur parle) *dai* ; frère cadet (le frère parle) *toon* ; (la sœur parle) *toon ;* femme du fils aîné (le père parle) *keetcha ;* (la mère parle) *keetquiacha ;* le père du mari (la femme parle) *tlahahaùng ;* la mère du mari (la femme parle) *owtlahal ;* le mari de la fille aînée (le père parle) *keetquiatlahal ;* (la mère parle) *keetquiatlahol ;* le père de la femme (le mari parle) *chaaht ;* la mère de la femme (le mari parle) *chaow ;* la femme du fils cadet (le père parle) *keettooncha ;* (la mère parle) *keettooncha ;* le mari de la fille cadette (le père parle) *uchadakeettoon tlohal ;* (la mère parle) *uchakeettoon tlohal ;* beau-père (l'homme parle) *anug kesil ;* (la femme parle) *hat kasil ;* (l'homme ou la femme parle) *oùkasil.*

En zimshian :

Mon père (le fils parle) *nenionoogwadh ;* (la fille parle) *abo ;* ma mère (le fils parle) *nawus, nowus ;* (la fille parle) *naigoo.*

Ce sont surtout les langues de la famille Salish qui expriment cette idée.

Dans la langue skhqômic et autres de la côte, il n'existe pas de différence entre les parents intermédiaires pour distinguer la ligne maternelle de la ligne paternelle. Les oncles et les tantes des deux côtés s'appellent de la même manière. Le phénomène que nous suivons en ce moment apparaît dans la langue shushwap :

Langage de l'homme : *o' khé,* frère ; *là' ûa,* oncle ; *k' oga,* tante.

Langage de la femme : *o' khé,* sœur ; *si' so,* oncle ; *to' ma,* tante.

Dans la langue okana khan, on distingue les intermédiaires :

Sm' é' elt, frère du père ; *sesi,* frère de la mère ; *k' o' koi,* sœur du père ; *swà wà sa,* sœur de la mère.

On distingue le sexe de celui qui parle :

Langage de l'homme : *le è' ù,* père ; *sk'oi,* mère.
Langage de la femme : *mistin,* père ; *tom,* mère.

En kalispeln, on distingue suivant les parents intermédiaires :

Squâpe, le père du père ; *kéné,* la mère du père ; *sm'el,* le frère du père ; *kage*, sœur de mère, *s'si'i*, frère de mère ; *silé*, le père de la mère ; *ch'chiez*, la mère de la mère.

Lorsque le parent intermédiaire est mort, le frère du père s'appelle *uluestu* et le fils du frère *sluèlt*.

On distingue aussi si c'est un homme ou une femme qui parle :

Langage de l'homme : *l' è' ù*, père ; *skoi*, mère ; *skokoi*, sœur du père ; *sgus'mim*, sœur ; *toush*, enfant de frère ou de sœur.

Langage de la femme : *mestin*, père ; *ton*, mère ; *tckul*, sœur du père ; *sukusigu*, sœur ; *sttmch'elt*, fille du frère ou de la sœur.

Tous les parents de la femme donnent à tous les parents du mari le nom générique de *segunèmt* et réciproquement.

CHAPITRE VII

Langues à genre objectif

1° Langues où il n'existe aucun genre objectif.

Les langues où il n'existe aucun genre objectif sont les suivantes :

LANGUES AMÉRICAINES

Bribri, kiriri, tsonèque, lule, guarani, tupi, kechua, chibcha, galibi, timné, paez, sahaptin, selish, tarahumah, endeve, cahita, puma, tepehuana, hidatsa, chinouk, chacta, timucua, mazahua, huastèque, comanche, otomi.

LANGUES AFRICAINES

Kanuri, teda, maba, baghirma, mandara, logoné, sonhraï, bambara, soûsou, mandingue, bochiman, woloff, bullom, tenné, ibo, ga, ewe, odji, yoruba, efik, vei.

LANGUES DE L'ASIE

Toutes les langues chinoises et indo-chinoises et autres monosyllabiques, les langues hyperboréennes, sauf le kotte, les langues ouralo-altaïques, le mandchou, le mongol, le japonais.

LANGUES OCÉANIENNES

Les langues malaisiennes, les polynésiennes, les mélanésiennes, les langues australiennes, le papou, le négrito.

Cette énumération est instructive, elle démontre que non seulement quant à son concept, mais aussi quant à sa fonction grammaticale d'accord, une langue peut parfaitement se passer du genre ; celui-ci est un luxe utile, non une nécessité absolue. En effet, toutes les langues de l'Océanie, toutes les langues monosyllabiques, c'est-à-dire environ des trois quarts de l'Asie, une partie de celles de l'Afrique et de l'Amérique s'en passent et cependant elles se parlent et se comprennent sans aucune amphibologie ; la distinction qu'on fait des différents êtres n'en est pas moins claire.

Les langues qui n'ont pas de genre objectif manquent aussi presque toutes du genre subjectif ; elles ne distinguent le masculin du féminin que quelques-unes dans les degrés et les noms de parenté, en employant alors pour l'homme et la femme des racines différentes, mais sans que cet emploi ait aucune influence sur le reste du discours.

En ce qui concerne le genre objectif, quelques-unes en possèdent une amorce, comme nous le verrons, dans le pronom interrogatif qui a une expression différente pour l'animé et l'inanimé.

Le fait d'absence du genre est plus remarquable et aussi nous choque davantage, quand il s'agit de *mots de parenté ;* comment peut-on exprimer de la même façon : *père et mère.* Cependant cela se produit. C'est ainsi qu'en dahoméen le mot *vi* signifie à la fois fils et fille ; *novi*, frère et sœur ; si l'on veut discerner le sexe, il faut alors ajouter *sunu* homme ou *nonù* femme. Cependant il est certains noms pour lesquels on emploie des racines différentes : *to*, père, *no*, mère ; *nolô*, oncle maternel, *nafi*, tante maternelle. Au contraire, une flexion simple distingue *asu*, époux, de *asi*, épouse. En barea *abta* signifie aussi bien mari que femme. En annamite *kon* signifie enfant ; on ajoute au besoin *troi*, mâle et *gai*, femelle.

2º Langues où existe le genre objectif coordonnant dans les substantifs sans influence sur les autres parties du discours.

L'instinct de la classification est très naturel à l'esprit humain et se réalise dans le langage par des moyens spéciaux ; cette classification que nous avons décrite ailleurs se fait d'abord en répartissant les êtres en classes presque toujours nombreuses, naturelles ou réputées naturelles dans l'état de développement mental où l'on est parvenu. Ce classement met de l'ordre dans les idées, il n'a pas d'autre but ; dans certaines langues il empêche que des idées exprimées avec homophonie en arrivent à se confondre. Plus tard ou chez d'autres peuples, cette classification, d'abord purement lexiologique, prend un rôle grammatical et sert à exprimer les rapports entre les diverses parties de la proposition. Ce n'est que très postérieurement dans le cours de l'évolution ou chez des peuples supérieurs que, non content d'avoir coordonné, on cherche à subordonner, à hiérarchiser au moyen du genre proprement dit. Nous ne nous occupons en ce moment que du premier état que nous venons d'indiquer.

Il faut noter ici la même progression que dans le genre subjectif ; celui-ci n'a d'abord qu'une expression lexiologique sans influence grammaticale, plus tard l'expression et l'influence grammaticales lui sont dévolues. Le développement est le même ici.

Le chinois nous apporte un frappant exemple du genre improprement dit, du genre objectif coordonnant ou classification. Pour adopter ce système, il a eu un incitant spécial : la crainte de la confusion entre les homophonies. C'est ainsi qu'il fait suivre le nom des différentes plantes du mot générique : *choù*, arbre ; *song-choù*, le pin ; *ly-choù*, le poirier ; *tao-choù*, le pêcher ; *pe-choù*, le cyprès ; de même, les noms des poissons sont suivis du mot : *yü*, poisson ; *ly-yü*, la carpe ; *ko-yü*, la morue ; *kin-yü*, la baleine ; les minéraux ont pour nom générique : *che ; hoa–che*, le marbre (pierre à fleur) ; *tse che*, le kaolin. On se croirait en présence d'une nomenclature scientifique moderne. Quelquefois elle est plus superficielle et ne se rattache plus qu'à la forme ; *teoù*, par exemple, est la caractéristique de tout ce qui est rond : *moù teoù*, le bois ; *lay-teoù*, la mamelle ; *tchen teoù*, l'oreiller. De même, *jen* l'homme dans : *niù jen*, la femme ; *chè jen*, le poète ; *tsong-jen*, le pêcheur. *Tsiang* s'applique à tous les métiers : *moù-tsiang*, le charpentier.

Il en est de même en annamite et dans les autres langues monosyllabiques de l'Extrême-Orient, et le motif en est identique : empêcher la confusion résultant de l'homophonie, seulement les classifications sont moins nombreuses. L'annamite ajoute *don* aux noms de personnes et d'animaux : *kon-*

traï, fils ; *kon-gaï*, fille ; *kon-khjo*, chien ; *kon-mao*, chat ; *kon-ka*, poisson ; de même *kai* à ceux de fruits, etc.

Il en est de même en birman ; les noms d'hommes portent pour classificateur : *kuj*, corps ; les noms d'animaux : *kaùng*, animal ; s'il s'agit d'animaux qu'on puisse chevaucher on ajoute *tsch* ; les objets ronds ou cylindriques ont pour classificateur : *loh* ; de même, les livres ont *tsaùng* ; les arbres, *pang* ; les objets pointus *phjah* ; les objets en petits morceaux, *po* ; les objets en gerbe *thop* ; les noms de lieu *rô* ; de même *pha* et *phol* indiquent le mâle et *ma* la femelle.

En voici quelques exemples :

Lu-ta-kuj, homme, un corps ; *whak-ta-kaùng*, oiseau un animal ; *tshang-tu-tsih*, éléphant ou animal chevauchable ; *wah-ta-pang*, bambou un arbre ; *ne-ra*, le siège.

Mais le classificateur (voir notre étude sur le nombre) est beaucoup plus fréquent en fonction de déterminant numéral, il se retrouve alors dans une foule de langues. On sait que dans l'esprit de beaucoup de peuples, les mots de nombre, 1, 2, 3, 4, ne peuvent s'appliquer à tout substantif, mais seulement à un certain nombre d'entre eux très génériques : arbres, etc. ; lorsqu'il s'agit de dénombrer un substantif particulier, on y accole le substantif général qui le contient et celui-ci entraîne avec lui le mot de nombre.

C'est ainsi qu'en chinois ces déterminants numéraux, qui sont en réalité des classificateurs, sont au nombre de 80. Le plus usité est *ko*, qui s'applique à tous les hommes et a fini par s'étendre aux animaux ; *tchik* désigne les oiseaux ; *mi* et *wei* les poissons ; *thit*, les chevaux, les mulets ; *kaan*, les animaux vivant en troupeaux; *ken*, les arbres ; *to*, les fleurs, *tso*, les édifices ; *tùi*, les objets allant par paires ; *pà*, ceux qu'on tient à la main comme un couteau ; *tchang*, les objets étendus comme les lits ; *thiao*, les choses longues et minces ; *kin*, les vêtements ; *hing*, les choses alignées.

Voici des exemples de leur emploi :

Ji-khoù-jin, une-bouche-homme = un homme ; *ji-wei-jù*, une-queue-poisson = un poisson ; *ji-mjaù-pù-khi*, un-visage-blanc-drapeau = un drapeau.

Le japonais a emprunté au chinois ce système.

Ce procédé est usité en annamite, en birman, en siamois, à Nicobar, dans plusieurs langues de l'Océanie, par exemple, le samoan et la langue mélanésienne de Viti.

Nous ne le décrirons pas ici davantage, parce qu'il n'a pas les effets essentiels du genre, en ce qu'il reste purement lexiologique et reste sans influence aucune sur les autres mots de la proposition, il ne lie pas le discours. Mais il est curieux comme point de départ. L'esprit humain s'est d'abord occupé de classifier pour le plaisir de la classification, sans y chercher d'autre avantage. Cette classification a été ensuite utilisée d'un côté à détruire les inconvénients de l'homonymie, d'autre côté, à permettre au mot de nombre de se fixer sur le substantif.

Nous allons observer maintenant le genre objectif coordonnant, partant de la lexiologie, mais entrant dans le domaine de la grammaire proprement dite ; cependant ce sera encore un genre inférieur, un genre purement coordonnant.

3° *Langues où existe le genre objectif coordonnant dans les pronoms, avec influence grammaticale.*

La classification apparaît dans d'autres langues infiniment plus réduite, quoique nombreuse encore ; ainsi elle ne classe plus tous les objets taxionomiquement : hommes, arbres, poissons, etc., elle observe seulement quelques-uns de leurs caractères extérieurs : long, rond, plat, etc., ce qui réduit beaucoup la nomenclature. Il n'y a plus que douze à quatorze classes d'êtres. Par contre, le classement ainsi réduit a des effets plus puissants, il passe de la lexiologie à la grammaire et influe quelquefois sur tous les mots de la proposition.

Il frappe directement dans sa première expression, non le substantif, mais le pronom ; seulement comme ce pronom devient tout de suite article et adhère au nom, c'est comme s'il frappait le substantif lui-même.

Une grande famille linguistique suit ce système, c'est celle des langues bantou.

En cafre, les substantifs sont rangés au singulier et au pluriel en douze classes caractérisées par les préfixes : 1, *um, u* ; 2 *ili, i* ; 3 *im, in* ; 4 *isi* ; 5 *ulu, u* ; 6 *um* ; 7 *aba* ;

8 *ama* ; 9 *izin, izi* ; 10 *imi* ; 11 *ubu* ; 12 *uku.* C'est ainsi que *tu* signifie l'homme, mais n'apparaît jamais que précédé du classificateur *um* qui est dès lors une sorte d'article *um-tu*, l'homme.

On n'a pu déterminer très exactement la portée de chacun de ces classificateurs. Voici une de leurs interprétations probables.

Le classificateur *mu*, pl. *ba*, s'appliquerait aux hommes et aux animaux pouvant se tenir debout ou à peu près. Celui *um*, pl. *mi*, comprendrait : 1° les arbres et les plantes n'ayant pas besoin de tuteur ; 2° les instruments et les objets artificiels qui ont, comme les arbres, des branches, la flèche, le balai, etc. ; 3° le corps de l'homme et des animaux et les membres s'articulant sur d'autres ; 4° les éléments bienfaisants, comme la pluie, la lune, le fleuve, capables de donner la vie ; 5° l'âme, l'ombre et divers objets instables ; 6° le souffle, l'air, l'espace vide ; 7° les remèdes et les boissons non fermentées et autres objets aux effets merveilleux se rapportant à la magie ; 8° les choses périodiques, comme l'année ; il s'agit de vie et de mouvement.

Le classificateur *i*, pl. *ma*, comprend : 1° les personnes ou les animaux stériles, ou dont le corps est nu ou raide, ou dont l'action est malfaisante, ainsi que les petits des animaux ; 2° les fruits et les parties du corps relativement nues ou dures, comme l'œuf, le coco, la dent, la main, l'aile ; 3° les choses stériles de leur nature, comme la pierre, le ciel, qu'on pensait être de cuivre, la cendre ; 4° le soleil ou le jour ; 5° les instruments durs ou plats : la table, la lance ; 6° les différents sons ; 7° les noms augmentatifs : grande montagne. C'est l'idée de dureté qui domine.

La classe *bu*, pl. *ma*, indique les objets liquides ou qui entrent en fusion : les boissons, le sang, le miel.

La classe *ku*, pl. *ma*, comprend les noms d'action dérivés des verbes ; c'est l'infinitif lui-même.

La classe *lu*, pl. *zin*, indique la parenté ou toute autre succession, les parties longues du corps, les actions prolongées.

La classe *ka*, pl. *tu*, indique le diminutif.

Une autre interprétation donnée par Torrend coïncide en plusieurs points, la voici :

7

1° classe : *mu, ba*, la situation debout.

Elle s'appliquerait aux personnes par voie de conséquence.

2° classe : *mu, mi,*

Elle comprendrait les objets légers, mouvants, changeants, croissants et produisants, toutes actions qui sont des mouvements.

Ce qui comprendrait tout ce qui ressemble à l'arbre, les objets instables, comme l'eau et l'air, les choses immatérielles périodiques.

3° classe : *in-(z) in.*

Elle comprend tous les autres objets non classés.

4° classe : *li-ma.*

Elle indique la force, ce qui est nu, raide ou plat, les fruits durs ou les parties plates du corps, la main, la peau, le couteau, la lance.

5° classe : *bu-mu.*

Les objets fluides, l'eau, l'air.

6° classe : *ku-mu.*

Les noms abstraits.

7° classe : *lu-zin.*

Idée d'union lâche, de manque de consistance, les objets longs, les rangées, les animaux remarquables par leur longue queue, les cordes.

8° classe : *ci-zi.*

Objet court ou recourbé : un vieillard, une colline.

9° classe-locatif : *ku.*

La distance.

10° classe-locatif : *mu.*

L'absence de distance.

En analysant cette interprétation on constate que le mouvement, la position de l'objet (debout ou étendu), sa forme : long, plat, rond, court, petit, fluide en sont les éléments principaux ; il y a là un processus optique. Le point de départ est peut-être la position habituelle, on passe ensuite à la forme qui en résulte et au mouvement.

Nous allons examiner tout à l'heure l'emploi qui a été fait de cette classification par les langues bantou.

Une autre famille de langues possède le même phénomène des classifications avec action grammaticale, seulement l'article qui en porte l'expression n'est pas préposé, mais postposé. Il s'agit d'une langue de l'Afrique : le woloff.

Dans cette langue, les classificateurs sont *ga* pour les arbres fruitiers, *ba* pour les fruits ; *ba* pour les noms d'agents, *ga* pour les substantifs abstraits, *va* pour les animaux, *sa* pour les diminutifs.

Seulement ces classificateurs ont perdu ensuite leur sens primitif, les mots commençant par *s* ont pris le classificateur *sa* ; ceux commençant par *m*, le classificateur *ma* ; il y a là d'ailleurs un point très obscur.

Voici des exemples : *senden ga* signifie le jujubier ; *senden ba*, la jujube ; *duydat ba*, le vendeur ; *refetay ba*, la beauté.

Il est probable que la classe est idéolologique et répond à une classification logique des objets ; plus tard seulement et par analogie, il se sera formé des classes purement phonétiques.

Genre subordonnant.

Langues où existent les genres diminutifs et augmentatifs ou le genre intensif.

Une seule langue nous paraît rentrer nettement dans cette catégorie, c'est le nama dont le système est tout particulier.

Il semble bien que le point de départ est de pouvoir garnir le substantif d'un positif, d'un diminutif et d'un augmentatif. C'est ainsi que *xham*, eau, sous la forme *xham-i*, signifie l'eau en général ; avec la forme *xham-p*, la grande eau, la riviére ; la forme *xham-s* signifie la petite eau, l'eau pour boire ; de même, *tse-i*, le jour, *tse-b*, le jour de fête et *tse-s*, le jour ouvrable. De même tous les objets que l'on trouve grands prennent le suffixe *b* : *hei-b* est l'arbre élevé, *om-p*, la maison haute ; les objets courts prennent *s* : *hei-s* est l'arbrisseau, *om-s*, la petite maison.

De là on est passé à l'idée de genre et *p* est analogue au masculin, *s* au féminin et *i* au neutre : *khoi-p*, un homme, *khoi-s*, une femme, *khoi-i*, une personne.

Ce qui est très curieux, c'est que l'aboutissant est une sorte de genre sexualiste, mais ce n'est pas un point de départ, celui-ci est dans les degrés de comparaison, le neutre est une vraie normale.

L'idée de grandeur ou de petitesse qui appartient ou qu'on attribue à un objet inanimé sert de critère ; la distribution des êtres inanimés se fait ainsi d'elle-même, quant aux êtres animés, le mâle est le plus fort, la femelle est plus faible et le départ est facile.

Il s'est passé ici le contraire de ce qui eut lieu dans les langues à genre sexualiste. Dans celles-ci on a jeté un pont d'en haut du genre subjectif ou sexualiste au genre objectif ; ici on a jeté un pont d'en bas du genre objectif comparatif au genre sexualiste et subjectif ; la première manœuvre a eu lieu au moyen de l'anthropomorphisme, la seconde au moyen de la comparaison de l'homme avec les choses inanimées.

Ce système s'est-il développé ailleurs et se serait-on de la même manière élevé d'un classement objectif intensif à l'apparence d'un classement sexualiste ? S'il en était ainsi, on pourrait croire que le genre sexualiste tout entier ne serait qu'un genre objectif basé sur la grandeur.

On l'a prétendu pour les langues sémitiques et les langues chamitiques qui ne connaissent pas le neutre, mais seulement le masculin et le féminin qu'elles appliquent indifféremment aux êtres animés et aux êtres inanimés. L'anthropomorphisme n'y aurait joué aucun rôle ; le principe intensif seul serait en jeu. Le masculin qui s'applique à l'homme ne serait point un véritable masculin, mais un augmentatif ou un intensif ; le féminin qui s'applique à la femme et aux animaux femelles ne serait pas un vrai féminin, mais un simple diminutif. La preuve d'un tel état primordial serait la non-existence du neutre.

Nous ne pensons pas qu'il en soit ainsi et d'ailleurs aucune preuve n'en est apportée. En nama, au contraire, l'emploi d'un seul et même nom avec les trois genres prouve bien le concept intensif, il y a analogie avec les degrés de comparaison dans les adjectifs, mais ici rien de tel. Sans doute, des investigations pourraient conduire à ce fait que ce sont les êtres les plus faibles ou réputés tels que les Sémites ont doué du sexe dit féminin, mais on n'en peut conclure qu'il y ait là un féminin fictif venu de l'idée diminutive ; il peut y avoir eu aussi bien extension du féminin à des objets inanimés, parce que la faiblesse de ces objets les faisait ressembler à la femme. Cette dernière conclusion est tout à fait en accord avec l'instinct anthropomorphique de l'homme, tandis que l'autre lui est contraire et constitue un antianthropomorphisme qui est très rare. A côté du masculin réel s'est formé par analogie le masculin fictif, cela est beaucoup plus naturel. Quant à la non-existence du neutre, elle prouve seulement que l'assimilation des objets animés aux êtres animés a été complète, tandis que dans l'indo-européen elle n'a été que partiaire. Il y a d'autres langues d'où le neutre a été chassé complètement, aussi bien que dans les langues sémitiques, le français, par exemple, où tous les objets inanimés sont masculins ou féminins. Dira-t-on qu'en français le genre naturel n'est rien et qu'il n'existe qu'un diminutif et un augmentatif? Il est vraï que l'état du français est hystérogène, mais l'expulsion du neutre y a eu lieu d'un seul coup, les traces de l'inanimé y sont très faibles, et si l'on ne connaissait pas le latin, on dirait aussi que le français n'a pu animer tous les objets inanimés par l'extension d'un genre véritablement sexualiste.

La langue oigob distingue dans les noms le masculin du féminin, mais cette catégorie très compréhensive semble s'analyser en deux genres nouveaux : le genre majeur et le genre mineur exprimant le contraste entre ce qui est grand et ce qui est petit.

Le premier genre s'exprime sur le substantif par les préfixes : *ol, o, l,* pluriel : *il, i,* et le second par *eng, en, em, e,* pluriel : *ing, im, in, i,* collectif *el :*

Ol-alem, grand couteau, glaive ; pl. : *il-alem-a ; eng-alem,* petit couteau ; pl. : *ing-alem-a ; ol-gudzhida,* grand garçon ; pl. : *il-gudzhid ; eng-gudzhida,* petit garçon ; pl. : *ing-gudzhid ; ol-soid,* grande pierre, rocher ; pl. : *i-soid-o ; e-soid,* petite pierre ; pl. : *i-soid-o ; ol-dia,* grand chien ; pl. : *il-dia-in ; ol-obiro,* grande plume ; pl. : *il-obiro ; eng-obiro,* petite plume ; pl. : *ing-obiro ; ol-gume,* grand nez ; pl. : *il-gumen ; eng-gume,* petit nez ; pl. : *ing-gumen.*

Par extension, pour les hommes et les animaux, ces préfixes indiquent le genre naturel :

Ol-omon, homme étranger ; *eng-omon,* femme étrangère ;

7.

Les noms animés le font en *ok* ou en *ak* : *mistik*, arbre, *misti-w-ok* ; *iskwein*, femme, *iskwen-ok* ; *wabus*, lièvre, *wabus ok* ; et les noms inanimés en *a*, *nipisiy*, saule, *nipi-siya* ; *mitti*, bois de chauffage, *mitta* ; *wawi*, œuf, *wava*.

L'*obviatif* et le *surobviatif* diffèrent dans les deux cas. Dans les noms animés et les deux autres l'obviatif est le même et s'exprime par *a*, mais le surobviatif est *iyiw* pour les êtres animés et *iyiwa* pour les inanimés. Il serait trop long d'exposer ici ce mécanisme très remarquable, il suffit de signaler la différence d'expression ; on voit que *a* est le caractéristique de l'inanimé. Notons seulement que l'obviatif joue souvent le rôle du génitif et le surobviatif celui du génitif de génitif.

L'obviatif et le surobviatif existent souvent aussi dans l'adjectif et le verbe et alors la distinction entre l'animé et l'inanimé est encore plus grande. Voici les règles quelque peu compliquées :

L'obviatif existe alors dans les adjectifs et les verbes ; s'il est animé, il s'exprime par *nâwa*, et s'il est inanimé, par *an* ; c'est le complément et non le sujet que l'on consulte pour la qualité d'animé ou d'inanimé. Le surobviatif s'exprime par *yiwa* pour les adjectifs animés et les verbes et par *yim* pour les inanimés.

Le pronom démonstratif a deux formes : *ânâh* pour l'animé et *eoko* pour l'inanimé.

De même, le pronom interrogatif : *awewa* qui, et *kekway* quoi. De même *keko* qui et *mân* quoi.

Animé *tana* quel, inanimé *tamma*.

L'adjectif est animé ou inanimé par lui-même et revêt ainsi une double forme. En voici un paradigme. Il suit le genre du verbe auquel il se rapporte, cependant quelques adjectifs ne sont pas susceptibles de l'inanimé. Les animés sont terminés à la 3ᵉ personne de l'indicatif en *iw*, *uw*, *ow* et les inanimés en *ew*, *an*, *in*, *aw*, mais font leur pluriel en *a* comme les animés :

il est laid,	*mayatisiw*	c'est laid,	*mayatan*
il est comme mort,	*nipumakisiw*	c'est comme mort,	*nipumakan*
il est beau,	*miyonàkusiw*	c'est beau,	*miyonakwo*
il est aqueux,	*nipiwiw*	c'est aqueux,	*nipiwan*

ol-goroi, singe mâle ; *il-gorio*, singe femelle ; *ol-ala-she*, frère ; *eng-ana-shei*, sœur.

Quelquefois le féminin a une nuance de mépris.

Le genre a son reflet sur l'adjectif lorsque celui-ci suit le substantif : *ol-doeno o ibor*, la montagne blanche ; *en anga na ibor*, le vêtement blanc.

Le pronom de la 3ᵉ personne possède aussi les deux genres : masc. *ele*, fém. *ena* ; pl. masc. *gulo*, fém. *guma*.

Il en est de même du pronom possessif :

	SINGULIER DE L'OBJET		PLURIEL DE L'OBJET	
Sing.: 1ʳᵉ pers.	m. *l-ai*	f. *ai*	m. *lai-nai*	f. *ai-nai*
— 2ᵉ pers.	m. *l-ino*	f. *ino*	m. *lino-mo*	f. *ino-no*
— 3ᵉ pers.	m. *l-engnie*	f. *engnie*	m. *lengine*	f. *engine*
Plur.: 1ʳᵉ pers.	m. *l-ang*	f. *ang*	m. *lang*	f. *ang*
— 2ᵉ pers.	m. *l-igni*	f. *igni*	m. *ligni*	f. *igni*
— 3ᵉ pers.	m. *l-engnie*	f. *engnie*	m. *lengnie-ma*	f. *engnie-ma*

Cette distinction ne se reflète pas sur le verbe.

La langue nama suit le même système. Elle contient un genre qui en apparence est masculin, féminin ou neutre, mais qui se réduit en dernière analyse à un genre majeur ou augmentatif, un genre mineur ou diminutif et un genre normal.

Cette distinction existe d'abord dans le pronom personnel qui à la 3ᵉ personne a les trois formes : masc. *b*, *m*, fém. *s* et commun *i* ; au duel *kha*, *ra* et *xha* et au pluriel *gu*, *ti* et *n*.

Ces pronoms sont suffixés au substantif et lui impriment les mêmes distinctions.

Ce qui est curieux, c'est que le même substantif peut prendre les trois et être ainsi à la fois masculin, féminin et neutre :

Gam-i, l'eau purement et simplement ; *gam-b*, la grande eau, le fleuve ; *gam-s*, la petite eau.

Genre biotique ou vitaliste.

Langues où il existe un genre objectif subordonnant distinguant entre l'animé et l'inanimé.

La langue cri exprime la différence entre l'animé et l'inanimé, sur le substantif d'abord pour la formation du pluriel.

Les noms animés le font en *ok* ou en *ak* : *mistik*, arbre, *misti-w-ok* ; *iskwein*, femme, *iskwen-ok* ; *wabus*, lièvre, *wabus ok* ; et les noms inanimés en *a*, *nipisiy*, saule, *nipisiya* ; *mitti*, bois de chauffage, *mitta* ; *wawi*, œuf, *wava*.

L'*obviatif* et le *surobviatif* diffèrent dans les deux cas.

Dans les noms animés et les deux autres l'obviatif est le même et s'exprime par *a*, mais le surobviatif est *iyiw* pour les êtres animés et *iyiwa* pour les inanimés. Il serait trop long d'exposer ici ce mécanisme très remarquable, il suffit de signaler la différence d'expression ; on voit que *a* est le caractéristique de l'inanimé. Notons seulement que l'obviatif joue souvent le rôle du génitif et le surobviatif celui du génitif de génitif.

L'obviatif et le surobviatif existent souvent aussi dans l'adjectif et le verbe et alors la distinction entre l'animé et l'inanimé est encore plus grande. Voici les règles quelque peu compliquées :

L'obviatif existe alors dans les adjectifs et les verbes ; s'il est animé, il s'exprime par *nâwa*, et s'il est inanimé, par *an* ; c'est le complément et non le sujet que l'on consulte pour la qualité d'animé ou d'inanimé. Le surobviatif s'exprime par *yiwa* pour les adjectifs animés et les verbes et par *yim* pour les inanimés.

Le pronom démonstratif a deux formes : *ânâh* pour l'animé et *eoko* pour l'inanimé.

De même, le pronom interrogatif : *awewa* qui, et *kekway* quoi. De même *keko* qui et *mân* quoi.

Animé *tana* quel, inanimé *tamma*.

L'adjectif est animé ou inanimé par lui-même et revêt ainsi une double forme. En voici un paradigme. Il suit le genre du verbe auquel il se rapporte, cependant quelques adjectifs ne sont pas susceptibles de l'inanimé. Les animés sont terminés à la 3ᵉ personne de l'indicatif en *iw, uw, ow* et les inanimés en *ew, an, in, aw*, mais font leur pluriel en *a* comme les animés :

il est laid,	*mayatisiw*	c'est laid,	*mayatan*
il est comme mort,	*nipumakisiw*	c'est comme mort,	*nipumakan*
il est beau,	*miyonàkusiw*	c'est beau,	*miyonakwan*
il est aqueux,	*nipiwiw*	c'est aqueux,	*nipiwan*

il blanchit au soleil,	*wabasuw*	*wabastew*
il est emporté par le vent,	*webasiw*	*webastan*
il est entendu,	*pettakusiw*	*pettakwan*
il a froid,	*kawatchiw*	*kawatin*
il se brûle,	*kisisuw*	*kijitew*
il est fort,	*maskawisiw*	*maskawaw*
il a goût de poisson,	*kinusewokisin*	*kinusewokem*
il a bon goût,	*miyospokusiw*	*miyospokwan*

L'adjectif animé en *iw* et l'adjectif inanimé en *in* ont chacun une conjugaison spéciale, il y en a une autre pour les inanimés en *ew, an, aw*.

Si l'adjectif se rapporte à la fois à un nom animé et à un nom inanimé, il faut le répéter pour le faire s'accorder avec chacun. L'adjectif qui ne se rapporte à aucun nom précédent se met à l'inanimé.

Le *verbe objectif*, c'est-à-dire le verbe qui a un complément, se divise en animé ou inanimé d'après son objet et non d'après son sujet ; il a la voix passive tant pour l'animé que pour l'inanimé. Dans les inobjectifs et les objectifs inanimés il n'y a de pluriel qu'à la 3ᵉ personne.

Le verbe objectif animé a 7 conjugaisons, en : *mew, hwew, hew, tew, swew, wew* et *yew*; l'objectif inanimé n'en a que 2, en : *ttaw* et en *am*.

Parmi les langues algonquines, nous avons vu que dans les substantifs l'animé et l'inanimé influent sur la formation du pluriel, le premier l'ayant en *k* et le second en *ow, a*. Plus spécialement en algonquin, si les noms se terminent par *e, i, o*, on ajoute *k* pour l'animé et *n* pour l'inanimé ; aux autres, suivant la terminaison, on ajoute *ok, ik, iak, ak* pour l'un, et *n, on, in, ian* et *an* pour l'autre.

L'obviatif n'affecte que les noms animés, le surobviatif s'applique aux deux et se forme par *m, ini, oni*, suivant les terminaisons.

Les deux pronoms interrogatifs sont : *awenen*, qui, et *wekonen*, quoi.

Les pronoms démonstratifs sont :

GENRE ANIMÉ	GENRE INANIMÉ
aam, celui-ci	*oom*
okom, ceux-ci	*onom*
iaam, celui-là	*üm*
ikim, ceux-là	*inim*

Les verbes actifs à régime animé ont une conjugaison différente de celle des verbes à régime inanimé.

Nous ne pouvons entrer ici dans les détails.

La langue mutsun possède deux verbes substantifs, l'un, *tsaora*, s'emploie lorsqu'il s'agit d'êtres animés, et l'autre, *rote*, quand il s'agit d'êtres inanimés.

Nu tsahora tsares, là est un homme ; *nu rote tsipe*, là est un couteau.

Il semble qu'il y a aussi trace de cette distinction dans la déclinaison.

Le dacotah fait celle-ci : les êtres animés ont seuls un pluriel marqué par la suffixation de *pi*.

Wicasta-pi, les hommes ; *konkake-pi*, les pères ; *shunka-pi*, les chiens.

En cora, les noms animés et quelques-uns de ceux inanimés forment leur pluriel en suffixant *ri, eri, tzi, te, moa, cari, care*.

Zearate-ri, les abeilles ; *kanax-eri*, les brebis ; *ukubi-hnane-tzi*, les orateurs ; *tiyaoh-moa*, les fils ; *toata care*, les hommes ; *ù-cari*, les femmes.

En totonaque, les noms d'êtres vivants ou réputés vivants ont seuls un pluriel qui s'exprime en suffixant : *nitni, itni, nin, na, ne, ni, no, nu, in, an*.

Ztaço-nitin, les étoiles ; *makan-itni*, les mains ; *xanat-na*, les fleurs.

En paez, les noms d'êtres vivants font leur pluriel en suffixant *guex* : *pits* homme ; *pits-guex*.

Dans les pronoms la distinction est différente, il y a une forme pour l'homme et l'autre pour la femme aux deux premières personnes : 1° *angki* et *inggi* ; 2° *oku* et *itsha*.

En auca le pluriel des noms animés se forme en préposant *pu* et celui des noms inanimés en postposant *ica* : *chao*, père, pl. *pu-chao* ; *ruca* maison, *ruca-ica*.

Le tarasque distingue l'animé de l'inanimé.

Cette distinction n'a d'effet que sur le substantif pour la formation du pluriel.

Les êtres animés ou assimilés prennent le suffixe *etscha* : *tata etscha*, les pères ; *wata etscha*, les montagnes ; *hoska etscha*, les étoiles.

Les autres joignent seulement un adverbe de quantité : *wan*, beaucoup ; *wan dzakapa*, les pierres.

Il en est de même en totonaque.

Pour les animés et les assimilés, le pluriel est exprimé par les suffixes : *nitni, nin, na, ne, ni, no, nu* ou *itni, in, an*.

Ztako, pierre, *ztako-nitni* ; *pùlana*, capitaine, *pùlana-nin* ; *agapon*, ciel, *agapon-in* ; *shanat*, fleur, *shanat-an* ; *pishtshogoi*, rocher, *pishtshogoy-en*.

On voit que les assimilés sont nombreux.

Les noms animés ne marquent pas le pluriel.

Le maya et le quiché expriment le genre sexualiste naturel d'une manière non grammaticale en faisant précéder de *ax, x* pour le masculin et *ish, sh* pour le féminin : *ax kambesax*, celui qui enseigne ; *ish kambesax*, celle qui enseigne ; *ax kai*, le pêcheur ; *ish kai*, la pêcheuse ; *ax tsib*, l'écrivain ; *ax tsix*, l'orateur.

Mais il possède grammaticalement l'animé et l'inanimé qui ne s'appliquent qu'aux substantifs et n'ont d'effet que pour la formation du pluriel. Celui-ci ne s'exprime pas pour les objets inanimés, il le fait seulement par des adverbes *e abax*, beaucoup de pierres, les pierres. Les êtres animés, au contraire, forment leur pluriel par l'adjonction de *ob, ab, eb, ib, ub, tshik* suivant les diverses langues : *itsh*, l'œil, pl. *ish-ob* ; *ùinik*, homme, *ùinik-ob* ; *atit*, grand-mère, *atit-ob* ; *ù-atik*, mon fils ; *u-atik-tshik*, mes fils.

En mame les noms animés forment leur pluriel, soit en préfixant *e*, soit en le préfixant et en le suffixant à la fois : *e-vuinak*, des gens ; *e-kiahol-e*, les fils. Le pluriel pour les êtres inanimés se forme avec des mots de nombre ou des adverbes de quantité : *ikoh*, beaucoup, etc., ce qui revient à dire que les inanimés n'ont pas de pluriel grammatical.

Le chimu et le yunka ne possèdent que la distinction entre l'animé et l'inanimé qui n'ont d'effet que pour la formation du pluriel des substantifs. Les noms animés seuls ont le suffixe *on* : *ef*, père, *ef-on* ; *metsherok*, femme, *metsherok-on*.

Dans la langue sonhrai il y a un article suffixe *di* pour les êtres animés ou réputés animés et *ni* pour les inanimés :

Ni-yo-di, ton chameau ; *woki yiri-wo ni*, ce qui est à nous.

En chipanèque, la distinction vitaliste a les effets suivants :

Les mots de nombre diffèrent suivant le genre des substantifs :

Genre animé : *tiqhe*, un ; *hao*, deux ; *hani*, trois.

Genre inanimé : *ticao*, un ; *iotani*, deux.

En outre, l'adjectif relatif à un substantif singulier du genre animé prend le suffixe *me* :

Tiqhe nilo iarica me, une fleur belle.

En voici maintenant le critère :

Certains êtres non vivants sont réputés par fiction être doués de vie : le ciel, le soleil, la lune, les étoiles, la terre, la mer, les fleuves et beaucoup d'autres choses, comme les choses rondes, entre autres, les pierres, les cloches.

La langue tcherokesse contient la distinction en animé et inanimé.

Cette distinction se marque sur le substantif lui-même, mais seulement au pluriel.

Celui-ci s'exprime en préposant les particules *ani*, *ùni* pour les êtres animés et *ti*, *te*, *t*, *ts* devant *o, u, e* pour les inanimés :

Atsutsu, enfant, pl. *ani-tsutsu* ; *askaya*, homme, *ani-skaya*.

Tlukung, arbre, *te-tlukung* ; *kutusi*, montagne, *ti-kutusi* ; *ekwoni*, fleuve, *ts-ekwoni*.

Il n'y a pas d'effet direct sur l'adjectif, mais un indirect, celui-ci prenant la marque du pluriel, du moins, très souvent :

Ekwahi tlukung, un grand arbre ; *ts-ekwahi-tlukung*, de grands arbres.

Asi sunkuta, une bonne pomme ; *am asi-sungkutu* (la pomme est réputée animée).

Le pronom personnel et par conséquent le verbe n'en portent pas la marque, mais le pronom possessif se modifie suivant cette distinction.

En voici le tableau :

			ANIMÉ	INANIMÉ
		Singulier		
1re personne			*akwa, aki*	*tsi*
2^e	—		*tsa*	*hi*
3^e	—	présente	*tu*	
		absente	*u*	*ka*
		Duel		
1re	—	incl.	*kini*	*ini*
		excl.	*akini*	*asti*
2^e	—		*sti*	*isti*
3^e	—	présente	*tani*	*tani*
		absente	*ani*	*ani*
		Pluriel		
1re	—	incl.	*iki*	*iti*
		excl.	*aki*	*atsi*
2^e	—		*itsi*	*itsi*
3^e	—	présente	*tuni*	*tani*
		absente	*uni*	*ani*

Le jagan distingue l'animé de l'inanimé, mais seulement sur un point ; les substantifs animés possèdent seuls un duel.

CHAPITRE VIII

Réaction apparente ou réelle et survivance du genre objectif dans le genre subjectif

C'est, en général, le genre subjectif avec sa distinction sexualiste qui tend à l'emporter dans le cours de l'évolution, il envahit le domaine de l'objectif et finit par le conquérir tout entier, mais cependant, comme toutes les actions, celle-ci ne peut pas ne point subir parfois de réaction. Cette réaction peut être même si forte qu'elle fait rentrer entièrement la distinction sexualiste dans son domaine ancien et naturel.

Nous allons signaler ces cas de réaction qui, pour la plupart, constituent de simples curiosités linguistiques.

1° Genre inanimé appliqué aux petits des animaux.

Si le sexe est parfaitement distinct chez les adultes par certains signes extérieurs et par le vêtement, il n'en est pas de même chez les enfants, ni chez les petits des animaux, et même alors, lorsque le sexe est perceptible, on peut n'en tenir aucun compte et le considérer comme indifférent.

Les êtres de cet âge auront, par conséquent, en grammaire, soit le genre inanimé, soit le genre neutre. Si l'on considère qu'ils ont le genre inanimé, il y a alors une réaction de la distinction vitaliste sur la distinction sexualiste, l'asexué subjectivement étant considéré comme inanimé ; si, au contraire, on ne peut accepter cette idée et que l'on pense qu'il y a seulement privation de sexe, il y a alors, ainsi que nous l'avons dit, à côté du masculin et du féminin,

8

dans le classement subjectif, le genre neutre assez analogue à l'inanimé.

En voici des exemples. La gamme en est très complète dans la langue polonaise qui possède, comme nous l'avons vu dans un tableau précédent, une modification du mot et parfois une racine distincte pour l'exprimer.

Modifications.

Lew, lion, *lwica*, lionne, *lwie*, lionceau ; *lis*, renard, *lisica*, *lisie* ; *wilk*, loup, *wilczica*, *wilcze* ; *kogut*, coq, *kura*, *kurcze*.

Changement de racines.

kon, cheval, *klacz*, *zrebie* ; *vieprz*, verrat, *swinia*, *prozie* ; *wol*, taureau, *krowa*, *ciele*.

De même en russe :

Pietux, coq, *kuritsa*, *tsiplionok*.

En anglais :

Stag, cerf, *hind*, *fawn* ; *horse*, cheval, *mare*, *colt* ; *ram*, bélier, *ewe*, *lamb*.

En portugais :

Carneiro, bélier, *ovelha*, *borrego* ; *cavallo*, cheval, *yegua*, *poldro*.

En français :

Cheval, *jument*, *poulain* ; *âne*, *ânesse*, *ânon* ; *coq*, *poule*, *poulet*.

En arabe :

Kabsch, bélier, *nadja*, *kharuf* ; *dik*, coq, *dudjadja*, *faradj*,

En turc :

Katch, bélier, *maria*, *kòyoùm* ; *at*, cheval, *kesrak*, *tay* ; *arkedj*, bouc, *ketchi*, *oghlak* ; *horoz*, coq, *tavouk*, *pilidj*.

Seulement on peut considérer qu'il n'y a point là de véritable inanimé, mais seulement le neutre, qui tient à l'idée sexualiste.

Il existe une réaction, cette fois entièrement réelle, de l'inanimé sur l'animé, consistant à ne plus distinguer les sexes chez un certain nombre d'animaux, surtout chez les animaux sauvages. C'est ce qui se produit dans une foule de langues. Le français en fournit des exemples nombreux.

Sont masculins, quel que soit le sexe réel : le faucon, l'aigle, le vautour, le rat, l'écureuil, l'éléphant.

Sont féminins, quel que soit le sexe réel : la panthère, la loutre, la tortue, l'abeille, la mouche, la puce, la belette.

Ainsi *faucon* s'applique aussi bien à la femelle qu'au mâle. Donc aucune différence de sexe entre eux et, à ce point de vue, beaucoup de noms d'êtres animés, d'animaux, sont assimilés à ceux d'êtres inanimés.

Ce résultat singulier est complet dans les langues qui possèdent le neutre, lorsqu'elles emploient ce genre à distinguer une espèce animale (mâle et femelle compris).

Ainsi en allemand on dit : *das wiesel*, la belette ; *das krokodil*, le crocodile ; *das damthier*, le daim ; *das hermelin*, l'hermine ; *das pferd*, le cheval ; *das kaninchen*, le lapin ; *das zebra*, le zèbre ; *das huhn*, le poulet ; *das kalb*, le veau.

Il est vrai que cet état est souvent détruit par une sorte de réversion.

Après avoir confondu le mâle et la femelle parmi les animaux et rejeté les deux au rang des choses asexuées, le langage rétablit souvent artificiellement la sexualité, d'une manière arbitraire et en vertu du principe anthropomorphique, en mettant toujours au masculin telle espèce animale et au féminin telle autre espèce.

C'est ainsi que dans la même langue allemande on met au masculin : *der dachs, der biber, der elephant, der hausmarder, der igel, der leopard, der fuchs, der iltiss, der zobel.*

Et au féminin, sans plus de raison : *die gemse, die gazelle, die kroete, die schœpfe, die taeube, die mücke, die grille.*

Cela se comprend à la rigueur dans les langues qui n'ont pas de neutre, car alors l'anthropormorphisme s'y impose, mais l'allemand possède ce genre. Pourquoi alors ne pas mettre tous ces noms au neutre ?

C'est que l'anthropomorphisme agit cependant et qu'après avoir détruit le genre naturel, tel langage applique de nouveau au même substantif le genre artificiel, mais sans qu'il y ait équivalence, car l'animal qui est désigné comme femelle n'est pas toujours femelle.

2º *Effet du diminutif.*

Il est remarquable que dans certaines langues l'effet du diminutif est de convertir le masculin et le féminin en neutre.

C'est ce qu'on peut constater dans l'allemand moderne.

Knabe, enfant, est du masculin ; *knaeb-lein*, pour *knab-klein* est du neutre.

De même *magd*, fille, est du féminin ; *maedchen*, petite-fille, est du neutre.

Comment un adjectif, *lein* = *klein* ajouté, peut-il convertir en neutre ? Peut-être y a-t-il là un effet éloigné de ce que nous venons d'établir tout à l'heure : qu'à l'état de petitesse on fait abstraction du sexe.

Quelques autres noms suivent cette analogie : *frauen-zimmer*.

3º *De la disparition et de la priorité de la vie.*

Il est naturel, si l'on distingue entre l'inanimé et l'animé, c'est-à-dire entre ce qui est doué et ce qui est privé de la vie, qu'on classe dans une catégorie spéciale celui qui ne vit plus et même que, par extension de cette idée, on mette à part l'alliance dont le lien est rompu ou très affaibli par l'effet de la mort de l'intermédiaire. Dans les noms de parenté, c'est surtout de la vie ou de la mort de l'intermédiaire qu'il s'agit.

a) *De la disparition de la vie.*

A la catégorie vitaliste se rattache l'idée de savoir si l'objet dont on parle, et en cas de nom de parenté, si l'intermédiaire est vivant ou mort ; que s'il s'agit d'une chose inanimée, on se demande dans la même direction si elle subsiste, si elle est présente ou simplement passée.

Ce sont d'abord les noms de parenté ou plutôt d'alliance qui suivent cette distinction. Dans certains droits l'alliance disparaît quand le parent qui y a donné lieu n'existe plus.

Dans une langue de la famille salish, le skhqo'mic, on distingue en collatérale si le parent intermédiaire est encore vivant ou est mort.

1° **Le parent intermédiaire étant encore en vie :**

Sisi, frère ou sœur de père ou de mère ; *stà'entl*, enfant de frère ou de sœur ; *tcemac*, frère, sœur, cousin de mari ou de femme ; mari ou femme de frère, de sœur ou de cousin (ici encore l'expression est réciproque) ; *sà'aq*, beau-fils, belle-fille, beau-père, belle-mère.

2° **Le parent intermédiaire étant mort :**

Wotsà'èqaitl, frère ou sœur de père ou de mère ; *sninè'-maitl*, enfant de frère ou de sœur ; *tcà'ièè*, frère, sœur, cousin de la femme ou du mari, ou mari, femme de frère, de sœur ou de cousin ; *slikhoà'itl*, beau-fils, belle-fille, beau-père, belle-mère.

En bilqula les mots exprimant l'alliance varient suivant que l'intermédiaire est vivant ou mort. S'il est vivant, les parents du mari ou de la femme s'appellent respectivement : *chunà'mt* et dans le cas contraire *ckha'lpaa*.

En sushwap, on distingue, en matière d'alliance, si l'intermédiaire est mort ou vivant. S'il est mort, les parents de l'un des époux se servent vis-à-vis de tous ceux de l'autre du mot *skha'lp*. Dans le cas contraire, on distingue les sexes : *sqà'qoà*, le beau-père et ses frères ; *tltsisak*, la belle-mère et ses sœurs ; *suektl*, gendre, et *sà' pen*, bru ; *sts'aqt*, frère de la femme, mari de la sœur ; *skàù'*, sœur du mari, et *s'à'tsen*, sœur de la femme, frère du mari.

Dans la langue *okanà'khen*, on distingue, pour l'expression de l'alliance, si le mari ou la femme est encore vivant.

Le mari ou la femme vivant :

Sqà qa, beau-père ; *tltcitck*, belle-mère ; *stsiot*, frère de la femme, mari de la femme ; *sèastu'm*, sœur de la femme, femme du frère, frère du mari.

Le mari ou la femme étant décédé :

L'alliance cesse excepté pour *nekhoï'tsten*, la sœur de la femme décédée, la femme du frère décédé, le frère du mari décédé.

En kalispeln, lorsque le parent intermédiaire est mort, (il ne s'agit plus seulement d'alliance), le frère du père s'appelle *nluèstn* et le fils du frère *sluelt*.

Il faut rapprocher de cette division dans le genre subjectif celle qui a lieu dans le genre objectif et qui consiste à distinguer si l'objet animé ou inanimé est présent ou passé.

Cette distinction est très développée dans les langues algonquines qui en empruntent l'expression aux verbes ; il faut
d'ailleurs remarquer que la particule indicative *ban* s'applique d'abord aux personnes et aux noms de parenté et
s'est étendue de là aux choses. On dit :

Ni musomi-ban, mon défunt grand-père ; *ni mokkumâni-
ban,* mon ancien couteau.

b) *De la priorité de la vie.*

Une autre catégorie générique, sans être sexuelle, qui
s'attache aux noms de parenté et qui par conséquent est
subjective, quoiqu'à un moindre degré que celle qui se rattache au sexe de la personne qui parle, c'est celle qui
résulte de l'âge.

La différence d'âge est rarement marquée lorsqu'un père
parle de ses enfants, cependant l'importance historique
de l'aînesse est extrême. Mais on la rencontre dans quelques langues. C'est ainsi que dans le skhqo'mic, langue de
la famille salish, les enfants de divers âges portent vis-
à-vis du père des noms différents : *men,* enfant ; *sè'entl,*
l'aîné ; *à n-ontatc,* le 2ᵉ ; *mentcè'tc'it* le 3ᵉ ; *sà'ut,* le cadet.

Mais beaucoup plus souvent et dans une foule de langues,
on distingue : le frère aîné du frère cadet, la sœur aînée de
la sœur cadette. Il y a même des langues, comme le chinois,
qui n'ont pas d'expression pour le mot frère en général,
et qui sont obligés de dire : frère aîné + frère cadet
= *hung.*

Nous ne pouvons donner la nomenclature entière de
celles qui font cette distinction ; nous citerons seulement
des exemples :

Dans la famille salish :

Kuo'pits, frère aîné, sœur aînée, et aussi neveu aîné du
côté du frère, neveu aîné du côté de la sœur.

On voit ici que les sexes sont, au contraire, confondus.

En bilqula : frère et sœur aînés, *khoalem ;* frère et sœur
cadets, *soaqè.*

En stlà'tlemeq : frère aîné, *khekhtcik ;* sœur aînée, *khé-
qkhiq ;* frères et sœurs cadets confondus, *cickh'oà'dj.*

En shushwap : frère et sœur cadets, *skhuro're ;* frère
aîné, *khàtskha,* et sœur aînée, *khakha.*

En langue okanà'khen : frère aîné, *ũltha'ktsa* ; sœur aînée, *ũkikqa* ; frère cadet, *s'isent-sa* ; sœur cadette, *stcetceops*.

En kalispeln : frère aîné, *k'eùs* ; frère cadet, *sinzé* ; sœur aînée, *lch'chschée* ; sœur cadette, *lkok'ze*.

En haïda, nous avons relevé la différence entre cadets et aînés.

En dacotah : frère aîné, *c'ingyé* ; frère cadet, *sungkà* ; sœur aînée, *tangké* ; sœur cadette, *tangsi*.

En ainu : frère aîné, *ynpo* ; sœur aînée, *sapo*.

En cri : frère aîné, *istes* ; frère cadet, *sim* ; sœur aînée, *mis* ; sœur cadette, *sim*.

En japonais : *ane*, sœur aînée ; *imo ato*, sœur cadette.

4° Survivance et amorces du genre biotique dans les pronoms interrogatifs.

L'animé et l'inanimé ont un domaine tout spécial dans le pronom interrogatif et indirectement dans le pronom relatif, lorsque celui-ci en fait fonction. Ce qui est très remarquable, c'est que, grâce à lui, cette catégorie survit, même dans les langues qui ont abandonné ce genre pour le genre sexualiste.

Dans le pronom interrogatif, l'inanimé se distingue de l'animé tantôt par une simple flexion ou une variation vocalique, tantôt par un changement total de racines.

Dans les langues sémitiques ce pronom a deux formes : l'une pour l'animé, l'autre pour l'inanimé, sans qu'il soit jamais question du masculin et du féminin : hébreu *mi*, qui, *mà*, quoi ; assyrien et araméen *man* et *ma* ; arabe *manù*, f. *manat*, *manah* pour les personnes et *mù* pour les choses ; le genre sexualiste se cumule ici ; éthiopien *manù*, *mi* et *ment* ; hébreu *nù* et *màh*.

Il y a simple modification.

Dans les langues ouraliennes, où par ailleurs il n'existe aucun genre, il y a changement de racine : *ka* et *ma*. Morduin *kia*, qui, *mez*, quoi ; finnois *ku-ka* et *nin kü* ; syriane *ko-di*, qui, *mi-i*, quoi ; tchérémisse *ki*, qui, *ma*, quoi ; magyar *ki*, qui, *mi*, quoi. Cet interrogatif fait fonction de relatif.

Dans les langues altaïques : Tongouse *ni*, qui, *ikum*,

quoi ; bûrjate *kem*, qui, *jum*, quoi ; mais le turc *kim*, qui, et *ki*, quoi.

Les langues samoyèdes distinguent par l'emploi de différentes racines : Tagwy *xele*, qui, *mà*, quoi ; jenissei *sio*, qui, *mi*, quoi ; juruk *habea*, qui, *ngangi*, quoi ; ostiake *kud*, qui, *kai*, quoi ; kamassin *simdi*, qui, *ümbi*, quoi. Cet interrogatif fait fonction de relatif.

Parmi les langues du Caucase, le kazikumük emploie une flexion vocalique : *tsu*, qui, *tsi*, quoi, et au pluriel ils se réunissent en *tsu*. En kurine *wuj*, qui, *wutsh*, quoi. En tschetschenze *wén*, qui, et *wune*, quoi ; ici les racines diffèrent. En géorgien, l'interrogatif a deux racines : l'une pour l'animé : *win*, l'autre pour l'inanimé : *wa*. En hurkan *tsha*, qui, et *si*, quoi. En ude *shu*, qui, *eka*, quoi.

Parmi les langues de l'Australie, dans celle du Lac Macquain, l'interrogatif a deux racines : *ngang* pour les personnes et *ming* pour les choses. En wiraduréi, l'interrogatif est *nyamdi* à l'animé et *minyam* à l'inanimé. En turubul, *ngandu* pour l'animé et *mina* pour l'inanimé.

Parmi les langues chamitiques, le tamasheq, le bedzha, l'égyptien et le copte confondent tous les genres sur l'interrogatif, mais le galla emploie *enu* pour les personnes et *mali* pour les choses.

Parmi les langues océaniennes, les polynésiennes emploient, suivant les langues, *wai*, *woi*, *hai*, *ai* pour l'animé et *aha*, *ha*, *aa*, *à* pour l'inanimé ; pourtant *wai* s'emploie aussi quelquefois pour les choses. Dans la langue mélanésienne de Viti, l'interrogatif est *tsei* pour les personnes et *tsava* pour les choses. Parmi les langues malaisiennes, en battak *siaha*, qui et *aha*, quoi.

Parmi les langues nubiennes, le poul possède le relatif *mo* pour l'animé, *ko* et *no* pour l'inanimé ; le nuba a pour interrogatif *na* pour l'animé et *ai* pour l'inanimé ; le barea possède, avec la même distinction, *nan*, *non*, *nane* d'une part et *deha* de l'autre.

Le sandeh a *da* pour l'animé et *gime* pour l'inanimé. ·

Le kolh a un interrogatif animé *okoe*, pl. *okoe-ko* et un inanimé *oka*, pl. *oka-ko*.

Le cingalais distingue très nettement les deux genres : animé *ka*, *ka-vu*, pl. *kavuru* ; inanimé *moka*.

Les langues dravidiennes ne distinguent pas l'animé de

l'inanimé, mais seulement le masculin, le féminin et le neutre.

Parmi les langues de l'Afrique, le bari possède *nga*, pl. *ko-nga*, qui, et *ngyo*, quoi.

En haussa : *wa*, pl. *sua* pour les personnes, *wonne* et *mi* pour les choses.

En jenissei-ostiake, l'interrogatif est *anet, anasch, ana* pour l'animé ; *assai, ai* pour l'inanimé. En kotte, *ashix* pour l'animé ; *shina, shena* pour l'inanimé.

Le dacotah possède l'animé *tuwe* et l'inanimé *taku*.

Les langues indo-européennes distinguent toutes l'interrogatif animé de l'inanimé. Cependant le sanscrit ne fait pas cette distinction et son interrogatif présente les genres ordinaires : masculin, féminin et neutre : *kas, kâ, kim*. Il en est de même en latin : *quis, quæ, quid*.

Au contraire, le grec a une seule désinence pour le masculin et le féminin *tis* et une autre pour le neutre *ti*, il possède donc l'animé et l'inanimé. Il en est de même dans les langues néo-latines : français *qui, quoi*; italien *chi, che* ; grec moderne *poios* et *ti*.

Les langues germaniques ont aussi deux formes : allemand *wer, was* ; anglais *who, what*.

Les slaves ont aussi : russe *kto* pour les personnes et *chto* pour les choses ; polonais *kto, co* avec des déclinaisons différentes et au négatif *nikt* et *nic*.

Les celtes ont les deux formes : écossais *co* et *cia*.

L'arménien possède *o, oo* pour les personnes et *i* pour les choses.

La langue basque a deux interrogatifs : l'un animé *nor, nork*, qui ; l'autre inanimé *zen, zenek*, quoi.

De même au négatif *inorez*, quelqu'un, et *ezerez*, rien.

La langue nengoné possède deux interrogatifs : *la* pour les personnes et *nge* pour les choses.

La langue de nicobar : *tzi* pour l'animé et *tzin* pour l'inanimé.

En grebo, le pronom relatif est *hono* pour l'animé et *hene* pour l'inanimé.

Le koggaba emploie *xia* pour les personnes et *xi* pour les choses.

8.

5° *Survivance dans les autres mots.*

Le genre vitaliste dans sa double forme : animé, inanimé, anthropique, métanthropique, vient croiser dans les langues slaves la distinction sexualiste, d'une manière constante et cependant avec subordination à la seconde, trop cependant pour qu'on puisse la considérer comme un simple vestige.

Nous l'étudierons d'abord dans le polonais, où elle a un plus vaste champ.

Cette langue possède d'abord le genre sexualiste, neutre compris, qui domine toute la matière ; suivant cette sexualité, le substantif a plusieurs déclinaisons. La première comprend tous les substantifs masculins ; la seconde, tous les féminins et en outre quelques masculins en *a* ; la troisième, les substantifs neutres terminés en *e*, *î*, *o* ; la démarcation est donc bien nette. Mais, en ce qui concerne les masculins de la première déclinaison, il se fait aussi une autre distinction, celle entre les noms d'hommes et d'animaux d'une part et les objets inanimés d'autre part, c'est la distinction vitaliste. Les noms inanimés ont l'accusatif semblable au nominatif, tandis que les autres ont une désinence spéciale : *a*. De même, le génitif est en *a* pour les noms d'hommes et d'animaux, tandis qu'il est tantôt en *a*, tantôt en *u*, pour les inanimés. Enfin au pluriel les noms d'hommes seuls ont le nominatif fort en *owie*, quoiqu'ils puissent prendre aussi la désinence faible en *e*, *i*, *y*, les uns d'ailleurs seulement en *e*, les autres en *i*, et les autres en *y*, tandis que les noms d'animaux et de choses inanimées ne prennent que la désinence faible en *e* ou en *i*. Chose remarquable, l'inverse peut se produire dans la poésie lorsqu'on personnifie les animaux. Ce double nominatif pluriel influe sur le génitif ; ce cas est d'ordinaire en *ow*, mais dans quelques noms il s'abrège en *i*, *y* ; les noms d'hommes dont le nominatif pluriel est faible et en *e* prennent *i*, *y* au génitif. Quant à l'accusatif pluriel, ces derniers noms le font semblable au génitif et les autres semblable au nominatif.

Les adjectifs ont aussi trois déclinaisons pour les masculins, les féminins et les neutres. La première a l'accusatif singulier semblable au nominatif dans les noms inanimés et semblable au génitif dans les noms d'hommes et d'animaux. Les adjectifs ne peuvent prendre de terminaison masculine au nominatif pluriel que quand le substantif est un nom d'homme. Ceux qui qualifient les noms d'animaux et de choses inanimées du genre masculin passent au pluriel à la déclinaison féminine. Cette conversion est très remarquable, elle indique l'affinité du neutre ou de l'inanimé pour le féminin. La troisième déclinaison est neutre, mais ce qui est remarquable aussi, c'est que son pluriel est le même que pour les adjectifs féminins.

Le comparatif et le superlatif, lorsqu'ils qualifient les noms d'hommes, se terminent toujours, au nominatif et au vocatif pluriel, en *si ;* dans tous les autres substantifs, de quelque genre qu'ils soient, ils font ces cas et l'accusatif pluriel en *sze.*

Parmi les pronoms relatifs, *kto* se rapporte aux noms d'hommes et de femmes, *co* à ceux d'animaux et de choses inanimées.

La distinction soit entre l'animé et l'inanimé, soit entre l'anthropique et le métanthropique a lieu aussi quand il s'agit de l'accord du substantif avec l'adjectif, les mots de nombre, le participe contenu dans le verbe et les divers pronoms. Nous renvoyons à ce sujet aux effets du genre et à son influence sur l'ensemble des mots du discours que nous exposons plus loin à la suite de l'action du genre sexualiste dans les langues indo-européennes.

Il en résulte qu'en ce qui concerne l'accord de l'adjectif, on distingue entre l'homme d'un côté et l'animal et les choses inanimées de l'autre, qu'il en est de même pour l'accord des mots de nombre. Il en est de même aussi pour l'accord du verbe.

La distinction que le polonais établit concurremment avec le genre sexualiste, est donc tantôt entre le genre anthropique et métanthropique, tantôt entre le genre animé et inanimé, ce qui montre clairement qu'un rapport étroit unit ces deux concepts.

La langue russe présente une distinction analogue entre l'animé et l'inanimé.

L'accusatif singulier des noms masculins dans les deux premières déclinaisons et l'accusatif pluriel dans les trois est semblable au nominatif, lorsque le nom désigne un objet inanimé ou abstrait et au génitif lorsqu'il désigne un être animé. Tel est le principe. Or la première déclinaison est masculine, la seconde neutre, la troisième féminine. Il n'y a donc aucune confusion entre l'inanimé et le neutre.

Dans le détail il est fait des applications spéciales. C'est ainsi que les noms masculins en *atel* et *itel* et désignant des objets inanimés comme *dielitel*, le diviseur, se déclinent comme les êtres animés ; il en est de même des noms d'objets inanimés empruntés à ceux d'objets animés, comme *sputnik*, un satellite de planète. Le mot *idol* est traité comme animé, tandis que ses synonymes *koumir* et *itukan* comme inanimés. Le substantif *litse*, signifiant à la fois le visage et un individu, est réputé objet inanimé. Les noms collectifs sont considérés comme noms d'êtres inanimés, quoiqu'il s'agisse d'êtres animés : *peuple, armée, troupeau*.

La même distinction existe pour l'adjectif, qui possède aussi les trois déclinaisons : masculine, féminine, neutre. Le genre vitaliste se croise encore avec le genre sexualiste. Dans les déclinaisons masculines et neutres, l'accusatif singulier ou pluriel est semblable au génitif s'il s'agit d'un être animé, au nominatif s'il s'agit d'un être inanimé. Il en est de même du participe et par conséquent indirectement du verbe.

Le pronom personnel échappe à cette distinction, quand même il se rapporte à une chose.

Au contraire, nous verrons plus loin que le mot de nombre en est affecté.

Tandis qu'en polonais le genre qui croise le genre sexualiste est tantôt le genre vitaliste, tantôt le genre anthropique, ici c'est toujours le genre vitaliste.

L'influence se fait sentir dans la déclinaison elle-même de cette catégorie spéciale. En petit russien, le génitif singulier a pour terminaison *a*, lorsqu'ils 'agit de noms d'hommes, d'animaux, de parties du corps, de vêtements, de mobilier, d'argent, de danses et jeux, villes, villages, années, mois et jours et de certains arbres, de tout ce qui est à l'usage fréquent de l'homme et, au contraire, *u* pour les choses, les phénomènes de la nature, les êtres abstraits.

Seulement, il faut reconnaître qu'il y a une distinction qui touche de près à celle entre l'animé et l'inanimé.

L'interprétation du genre animé et du genre inanimé dans les langues slaves a été faite par M. Meillet, dans un remarquable article intitulé : « Recherche sur l'emploi du génitif-accusatif en vieux slave », article qui semble au premier abord contraire à l'idée de la survivance ou de la résurrection du genre biotique dans cette langue, mais ce n'est qu'une apparence.

La thèse de cet auteur est que le vieux slave et les langues qui en sont dérivées n'ont eu nullement l'intention de distinguer les êtres animés des êtres inanimés, mais que les transformations ont été phonétiques ou purement morphologiques et inconscientes, de sorte que cette distinction a été seulement l'effet involontaire et non prévu de cette évolution, ce qu'il essaie de démontrer.

Nous croyons qu'en effet il y a réussi, au moins en partie, mais cela ne conduit pas à la négation de la résurrection en slave d'un genre biotique à côté du genre sexualiste. Il résulte même de ce travail qu'à l'origine la distinction aurait été non entre l'animé et l'inanimé, mais entre l'être doué et l'être privé de raison, de sorte que l'animal aurait été assimilé à l'être inanimé. Nous avons, en effet, signalé tout à l'heure des traces de cette distinction flottante, qui fait passer l'animal tantôt d'un côté, tantôt de l'autre de la cloison. Il y aurait eu deux genres, ayant, tous les deux, laissé des traces ou des développements : le genre biotique et le genre logistique, ce dernier ayant un peu anormalement précédé le second.

Non seulement ce phénomène, mais tous les autres linguistiques ont eu deux causes qu'il ne faut pas confondre, la cause efficiente et la cause téléologique.

La première consiste dans l'application des accidents phonétiques ou des lois phonétiques qui conduisent aveuglément ou dans celle de l'analogie qui mène de même, confondant les formes ou les distinguant ; même lorsqu'une intention apparaît dans tel phénomène grammatical, elle existe bien à la fin et après coup, mais elle n'existe pas au commencement. En anglais, la formule du pluriel : *man*, pl. *men* et en allemand *stadt*, pl. *staedte*, semble bien révéler qu'on a voulu exprimer le pluriel en adoucissant la voyelle radicale ; cependant, cet adoucissement n'est que le résultat mécanique de l'influence de l'*e* muet final souvent disparu depuis. La cause téléologique n'est, au contraire, à un certain point de vue, qu'un simple effet, par exemple, la distinction du pluriel, dont nous parlions tout à l'heure, mais elle est cause, en ce sens que l'analogie employée par l'influence du motif psychique a étendu l'effet mécanique au-delà de la sphère où il avait opéré automatiquement. Il en est de même ici. C'est ce que, d'ailleurs, l'auteur de l'ouvrage précité reconnaît en concluant : « La distinction du genre, dit-il, qui résulte de l'emploi du génitif-accusatif, a servi dans plusieurs dialectes slaves à régler des innovations analogues et a reçu ainsi une extension toute nouvelle ». Le genre biotique et logistique, s'est donc, en slave, formé, comme tous les autres faits linguistiques, d'abord d'une manière matérielle et mécanique, ce qui n'a pas empêché l'instinct téléologique de s'en emparer peu à peu pour exprimer une nouvelle catégorie de genre qui a dépassé les limites mécaniques.

D'après M. Meillet, un des facteurs puissants qui a aidé à introduire le génitif-accusatif, ou plus exactement à employer le génitif en fonction d'accusatif, a été d'éviter la confusion plus redoutable entre le nominatif et l'accusatif, confusion qui s'est complètement établie dans les noms inanimés, mais que les noms animés ont pu empêcher ainsi.

Nous résumons l'exposé qu'il fait de l'évolution en cette matière.

Le génitif en fonction d'accusatif aurait été employé pour certaines catégories de noms désignant des personnes, savoir : 1° les pronoms personnels accentués : les singuliers *mene*, *tebe*, les pluriels *nasu*, *wasù*, les communs *sebe* ; 2° les pronoms démonstratifs et interrogatifs accentués : *togo*, *sego*, *kogo*, etc., lorsqu'ils s'appliquent à des personnes, au singulier et au masculin seulement ; 3° les adjectifs et les participes déterminés employés successivement lorsqu'ils désignent une personne du sexe masculin ; 4° les noms propres faisant partie des thèmes en *o* ; 5° les noms communs appartenant aux thèmes en *o* qui désignent des personnes, sauf exception.

Lorsqu'un thème en *o* servant de nom à un être inanimé est employé par métaphore pour désigner une personne, il y a lieu au génitif-accusatif. Par contre, les collectifs, même s'ils désignent des groupes de personnes, ont l'accusatif propre, mais il en est autrement si ces personnes sont représentées par des noms propres.

De très bonne heure dans les mêmes conditions, le génitif-accusatif s'étend de l'homme aux animaux parmi les thèmes en *o* masculins, et l'assimilation est aujourd'hui de règle pour toutes les langues slaves, mais l'application aux personnes seules est plus ancienne ; les noms d'animaux et ceux de personnes sont d'ailleurs traités d'une manière différente aujourd'hui encore dans les dialectes occidentaux : polonais, tchèque, sorabe. L'assimilation des noms d'animaux aux noms de personnes a été surtout introduite isolément dans chaque dialecte slave.

L'origine du génitif-accusatif pour les noms animés aurait été morphologique et non syntaxique, c'est-à-dire que ce n'est pas en réalité le génitif qui fait fonction d'accusatif, l'idée génitive exprimant l'idée accusative, mais il s'agit d'un accusatif dont l'aspect seul est accidentellement identique à celui du génitif ordinaire.

Les exceptions consistant dans le maintien en vieux slave des noms animés avec un accusatif propre sont nombreuses, mais l'auteur explique séparément chaque exception, laquelle ainsi ne fait pas brèche au principe.

Le génitif-accusatif ne se trouve ni dans le genre neutre, ni dans le genre féminin, ce qui réduit grammaticalement l'animé et l'inanimé à être un sous-genre du masculin ; cependant, par exception, il peut pousser plus loin ses racines. C'est ainsi qu'il se trouve dans quelques thèmes féminins.

L'auteur critique les explications qui ont été proposées de l'emploi du génitif-accusatif qui sert de critère dans la distinction du genre animé et du genre inanimé. Suivant lui, cette explication doit concorder avec les faits suivants : à savoir, que la règle ne s'applique, en dehors des pronoms personnels, qu'aux seuls thèmes en *o* ; qu'elle ne vaut, en dehors des pronoms personnels dépourvus de genre, que pour les masculins ; que dans les substantifs elle n'existe qu'au singulier seul, c'est-à-dire là où le nominatif et l'accusatif propres des thèmes en *o* sont identiques ; que le génitif-accusatif n'est qu'un substitut morphologique de l'accusatif dont le slave se sert pour certains noms ; qu'enfin il n'est employé que lorsqu'il s'agit de personnes et parfois seulement de personnes déterminées, sauf assimilation postérieure des animaux, des enfants et des purs esprits. Il ajoute que rien de tel n'apparaît dans les autres langues indo-européennes, ni même dans la branche baltique apparentée, de telle sorte que, si ce fait est panslave, il n'est pas letto-slave ; en outre, il s'est produit dans ses développements souvent à partir de la séparation des dialectes slaves et inégalement chez chacun d'eux.

Voici l'explication que donne cet auteur, après avoir réfuté celles de MM. Henry, Miklosich et Delbrück fondées sur l'action de l'analogie et le génitif partitif. Il part du pronom personnel : *tebe, mene*, etc.; lorsqu'ils sont accentués, il y a identité parfaite morphologique du génitif et de l'accusatif au singulier, et au pluriel dans le slave commun il y a coïncidence morphologique des deux. Tel est le point de départ qui donne à tout le système une assise purement morphologique certaine. Le pronom personnel ne s'applique qu'aux personnes ; on comprend dès lors que, si l'on suit son exemple, c'est aux personnes qu'on doit l'appliquer. Il s'agit, bien entendu, du pronom personnel slave accentué, car le nom accentué a un accusatif propre et distinct. Dans les démonstratifs et les interrogatifs, s'il s'agit d'un être animé masculin il y a aussi deux accusatifs : l'un atone qui a une forme propre, l'autre accentuée identique au génitif ; cette identité est d'ailleurs purement phonétique. Il y a donc une explication directe et morphologique pour tous les pronoms, ce sont les seuls qui en sont susceptibles. Pour les substantifs, il faut chercher une interprétation autre, elle est celle d'une action analogique. L'influence des pronoms s'exerçant dans un grand nombre de tours de phrases où il y avait entre le pronom et le substantif une situation antithétique, par exemple : *vidêvy mene, vidê oca,* celui qui m'a vu, a vu mon père. Cette action analytique était favorisée par certaines particularités de la morphologie et de la syntaxe slaves, par exemple : la confusion du nominatif et de l'accusatif dans les thèmes en *o,* la flexion pronominale dans les adjectifs, l'existence d'une distinction entre les personnes et les objets inanimés, les caractères particuliers de l'emploi du génitif-ablatif en slave.

Le premier de ces faits a dû être un des principaux facteurs ; c'est un accident phonétique qui d'ailleurs s'est produit chez les êtres animés, aussi bien que chez les êtres inanimés. Cette confusion ne pouvait choquer en ce qui concernait les inanimés, car elle a lieu déjà pour le neutre ; au contraire, elle devait contrarier, en ce qu'elle s'appliquait aux êtres animés et on devait chercher à l'empêcher, ce qu'on a fait en admettant le génitif en fonction d'accusatif ; cependant pendant quelque temps la confusion a persisté. Quant à l'accident phonétique qui avait opéré cette confusion, c'était la chute de la consonne finale indo-européenne qui découvrait des voyelles semblables. La confusion a persisté pour le pluriel dans les féminins. Celle du nominatif et de l'accusatif des noms masculins de personnes était contraire à l'ensemble du système morphologique et syntactique du slave et chaque génération nouvelle devait profiter de toutes les actions analogiques pour l'écarter autant que possible.

La flexion pronominale dans les adjectifs a été un facteur très puissant ; on sait, en effet, que souvent l'adjectif, appelé alors adjectif déterminé, ne se décline pas seul, mais accompagné d'un démonstratif ; c'est ce dernier seulement qui varie, mais autrefois tous se déclinaient, on comprend alors que le démonstratif ait imprimé les genres animé et inanimé à son adjectif.

M. Meillet reconnaît qu'un des facteurs au moins de l'introduction de ce genre est tout psychique et que l'idée de l'animé et de l'inanimé était antérieure ; le persan au Moyen-Age avait deux désinences du pluriel : *àn* pour les hommes et les êtres animés, *hà* pour les objets inanimés, et le même mot peut avoir les deux formes suivant le sens : *sar-hà,* les têtes et *sar-àn,* les chefs. Une action analogue, dit-il, ne peut aboutir que si elle fournit le moyen d'exprimer une catégorie syntactique ; il peut d'ailleurs s'agir, soit d'une catégorie existant déjà et que des accidents phonétiques menaçaient de faire disparaître, soit d'une catégorie plus ou moins nouvelle, soit même d'une catégorie simplement possible. Or, le slave tendait déjà à isoler cette catégorie, ainsi qu'en témoigne la grande distance existant entre le masculin et le féminin d'une part et le neutre de l'autre ; ce dernier n'ayant qu'une seule forme pour trois cas, le neutre est un sous-genre du masculin ; il existe un commencement de distinction entre l'animé et l'inanimé dès l'indo-européen, exprimé par les désinences et marqué surtout dans l'interrogatif : *quis, quid;* le slave a développé cette tendance.

Enfin, dès l'indo-européen le génitif jouait le rôle d'accusatif partitif.

Tel est le système de M. Meillet. On voit que tout en constatant et en cherchant à établir le point de départ purement mécanique et phonétique, il a nettement reconnu que ce processus a été doublé d'un processus psychique, reposant sur l'idée latente de la catégorie de l'animé et de l'inanimé en elle-même, idée qui a puissamment contribué à favoriser l'extension analogique et qui a fini par devenir dominante comme si elle avait été réellement la cause première. On peut donc nettement affirmer que, sinon au point de vue dynamique, au moins, au point de vue statique, le genre sexualiste s'est bien croisé en slave par le genre biotique, genre qui sans doute coïncide avec le féminin et le neutre, mais se répartit le domaine du masculin.

La langue basque a des traces de l'animé et de l'inanimé. Certaines postpositions ne s'attachent qu'à l'un, et certaines autres à l'autre :

ANIMÉ	INANIMÉ
gan, en, dans	*ra,* à, vers
gana, chez	*ranz,* vers
gandik, de, de chez	*di,* de
gatik, pour	*ezko,* de
tzat, pour	*rako,* pour

D'autres postpositions : *gabe, z,* etc., sont, au contraire, communes et s'appliquent tant aux êtres animés qu'aux autres :

Ni-gan, en moi ; *gizona-gan,* en l'homme ; *martin-gana,* chez Martin ; *arta-gan-dic,* de chez le père ; *hara-gatik,* à cause de lui ; *gizonaren-tzat,* pour l'homme ; *etche-ra,* vers la maison ; *lurre-ra,* vers la terre ; *etcher-onz,* vers la maison ; *urte-rako,* pour l'année.

La différence est plus essentielle encore, en ce qui concerne l'expression du génitif. Celui-ci s'exprime pour les noms de personnes par *en* et pour les noms de choses par *ko* : *guizon-en* ou *guizon-ar-en,* de l'homme ; *etche-ko,* de la maison ; *baratce-co,* du jardin.

En persan, les indices du pluriel sont différents, suivant qu'il s'agit de l'animé ou de l'inanimé :

Sar-hà, les têtes et *sar-àn,* les chefs.

En grec, la distinction entre l'animé et l'inanimé a laissé des traces de plusieurs manières.

D'abord, en ce qui concerne l'accord du verbe en nombre avec un sujet composé, si le verbe est placé en tête de la proposition, il se met souvent au singulier, non seulement avec plusieurs sujets désignant des choses, mais aussi avec plusieurs sujets exprimant des personnes ; si le verbe suit les sujets, il se met au pluriel avec les noms de personnes faisant ensemble l'action, mais au singulier avec les noms de choses : *ta dzôa trekhei* ; dans le cas où l'on emploie le singulier, c'est qu'on ne songe qu'au premier ou au dernier des objets.

Dans une monographie intéressante de M. Viteau sur le grec du Nouveau Testament, cet auteur remarque que le verbe s'y met au singulier : 1° quand il est placé le premier, surtout avec les noms de choses, si ces noms de choses n'expriment qu'une seule idée ou sont presque synonymes, le premier sujet est alors au singulier ; 2° quand il l'est après des noms de choses, le dernier sujet est alors au singulier. Le verbe est au pluriel, quel que soit le nombre de chacun des sujets : 1° quand il précède les noms de personnes, ce qui est rare ; 2° quand il les suit ; 3° quand il suit des noms de choses, tous les sujets étant au singulier. Quant au participe qui suit des noms de choses au singulier ou au pluriel, il se met au pluriel.

Lorsque le sujet est composé de mots de genre différent, le participe s'accorde avec celui dont le genre l'emporte, s'il s'agit d'un nom de personnes ; s'il s'agit de noms de choses, le participe se met régulièrement au neutre et moins souvent au genre le plus rapproché.

L'accord en nombre du verbe avec le sujet composé dans la langue grecque, soit dans la langue classique, soit dans celle demi-populaire qui a été employée dans le Nouveau Testament dépend en partie de la question de savoir si ce sont des noms de personnes qui sont en jeu ou des noms de choses. La raison en est simple : lorsqu'il s'agit de personnes, on les envisage le plus souvent individuellement et par conséquent leur total forme bien un pluriel ; lorsqu'au contraire il s'agit de choses, on les considère souvent en bloc, il en résulte non un pluriel, mais un collectif. D'autre part, on distingue si le verbe précède ou suit, et dans le premier cas, s'il est suivi immédiatement d'un nom au singulier ou au pluriel ; cela s'explique par cette circonstance que la pensée se déroule analytiquement et qu'alors, si le premier est au singulier, il n'y avait encore que lui dans la pensée. C'est le même principe qui régit l'emploi de *c'est, ce sont* dans la grammaire française.

Voici maintenant les détails de cet accord :

Dans le grec classique si le verbe est en tête de la proposition, il se met souvent au singulier, même avec plusieurs sujets désignant des personnes. Si, au contraire, il suit les sujets et que ceux-ci soient des noms de personnes, il se met d'ordinaire au pluriel.

La règle : *ta dzôa trekhei* se rattache à la même idée, car il s'agit de noms de choses.

Dans le grec du Nouveau Testament on suit les règles suivantes :

Le verbe est au singulier :

1° quand il est placé le premier, surtout avec les noms de choses, surtout si ces choses n'expriment qu'une seule idée ou sont presque synonymes, le premier sujet se met au singulier ;

2° quand il est placé après des noms de choses, le dernier sujet se met au singulier (sauf le pluriel neutre).

Le verbe est au pluriel, quel que soit le nombre de chacun des sujets :

1° quand il précède les noms de personnes, construction qui est très fréquente ;

2° quand il suit les noms de personnes ;

Il en est de même du participe.

3° quand il suit des noms de choses, alors les sujets sont au singulier.

Le participe qui suit des noms de choses au singulier et au pluriel est régulièrement au pluriel.

Quand le verbe est au singulier avec deux sujets, souvent dans la phrase suivante il passe au pluriel.

Voici des exemples de quelques-uns de ces cas :

Exeporeueto pros auton Jerusalem kai pasa ê Joudeia ;
O ouranos kai ê gê pareleusetai ;
Erxetai Andreas kai Filippos, kai legousin tô Jesou ;
Allothen boêtheia kai skepê estai.

En grec l'accentuation diffère souvent selon la distinction des genres :

L'accent cause d'ailleurs bien d'autres différenciations, par exemple, dans le sanscrit : *ésah, hate* et *esàh, kàmah,* amour et *kàmàh,* aimant ; de même, en grec *tomôs* et *tômos, forôs* et *fôros.*

Mais le grec en fait un emploi tout spécial à la différenciation des genres : au masculin *lôgos, plôos, tônos, fôbos, psôgos* ; au féminin *plêgé, spoudé, forbê.*

Mais l'antithèse est plus remarquable quand le masculin et le féminin s'appliquent à la même racine (1).

Kôpos et *kopé, fônos* et *foné, dômos* et *domé, drômos* et *dromé, àgoros* et *agorà, nômos* et *nomé, ôrofos* et *orofé, pàtagos* et *patagé, plôkos* et *ploké, pôthos* et *pothé, spôros* et *sporà, tàfos* et *tafê, tômos* et *tomé : tônos* et *toné, trôpos* et *tropé, tôpos* et *topé, trôkhos* et *trokhé, phthôggos* et *phthoggé, fônos* et *foné, fôros* et *fora, khôlos* et *kholé, timos* et *timé.*

Le grec a des noms désignant l'agent, en *os* et en *ê.* Ici c'est l'inverse, le féminin est baryton et c'est le masculin qui est oxyton.

Pédê, le lien ; *dzôê,* l'écume ; *arpê,* la faucille ; *peukê,* ce qui pique, pin ; *skepê,* enveloppe ; *sobê,* ce qui s'agite, queue de cheval ; *amorgos* et *amorgê ; stalôs* et *siôlê,* étable.

S'il existe un nom d'action et un nom d'agent, tous deux féminins, ils s'opposent au point de vue de l'accent : *àrpagé,* rapacité, et *arpagè,* archer ; *kàmpê,* action de courber, et *kampê,* ce qui se courbe, chenille.

D'où une double opposition, d'une part, de nom d'action masculin à nom d'action féminin, l'un baryton, l'autre oxyton, et d'autre part, de nom d'agent masculin à féminin, l'un oxyton, l'autre baryton.

Mais l'opposition d'accent n'existe jamais entre le masculin et le féminin d'un même adjectif. C'est que la loi qui régit cette opposition est avant tout une loi sémantique servant à opposer les genres ; or l'adjectif, par définition, n'a pas de genre en propre.

De même, les substantifs en *us* (gén. *os*) sont masculins ou féminins ; les masculins ont l'accent sur la première syllabe : *bôrus, bôtrus, ôrus ;* sont féminins : *akhlûs, delfûs, ithûs, iskhûs, osphus, ophrus.*

Un autre emploi très remarquable de cette opposition est que les noms de parenté masculins sont accentués d'une manière et ceux féminins d'une autre.

Les masculins oxytons : *genetér, patér, daér, anér, adelfôs, progonôs, uiôs.*

_____

(1) En l'absence de caractères typographiques, l'accent tonique est, dans ce livre, marqué souvent par un accent circonflexe.

Les féminins barytons : *alôkhos, gâlos, eunàter, thugàter, mèter, korè, numphè, khérè.*

Parmi les noms d'animaux, la même règle disparaît, parce qu'ils sont généralement masculins, aussi presque tous barytons : *lùkos, àrktos, môskhos, taùros, pàrdos, tràgos, khoùros, pôlos.*

Les noms de plantes sont généralement féminins et font remonter l'accent : *âgnos, bùblos.*

Mais ceux qui sont masculins sont oxytons : *akhorôs, bolbôs, erineôs, erinôs, exôs, kussôs, purôs, fakôs, fellôs.*

Nous trouvons dans la syntaxe latine un vestige de l'existence de la catégorie vitaliste assez curieux au chapitre de l'accord en genre du participe, contenu dans le verbe passif comme sa portion intégrante, avec le sujet.

Si les sujets sont de genre différent et qu'ils désignent des personnes ou à la fois des personnes et des choses, le verbe se met au masculin, celui-ci étant le genre le plus noble ; mais si les genres différents désignent tous des choses inanimées, l'attribut se met au neutre.

Inter se contraria sunt beneficium et injuria.

Si enfin les sujets sont des noms d'animaux, ils suivent la même règle que les noms de personne et le masculin prédomine : *amici pavones et colombœ.*

La distinction est donc nettement vitaliste.

Au point de vue lexiologique, les langues modernes, en particulier le français, continuent à employer des termes différents, suivant qu'il s'agit d'êtres animés ou d'êtres inanimés, ou d'êtres pourvus ou dénués de raison, d'où un vocabulaire spécial à l'inanimé et un autre spécial à l'animalité. Ce dernier est le plus riche, nous commençons par lui.

Les expressions ci-dessous et que nous donnons par couples s'appliquent l'une à l'homme, l'autre à l'animal :

Chair, hom., viande, an. ; mourir, crever ; boire, lapper ; inhumer, enfouir ; faire boire, abreuver ; logis, gîte ; accoucher, mettre bas ; femme, femelle ; mari, mâle ; enfant, petit ; manger, paître ; visage, museau ; pieds, pattes ; nez, naseaux ; lèvres, lippes, babines ; reins, rognons ; thymus, ris ; lépreux, ladre ; excréments, fiente, crottin ; bouche, gueule ; manger, brouter ; parler, braire, beugler ; lit, litière ; mamelle, pis ; salive, bave ; coïter, s'accoupler ;

luxure, rut ; médecin, vétérinaire ; peau, cuir ; tomber, s'abattre ; tuer, abattre ; monter, grimper ; chevelure, crinière ; cuisse, gigot ; ongle, croc ; poitrine, poitrail.

Les expressions ci-après s'appliquent l'une aux êtres animés, surtout à l'homme, l'autre aux êtres inanimés :

Nul, rien ; vieillesse, vétusté ; mourir, périr ; venimeux, vénéneux ; venin, poison ; aide, appui ; aimer, plaire (anglais, *to love, to like*) ; enclin, incliné ; caduc, décrépit ; ferme, solide ; juger, décider ; fastidieux, dégoûtant ; laideur, difformité ; clameur, bruit ; amener, apporter ; docile, flexible ; fantaisie, caprice (animaux) ; irascible, irritable ; sacrer, consacrer ; insulter, insulter à ; satisfaire, satisfaire à ; suppléer, suppléer à ; de (complément direct passif), par, id. ; âge, durée ; aversion, répugnance ; impuissance, impossibilité ; malfaisant, nuisible ; écorcher, écorcer ; chez, dans ; capable, susceptible de.

La différence entre les personnes et les choses est marquée en plusieurs chapitres de la grammaire française et il est très curieux de l'y relever.

Il s'agit d'abord de l'emploi du pronom réfléchi *se, soi*. Quand doit-on s'en servir ou, au contraire, employer *le, lui* ? En général *se, soi*, se rapportent au sujet de la proposition même : « mon père se blessa, le médecin le guérit ». Cette règle simple est traditionnelle, mais le système actuel plus psychologique a établi une différence autre, suivant qu'il s'agit des personnes ou des choses, il faut ajouter : suivant qu'on est en relation avec un singulier ou un pluriel. Voici le résultat de ces distinctions :

S'il s'agit des personnes, on emploie obligatoirement *soi* avec un sujet indéfini représenté par *un, chacun, personne, qui, celui qui* (employé dans un sens général) *quiconque*, ou sous-entendu avec l'infinitif : *aucun n'est prophète chez soi ; n'aimer que soi, c'est être mauvais citoyen* et on emploie *soi* facultativement, avec un nom de personne précédé de l'article, si le nom marque le genre ou l'espèce : *l'égoïste ne vit que pour soi* ou que *pour lui. L'Anglais porte partout sa patrie avec lui.* Mais si le nom est pris dans un sens individuel, on n'emploie que *lui* : *mon frère a toujours de l'argent sur lui.* Mais cette dernière règle est nouvelle ; jadis *soi* était souvent employé : *Idoménée revenant à soi remer-*

cia ses amis. Aujourd'hui, on tend à revenir à cet état, surtout quand *soi* indique une action qui tombe sur le sujet de la proposition : *Paul pense à soi ; il partit avec son frère et mit sur soi le bagage.* Il s'agit, en effet, d'éviter l'amphibologie.

Dans les auteurs très contemporains, l'usage de *soi* augmente.

S'il s'agit des choses, c'est *soi* qu'on emploie surtout et de tout temps, qu'il s'agisse d'un nom générique ou d'un nom individuel : *l'aimant attire le fer à soi. Le temps fuit et nous entraîne à soi.*

Que s'il s'agit des choses personnifiées, l'usage de *lui* réapparaît : *toute tromperie porte avec elle sa punition,* mais si le nom est au masculin, *soi* reprend son empire.

Soi est à la fois du singulier et du pluriel ; cependant au pluriel, on distingue encore si le nom est animé ou inanimé.

S'il s'agit de personnes, on ne doit pas employer *soi* au pluriel, sauf pour éviter l'amphibologie.

S'il s'agit de choses, on peut, au contraire, employer *soi* : *il y a des corps subtils en soi ;* mais cependant on préfère se servir des pronoms *eux* ou *elles.*

Comme on le voit, *soi* s'emploie bien plus complètement avec les choses qu'avec des personnes ; cela vient sans doute de ce qu'il n'exprime ni le masculin, ni le féminin.

La distinction entre la personne ou la chose est prise aussi en considération, lorsqu'il s'agit de l'emploi du pronom *en.*

Ce pronom remplace le génitif du pronom ou le possessif.

Lorsqu'il s'agit du génitif pronominal : *de lui, d'elle, d'eux, d'elles,* c'est-à-dire du complément d'un verbe par des personnes, on emploie de préférence ces génitifs, mais *en* est usité pour les choses et plus rarement pour les personnes. *C'est un événement triste, j'en suis très affligé.*

Lorsqu'il s'agit du complément d'un substantif pour les noms de choses, on emploie *en* au lieu de *son, sa, ses. L'affaire est délicate, le succès en est douteux.*

S'il s'agit d'une chose personnifiée ou d'un nom d'animal, on emploie le pronom personnel : *quand la nécessité parle, il faut suivre sa loi ; quand le chat est en colère, on voit sa queue en vive agitation.*

À l'accusatif partitif, *en* se dit des personnes aussi bien que des choses : *cette viande est excellente, mangez-en ; pour avoir de vrais amis, il faut être capable d'en faire.*

La différence entre les personnes et les choses se fait aussi sentir dans l'emploi du pronom : *y.*

Ce pronom remplace en effet ceux : *à lui, à elle, à eux, à elles,* quand ils se rapportent à des noms de choses : *quant à vos raisons, je m'y rends.* Cependant après les verbes : *se fier, penser, songer, croire,* il peut se rapporter aussi à des noms de personnes : *c'est un fourbe, ne vous y fiez pas.*

Comme on le voit, *soi, en, y* se rapportent surtout aux choses, parce qu'ils sont très courts et qu'ils confondent les sexes, ce qui convient à des noms inanimés, tandis que les distinctions nombreuses et les développements du pronom personnel conviennent aux êtres animés.

Le pronom relatif au génitif : *dont,* a aussi un emploi alternant avec *de qui,* suivant qu'il s'agit des personnes ou des choses.

Si l'antécédent est un substantif non précédé d'une préposition, on emploie « ad libitum » *de qui, duquel* et *dont* s'il s'agit de personnes : *l'homme dont la probité ; l'enfant de qui la mère n'a aucun soin ; il existe un arbitre du sort duquel nous sommes tous les enfants ;* mais s'il s'agit d'une chose, on n'emploie que *dont.*

Si l'antécédent est un substantif précédé d'une préposition, on emploie *duquel* ou *de qui,* si l'antécédent est une personne, et *duquel,* si l'antécédent est une chose : Dieu à la bonté *duquel* ou *de qui...,* la nature aux lois *de laquelle* tout est soumis.

S'il s'agit du complément d'un verbe, on emploie *dont* ou *de qui* pour les personnes : *l'homme dont* ou *duquel* je l'ai appris, et *dont* seulement pour les choses : *le lierre s'attache à l'arbre dont il a besoin.*

Enfin, si dans le cas précédent il s'agit d'exprimer l'extraction, l'origine, on emploie *dont* pour les personnes et les choses personnifiées et *d'où* pour les choses : *je connais la famille dont il est sorti ; voilà la maison d'où je sors.*

Le motif de ces différents emplois est le même que ci-dessus.

Parmi les pronoms démonstratifs : *ceci, cela, ce* ne se disent que des choses.

Nous avons déjà vu la différence entre *qui* et *quoi* parmi les interrogatifs et *qui* et *que* parmi les relatifs.

Comme relatifs, quand il n'y a pas de préposition, *qui* au nominatif et *que* à l'accusatif se disent à la fois des personnes et des choses ; mais après les prépositions on distingue : *qui* s'emploie seul pour les personnes et les choses personnifiées et *quoi* pour les choses, surtout au datif, mais *quoi* disparaît aujourd'hui, à moins que l'antécédent ne soit indéfini.

Les pronoms des deux premières personnes ne se disent que des personnes ou des choses personnifiées, puisque les choses ne parlent pas.

Ceux de la 3ᵉ personne sont sujets à des distinctions, lorsqu'ils apparaissent sous leur forme abrégée.

En général, ils s'appliquent aux choses comme aux personnes, mais les pronoms datifs : *lui* et *leur*, ne le font guère qu'aux personnes et aux choses personnifiées, cependant souvent aux animaux, aux plantes et même, par exception, à des choses : coupez-lui les ailes. Les pronoms complets *de lui*, *d'elle*, ne se disent que des personnes et des choses personnifiées.

Si la relation est établie avec des noms de choses et d'animaux, il faut distinguer : lorsque les pronoms absolus, c'est-à-dire dans leur forme complète : *lui* au lieu d'*il* etc. dépendent des prépositions *de* et *à*, on les remplace par *en* et *y* : *le fermier a un chien hargneux, n'en approchez pas. Pensez-vous à la mort ? j'y pense.*

Lorsque les pronoms absolus dépendent d'autres prépositions, on les remplace surtout par les adverbes : *dehors, dedans, dessus, dessous, devant, derrière.* En parlant d'un arbre, on ne dira pas : *j'étais sous lui*, mais : *j'étais dessous.* On ne dira pas : *voici un canif, taillez avec lui votre crayon.*

On peut être obligé de répéter le nom et de supprimer le pronom ; on ne dira pas : *le lait est nourrissant, lui seul convient aux petits enfants*, il faudra tourner par : *cet aliment.*

Il y a donc pour les choses inanimées un choix remarquable de pronoms ; ceux qui servent aux personnes sont taboués pour eux.

L'emploi du pronom *le* vient encore à l'appui. Ce pronom marque l'accusatif, il peut être variable ou invariable :

variable, en général, s'il s'agit de personnes ; invariable, s'il s'agit de choses. Voici d'ailleurs les règles :

Lorsque le pronom *le* est construit avec le verbe *être* précédé de *ce*, on distingue si *ce* est le seul sujet ou s'il y en a un second, un sujet logique placé après le précédent.

Dans le cas où *ce* est le seul sujet du verbe *être*, on emploie, au lieu de *le*, le pronom absolu *lui* ou *elle* avec l'accent tonique, lorsqu'il s'agit de personnes : *est-ce là votre mère ? c'est elle ;* mais s'il s'agit de choses, on se sert de *le, la, les*, et c'est le verbe *être* qui a l'accent : *sont-ce là vos gants ? ce les sont.*

Dans le cas où il y a, outre *ce*, un sujet logique, on emploie *lui* pour les personnes : *voici Pierre, c'est lui que je cherchais ;* mais s'il s'agit des choses, il faut répéter le substantif ou se servir du démonstratif *ce* ou *cela* : *voici mon canif, c'est ce* ou *cela que je cherchais.*

CHAPITRE IX

De quelques genres mixtes : logistique viriliste et zootique

1° Langues où il existe un genre objectif subordonné distinguant entre les êtres pourvus et ceux privés de raison.

Nous devons ici compléter notre terminologie.

Nous avons appelé déjà genre *biotique* ou *vitaliste,* celui qui comprend l'animé et l'inanimé.

Le *logistique* distingue entre l'être doué de raison, l'homme, et les autres êtres *(anthropique* et *métanthropique).*

Le *viriliste* distingue entre l'homme mâle *(vir)* et les autres êtres ; il comprend l'*andrique* et le *métandrique.*

Le *zootique* ou *animalique* comprend les animaux seuls.

Les expressions : *anthropiqne* et *andrique* avaient déjà été proposées par M. Adam.

Genre logistique.

Anthropique et métanthropique.

Le mosquito distingue les êtres doués et ceux dépourvus de raison ; les derniers ne marquent pas le pluriel ou quelquefois suffixent *ra : inskra-ra,* les poissons ; les noms d'êtres doués de raison suffixent *nani : waikna nani,* les hommes ; *yapte nani,* les mères.

La même distinction existe dans la langue poul, elle n'exerce son influence que sur la formation du pluriel.

Un phénomène remarquable de cette langue consiste à changer au pluriel la consonne initiale du singulier, mais cette mutation est différente, suivant qu'il s'agit d'êtres doués ou privés de raison.

Voici le paradigme :

ÊTRES DOUÉS DE RAISON		ÊTRES PRIVÉS DE RAISON	
Singulier	*Pluriel*	*Singulier*	*Pluriel*
k, g, ng devient	h, w	h, w devient	k, g, ng
tsh	s	s	tsh
dzh, ndzh	y	y	dzh, ndzh
d, nd	r	r	d, nd
p	f	f	p
b	v, w	w, v	b

Au contraire, les noms des êtres doués de raison qui se terminent au singulier par *h, w* ne changent pas au pluriel ; de même ceux dénués de raison se terminant au singulier par *k, g, ng*.

Exemples : *kà-do*, esclave, pl. *hà-be ; kordo*, kebsweib, pl. *hor-de ; hora*, genou, pl. *ko-bi ; gor-ko*, homme, pl. *worbe ; wuddu*, ventre, pl. *gudd-i ; wabu-ko*, joue, pl. *gabu-de ; sùd-u*, maison, pl. *tshud-i ; san-da*, sac, pl. *tshaù-li ; sebî-re*, source, pl. *tshebo-dze ; dew-bo*, femme, *raù-be ; run-de*, nuage, *dun-de ; rè-wa*, vache, *dè-i ; foddo*, soulier, pl. *padd-e ; wanâ-re*, manteau, *bana-de ; wofo-nde*, œuf, pl. *bofo-de ; babai-nyo*, oncle, *wabai-be*.

En outre, l'anthropique et le métanthropique se distinguent par la désinence du pluriel, mais la catégorie devient ici biotique, et ainsi il y a dans cette langue du logistique et du biotique.

S'il s'agit des hommes ou des animaux, on se sert de *be* (*rà-be*) ; s'il s'agit des autres êtres, de *bi, de, di, dzhe, dzhi, le, li, e, i* :

Sagata, jeune homme, *sagata-be ; hùwo*, travailleur, *hùwo-be ; gor-ko*, homme, *wor-be ; laù-el*, chemin, *là-bi ; gelle*, jardin, *galle de ; là-bi*, couteau, *là-de ; hala*, mot, *hala-dzhi ; faddo*, soulier, *padde*.

Ce qui est très remarquable, c'est que la mutation consonnantique initiale suit pour le pluriel, que le sujet soit anthropique ou non, les règles qui régissent les substantifs métanthropiques ; en effet, le verbe est considéré comme un substantif d'action, lequel ne saurait être logistique.

Enfin, les pronoms démonstratifs et ceux de la 3ᵉ personne diffèrent suivant la classe. Pour le genre anthropique *o*, pl. *be ; o hali*, il ou elle parle ; *bé kali*, ils parlent ; *pouttioù na-ko*, son cheval ; *pouttioù ma-bé*, leur cheval. Pour le métanthropique, singulier : *ngoù, ngué, ki, ba, ndam, ndoù, ngal ;* pl.: *i, dé, di ; ngoù-hali*, il ou elle parle ; *di kali*, ils ou elles parlent ; *pouttioù ko-ngoù*, son cheval ; *pouttioù ko-di*, leur cheval.

En tzendal, même distinction ; les êtres non humains (objets inanimés et animaux) n'ont pas de pluriel : *balam*, tigre ou tigres ; les autres ont un pluriel par la suffixation de *etic, tic : mal*, aïeul, *mal etic ; vinic*, homme, *viniqu-etic.*

En opata, même distinction : les êtres non doués de raison forment leur pluriel non morphologiquement au moyen d'un adverbe ; les autres, au contraire, par un procédé interne : *oki*, femme, pl. *naù ; uri*, homme, *uri-ni ; okichi*, fille, *naùmachi ; temachi*, valet, *te-temachi ; maragnat*, fille, *ma-maragnat.*

En outre, les mots de nombre et certains adjectifs varient suivant qu'il s'agit de substantifs de diverses classes, mais ces classes sont très nombreuses et rentrent dans le genre coordonnant.

2º *Langues qui distinguent l'homme mâle de tous les autres êtres.*

Genre viriliste.

Andrique et métandrique.

La langue iroquoise admet une distinction générique qui diffère de celle entre l'animé et l'inanimé. Il s'agit des êtres supérieurs d'une part et des inférieurs de l'autre. Les supérieurs se composent de l'homme (vir), des esprits et des dieux ; les inférieurs comprennent la femme, les animaux et tout le reste. C'est un peu inexactement qu'on a donné les dénominations de genre *andrique* et de genre *métandrique*. La dénomination de genre majeur et genre mineur conviendrait davantage.

Cette distinction ne se marque pas sur le substantif lui-même, mais sur le pronom de la 3ᵉ personne, au singulier : *raôha* pour le premier genre ; *aôha, akaôha* pour le second ; au pluriel *ronôha* et *onôha*. Il en est de même pour le pronom possessif.

Le verbe se conjugue en tenant compte de cette distinction à la 3ᵉ personne :

Singulier : *r-a-tkahtos*, il voit ; *ù-a-tkahtos, iô-tkahtos*.
Duel : *hi-a-tkahtos, ki-a-tkahtos*.
Pluriel : *rô-tkahtos, ko-tkahtos*.

Pronom possessif :

Andrique : *roo-noùtsi*, sa tête ; *raona-sita*, ses pieds.
Métandrique : *av-noutsi*, etc.

Le chiquito distingue aussi le genre andrique et le genre métandrique, mais en se compliquant, comme nous l'avons vu, du langage des hommes et du langage des femmes.

Cette distinction n'attaque directement que le pronom de la 3ᵉ personne.

Mais par là, elle affecte les substantifs au possessif, les prépositions, les verbes.

3° Langues qui cumulent la distinction biotique avec la distinction logistique.

Le nahuatl a un triple genre qui, du reste, ne se marque que sur le substantif et pour la formation du pluriel, il comprend : 1° les êtres inanimés ; 2° les êtres animés, mais non doués de raison ; 3° les êtres doués de raison.

Les premiers n'ont point de pluriel ou ils le forment par la préposition d'un adverbe de qualité : *tetl*, pierre, pl. *miek tetl* ; *kalli*, maison, *ka-kalli*.

Les seconds forment leur pluriel en apocopant la finale *tl* et en suffixant *mê* : *itshkatl*, le mouton, pl. *itshka-mê* ; *pitso-tl*, cochon, *pitso-mê* ; *texan*, punaise, *texan-mê*.

Il faut y joindre les êtres sans vie réputés vivants : *tepe-tl*, montagne, *tepe-mê*.

Les troisièmes font leur pluriel : 1° en apocopant totalement ou partiellement la dernière syllabe et en suffixant *tin* : *ta-tli*, père, *ta-tin* ; *tla-machtli*, écolier, *tla-machtil-in* ; *totol-in*, coq, *totol-tin* ; 2° en apocopant *tl* et en allongeant la voyelle qui précède et redoublant quelquefois en même temps la première syllabe : *siwa-tl*, femme, pl. *siwa* ; *koa-tl*, serpent, *co-coa* ; *tlakalt*, personne, *tlaca*.

Le montagnais présente aussi cette double catégorie. La distinction entre l'inanimé et l'animé influe sur la désinence des verbes locomotifs, objectifs, etc.

Celle entre l'anthropique et le métanthropique influe sur la formation du duel. Ce dernier se forme en suffixant *k' é*, pied : *déné*, homme ; *déné k' é*, deux hommes ; mais on se sert plus souvent du préfixe *na* quand il s'agit du genre humain : *na-déné*, deux hommes.

D'autre part, le pluriel grammatical n'existe que pour le genre humain, on l'exprime en suffixant *yù* : *tchélékwi-yù*, les jeunes gens.

4° *Langues à quadruple distinction : biotique, logistique sexualiste et zootique.*

Plusieurs langues du Caucase cumulent le genre sexualiste et le genre logistique, ils y ajoutent même parfois le genre anthropique.

C'est d'abord le kazikumük, qui cumule les trois genres, de sorte qu'il obtient : 1° le genre anthropique masculin, 2° le genre anthropique féminin, 3° le genre animal ou zootique, 4° le genre inanimé. Il faut noter que le masculin et le féminin ne s'appliquent qu'au genre anthropique.

On doit remarquer qu'il apparaît dans cette famille seulement un genre nouveau, celui qui concerne les animaux et en fait une classe à part, nous l'appellerons le genre *zootique*.

Les préfixes indiquant ces différents genres ne s'appliquent pas au substantif lui-même, mais aux mots en accord avec lui. Ils varient au singulier et au pluriel.

	SINGULIER	PLURIEL
1re catégorie		b
2e —	d	b
3e —	b	b
4e —	d	d

Ex. : *adamina-uri*, l'homme est ; *arantial-b-uri*, les hommes sont.

Ninu-d-uri, la mère est ; *ninuxlu-b-uri*, les mères sont.
Tshi-b-uri, le cheval est ; *dutshri-b-uri*, les chevaux sont.
L'adjectif s'accorde quelquefois.

Le pronom de la 3ᵉ personne distingue les genres aux cas obliques, mais seulement quelques-uns, savoir : au singulier le genre viriliste et au pluriel le genre logistique.

Le verbe distingue le genre à toutes les personnes.

VERBE *û*, ÊTRE

SINGULIER		PLURIEL	
1ʳᵉ pers. *ma*⟩	*u-ra, d-u-ra, b-u-ra*	*zhu*⟩	*b-u-ru, d-u-ru*
2ᵉ — *ina*⟩		*zu*⟩	
3ᵉ — *tà u-ri, d-u-ri, b-u-ri*		*tai, b-u-ri, d-u-di*	

L'artschi possède aussi les genres nés de la jonction du genre sexualiste et du genre logistique : 1° le masculin anthropique, 2° le féminin anthropique, 3° le genre animalique ou zootique, 4° le genre biotique.

Cette distinction ne se marque pas sur le substantif lui-même, mais sur les mots en dépendance.

Dia-u-i, le père est ; *bua-d-i*, la mère est ; *nosh-b-i*, le cheval est ; *tsahan-i*, l'arbre est.

Pluriel : *dia-ttu-b-i*, les pères sont ; *bua-ttu-b-i*, les mères sont ; *nosh-or-b-i*, les chevaux sont ; *tshahan-mur-i*, les arbres sont.

Elle se répercute sur l'adjectif attribut :

Nos-b-i haibattu-b, le cheval est bon.

De même sur le pronom de la 3ᵉ personne :

Tha-û, tho-r, tho-b, tho-th.

L'hürkan ne réunit plus que deux genres : le genre sexualiste et le genre anthropique, de là trois genres :

1° anthropique masculin, 2° anthropique féminin, 3° métanthropique.

Les indices sont : 1° *w*, 2° *d (r)*, 3° *v* ; au pluriel, *d* pour tous les êtres anthropiques, à la 3ᵉ personne *v* pour tous.

Le genre n'est pas celui du substantif lui-même, mais celui de l'être auquel le substantif se rapporte.

W-aeh, le visage d'un homme ; *d-aeh*, le visage d'une femme ; *v-aeh*, celui d'un animal.

Il affecte le substantif au locatif et reproduit sur lui le genre du sujet.

Watsha-li-zi, dans le bois.

Watshalizi-w, watshalizi-r, watshalizi-v, dans le bois lui, dans le bois elle, dans le bois cela.

Watshalizi-sad, hors du bois.

Watshalizi-w-sad, watshalizi-r-sad, watshalizi-v-sad.

Watshalizi-wad, watshalizi-r-ad, watshalizi-wad, hors du bois en montant.

Et ainsi à chaque préposition locative.

L'adjectif s'accorde avec le substantif :

Udzil adamili, un homme gros ; *d-udzil cuml*, une grosse femme ; *v-udzil urtshi*, un gros cheval.

Il en est de même lorsque l'adjectif joue le rôle d'attribut.

Le pronom personnel ne reflète pas cette distinction, si ce n'est au cas du comparatif.

Le pronom réfléchi le reflète : *sa-i, sa-r-i, sa-v-i* ; pluriel *sa-ri, sa-v-i.*

Il en est de même du verbe, non seulement à la 3ᵉ, mais à toutes les personnes.

Voici le paradigme du verbe *être* :

PRÉSENT :

Sing. 1ʳᵉ pers. *nu sai-ra, sa-r-ra, sa-v-ra.*
     2ᵉ   —   *hu sai-ri, sa-r-ri, sa-v-ri.*
     3ᵉ   —   *hit sa-i, sa-ri, sa-v-i.*
Plur. 1ʳᵉ   —   *nusha sa-r-ra.*
     2ᵉ   —   *husha sa-r-ri.*
     3ᵉ   —   *hitti sa-v-i, sa-r-i.*

Le tchentschenze et le thusch ont développé encore davantage les catégories des genres sexualiste et logistique. Le premier a six genres et le second sept.

Les indices sont *w* pour l'anthropique masculin, *j* pour l'anthropique féminin, *d* et *b* pour le métanthropique et le pluriel.

Voici, du reste, le paradigme :

Thusch

	1	2	3	4	5	6	7.
Sing.	w	j	j	b	d	b	b.
Plur.	b	d	j	d	d	b	j.

Tchentschenze

	1	2	3	4	5	6.
Sing.	w	j	j	b	d	b.
Plur. 1ʳᵉ et 2ᵉ pers.	d	d	j	d	d	b.
3ᵉ —	b	b	j	d	d	b.

Il faut remarquer que le genre ne se marque pas sur le substantif lui-même, mais sur les mots qui en dépendent, et que d'autre part c'est le sexe du substantif lui-même qui est ainsi indiqué. Il en est cependant quelquefois autrement, le genre peut se marquer sur le substantif et alors il exprime tantôt la qualité de ce substantif, tantôt celle d'un autre substantif auquel celui-ci se rapporte :

W-asho, le frère ; *j-asho*, la sœur ; *w-oh*, le garçon ; *j-oh*, la fille, c'est le procédé le plus simple et qui s'applique comme dans nos langues.

W-atshol, la pesanteur d'un homme ; *j-atshol*, celle d'une femme ; *b-atshol*, celle d'une chose. Ici le genre se rapporte à un autre substantif.

Bstuino j-a, la femme est ; *bstei d-a*, les femmes sont ; *nawi j-a*, les navires sont. Ici l'expression n'a pas lieu sur le substantif lui-même, mais sur les mots en dépendance.

Le genre n'affecte pas le pronom, mais le verbe. On trouve en tchetchenze pour le verbe *être* :

Sing. *Suo, huo, iz, w-u, j-u, j-u, b-u, d-u, b-u.*
Plur. *Wai, thkhuo, shu, izush, d-u, d-u, j-u, d-u, d-u, b-u.*

Nous avons vu qu'en thusch il y a sept genres, tant au singulier qu'au pluriel, et nous n'avons caractérisé que les deux premiers.

W désigne le singulier masculin, *j* le féminin tant singulier que pluriel, mais le pluriel seulement chez les objets inanimés ; *b* et *d* les animaux et les végétaux ; *d* les objets inanimés.

Le singulier en w a le pluriel en *b*. Le féminin prend *j* au pluriel pour les êtres inanimés (donc les êtres inanimés ont un féminin) et *d* pour les animés.

Le *b* désigne les animaux et les végétaux, mais moins les individus que les espèces.

Le pluriel des noms en *b* est *d* pour les êtres animés et tantôt *b*, tantôt *j* pour les inanimés.

Les objets considérés comme n'ayant pas de sexe et les idées abstraites prennent *d* tant au singulier qu'au pluriel, l'enfant et les petits des animaux sont considérés comme sans sexe : *badra d-a,* l'enfant est ; *badri d-a,* les enfants sont.

Voici le paradigme :

Sing. :	wa	ja	ba	da
Plur. :	ba	da, ja	da, ba, ja	da

La langue aware possède le masculin, le féminin et le neutre, mais seulement au singulier, ils se marquent d'ailleurs sur le substantif lui-même et les indices sont masculin *i*, féminin *u*, neutre *b*.

Mais l'application a ceci de remarquable que le genre tantôt marque celui du substantif lui-même, comme dans nos langues, par exemple : *w-ats*, le frère ; *j-ats*, la sœur, mais c'est l'exception, dans ce cas ce n'est pas ce substantif qui porte la marque du genre, mais l'adjectif ou les autres mots en connexion : *tsheera-ù, tsheera-i, tsheera-b*, noir, et tantôt, ce qui est la règle, indique le genre de l'objet auquel le substantif se rapporte : *j-olù,* l'amour pour une femme ; *b-olù,* l'amour pour une chose ; *w-olu,* l'amour pour un homme ; *w-atsi,* l'arrivée d'un homme ; *r-atshi,* l'arrivée de plusieurs.

L'adjectif, comme nous venons de le dire, porte la marque du genre que le substantif cause, mais ne la porte pas sur soi :

Lija-b tsokha, un bon habit ; *lija-i dzhudzhu,* une femme bonne.

Quelquefois même les adjectifs, surtout les participes, portent la marque deux fois, au commencement et à la fin : *w-izhara-ù,* créé ; *j-izhara-i, b-izhara-b,* pl. *r-izhara-l.*

De même le pronom démonstratif : *ha-u, hà-b, ha-l,* celui-ci ; *zhi-ù, zhi-i, zhi-b.*

Et l'interrogatif : *shi-ù, shi-i, shi-b, sha-l* ; *kinà-ù, kinà-i, kinà-b, kinà-l.*

Le verbe porte partout l'indice sexualiste : *w-ugo, j-ugo, b-ugo,* pl. *r-ugo,* il est.

Enfin, ce qui est très remarquable, le genre sexualiste a son reflet de diverses manières sur la catégorie des cas.

C'est d'abord sur l'instrumental ; le masculin emploie les suffixes *tsa, sa, s, z* ; *keto-tza,* par le chat ; le féminin et le neutre *l,* le pluriel *z.*

Le locatif inessif : *dans,* est suivi de l'indice du genre du sujet de la proposition : *roqo-un,* dans la maison lui ; *roqo-i,* dans la maison elle ; *roqo-b-e,* dans la maison cela ; *roqo-re,* dans la maison eux.

5° Langues où le genre sexualiste naturel se cumule avec le logistique.

Les langues apparentées moxo, baure et maipure cumulent le genre des êtres doués ou non de raison avec le masculin et le féminin.

En ce qui concerne le pluriel dans les noms, c'est la distinction logistique qui règne seule. Ils forment leur pluriel en suffixant *no* ou *ono,* mais pour les êtres privés de raison aucun suffixe.

En ce qui concerne le pronom possessif, c'est la distinction sexualiste qui l'emporte, mais alors il s'agit non du masculin et du féminin, mais de l'homme et de la femme, de l'andrique et du gynique ; c'est une sous-distinction de l'anthropique ; à côté on trouve le métanthropique.

Ma à l'andrique, *su* au gynique, *ta, to* au métanthropique.

Ma-ibope, son pied (d'un homme) ; *su-ibope,* son pied (d'une femme) ; *ta-ibope,* son pied (du tigre).

Les pronoms de la 3ᵉ personne suivent :

Sing.	andrique	*ema*	*maca*	*maena*	*maeani*
	gynique	*esu*	*suca*	*suena*	*sueani*
	métanthropique	*eto*	*hoca*	*hoena*	*taeani*
Plur.	anthropique	*eno*	*noni*	*noro*	*nacuni*
	métanthropique	néant.			

Les langues dravidiennes cumulent aussi le genre logistique et le genre sexualiste, mais leur donnent des applications différentes.

Le premier genre, le genre logistique, n'a d'influence que sur le pluriel dans les substantifs. Les êtres doués de raison comprennent les hommes et les femmes, les dieux, les demi-dieux, les esprits ; les autres, tout le reste : animaux, objets inanimés et idées abstraites. Pour les derniers on peut ne pas marquer le pluriel.

Le pluriel dans le genre supérieur s'exprime par *màr* : *patni*, femme, *patni-màr* ; *bhrtyam*, serviteur, *bhrtyam-màr* ; *kallan*, voleur, *kalla-màr* ou *àr*.

Celui de la classe inférieure s'exprime par *kal, gal, galu, kalu* : *malei*, montagne, *malei-gal*, et aussi *lu* : *balpu*, lumière, *balpu-lu*.

Le second genre, masculin, féminin, neutre, apparaît dans le pronom de la 3ᵉ personne, et indirectement, au moyen de celui-ci, peut s'appliquer au substantif et au verbe, mais il n'a pas d'influence sur l'adjectif.

PRONOM DE LA 3ᵉ PERSONNE :

Hamil.   Sing. masc. *i-v-an*, fém. *i-v-al*, neutre *i-du*.
              Plur. masc. et fém. *i-v-ar*, neutre *i-v-ei*.
Malagolin. Sing. masc. *i-v-an*, fém. *i-v-al*, neutre *i-ta*.
              Plur. masc. et fém. *ivar*, neutre *iva*.

PRONOM INTERROGATIF :

T.   Sing. masc. *e-v-an*, fém. *e-v-al*, neutre *e-du*.
        Plur. masc. et fém. *e-v-ar*, neutre *e-v-ei*.

VERBE :

Pera, grand ; *per-iy-an*, il est grand ; *per-iy-al*, elle est grande ; neutre *per-i-du*.
Sing. 3ᵉ pers. masc. *àn, an*, fém. *àl, al*, neutre *odu*.
Plur. 3ᵉ pers. masc. et fém. *àr, argal*, neutre *ana, a*.

CHAPITRE X

Langues à genre artificiel

*Langues qui ne possèdent que le genre sexualiste
artificiel.*

Dans les langues chamitiques la répartition des objets
inanimés entre le masculin et le féminin est, semble-t-il,
capricieuse. Elle se fait empiriquement suivant les initia-
les et les finales, mais il s'agit alors d'un effet et non d'une
cause.

En copte, c'est généralement le féminin qui remplace le
neutre. En particulier, les noms abstraits qui se composent
avec *ment* et *met* sont de ce genre. Quant au genre naturel,
on convertit le masculin en féminin, tantôt en abrégeant la
voyelle de la racine, tantôt en allongeant la voyelle terminale, tantôt en ajoutant la voyelle *e*, ou en réunissant plusieurs de ces procédés :

Shêre, fils, *shere*, fille ; *ouro*, roi, *ourô*, reine ; *hello*,
vieillard, *hollô*, vieille ; *shom*, beau-père, *shome*, belle-
mère ; *khièv*, agneau, *hievi*, agnelle ; *son*, frère, *sône*, sœur.

Le vieil égyptien suffixe aussi *t* ou *th* pour le féminin,
quelquefois il le préfixe et le suffixe en même temps :
Suten, roi, *suten-i-tit* ; *son*, frère, *son-t* ; *nofer*, jeune homme,
nofer-t.

Le kabyle n'a aussi que le masculin et le féminin. Le premier commence généralement par les sons *a, e, i, ou ;* les
noms féminins commencent et finissent par *th*.

Amrar, vieux, *th-amar-th*, vieille ; *abarer*, renard, *th-
abarer-th*.

Quelquefois, mais rarement, les noms de femelles se terminent par *a*.

Beaucoup de noms féminins rejettent le *th* final et ne gardent que le *th* initial :

Th-imes, feu ; *th-ara*, vigne ; mais ils n'ont pas alors de masculin.

Enfin, certains noms diffèrent radicalement suivant qu'ils sont masculins ou féminins :

Argaz, homme, *thamestouth* ; *azgar*, bœuf, *thafounast* ; *àoudiou*, cheval, *thagmarth* ; *ikerri*, *oufrik*, mouton, *thiksi* ; *izem*, lion, *thasedda* ; *ihaïk'el*, perdrix, *thasekkourt* ; *ùk'elòuach*, bouc, *thar'at*.

En copte, de même qu'en chamir, en bilin et en saho, c'est le suffixe *i* qui est employé : *spher-i*, amie, *bôk-i*, femme esclave.

Le bedzha emploie le *t* final.

En ce qui concerne le nombre et la distribution des genres, l'égyptien n'en possède, comme les autres langues chamitiques, que deux : le masculin et le féminin, c'est d'ailleurs ce dernier qui remplit le rôle ordinaire du neutre.

Voici le critère. Tout d'abord on suit le sexe naturel ; mais pour les choses qui n'en ont pas, on assimile ainsi.

Sont masculins :

1° Les noms propres de l'Egypte et de ses divisions ; 2° les noms des ports, des districts appelés *ùù* et des localités nommées *pehùù* ; 3° les noms des îles ; 4° les substantifs qui désignent l'eau, la mer, le Nil, les fleuves et les mers en général, à l'exception de ceux dérivés des verbes au moyen du suffixe *it* ; 5° le soleil, la lune, les planètes, les étoiles et les constellations, à l'exception de quelques étoiles ; 6° les noms du temps et de ses divisions, à l'exception de ceux de l'année, des heures et des minutes, de ceux qui finissent en *it* et de quelques autres comme *per-t*, l'hiver ; 7° les noms désignant les fêtes, les éponymes de fin de mois et les douze mois de l'année ; 8° ceux indiquant les localités et terminés par le signe graphique caractéristique d'un lieu ; 9° le feu, la chaleur, la lumière, les ténèbres, sauf quelques exceptions ; 10° les métaux.

Sont féminins :

1° Les noms propres de villes déterminés par certains signes grapiques, de pays, de lieux habités et de bâtiments ; 2° les nombreuses expressions désignant le ciel et la voûte céleste, les régions du ciel et les vents ; 3° les noms de l'année, des heures et de leurs subdivisions ; 4° le corps humain et ses membres, sauf quelques exceptions ; 5° les diadèmes et les ornements.

Sont neutres, mais remplacés par le féminin, les autres objets, ce qui s'applique à toutes les expressions générales ou indéterminées, pour lesquelles le féminin est employé.

D'autres emplois du féminin sont très remarquables :

1° Tous les noms collectifs sont féminins, quand même ce qui les compose serait du sexe masculin naturel : *ta-pet,* le peuple, la foule ; *ta-pet-mensh,* les marins, la marine ; *ta-tent-heter-u,* les cavaliers ; *ta-tat,* la foule ; *ta-menfi-t,* les gardes du corps ; *ta-pat-u,* la société divine ; *ta-mer-t,* la foule de paysans ; *rekhi-t,* le monde lettré.

2° Le masculin exprime l'idée concrète, vis-à-vis du féminin, qui possède l'idée générale et abstraite : *aaù,* être vieux, *p-aaù,* le vieillard, *ta-aaù,* la vieillesse ; *kers,* embaumer, *kers,* momie, *ta-kers-t,* l'enterrement ; *utu,* ordonner, *p-utu,* la stèle où l'ordre est inscrit, *ta-utu-t,* le décret ; *rekh,* savoir, *pe-rekh,* le savant, *rekh-t,* la science.

Ces derniers principes sont très remarquables. Dans beaucoup d'autres langues nous les retrouvons ; presque partout les noms collectifs sont féminins ; les mots français : la foule, la cavalerie, etc., le prouvent encore. De même les mots abstraits. Le masculin est nettement défini et individuel, il est intensif ; le féminin est indéfini, général, extensif, c'est la matière vis-à-vis de l'esprit, si bien que la distinction du féminin et du masculin pourrait s'analyser en celle entre le principe matériel et le principe immatériel.

Au principe supérieur se rattachent les astres et les êtres supérieurs au mâle, et qui, du reste, lui ressemblent par leur activité.

La langue arabe ne possède que le masculin et le féminin ; tous les noms animés ou dont on ne considère pas le sexe ont dû être répartis entre ces deux genres. Comment s'est fait cette répartition ?

Au point de vue empirique, on reconnaît le féminin par

les désinences *a, ae, e, at* : *kuwaijise*, belle ; *latife*, bonne ;
sultane, sultane ; *sahbe*, maîtresse ; *alma*, savante ; *elkubra*,
la plus grande ; *bêda*, blanche ; *amja*, aveugle.

Au point de vue du sens, sont féminins : 1° tous les noms
qui expriment le sexe féminin ; 2° ceux de peuples, de pays
et de localités ; 3° ceux des parties du corps double, *ên*,
l'oreille ; *widu*, l'oreille ; *dirà*, le bras ; *id*, la main ; *rigl*,
le pied ; 4° tous les noms ayant le pluriel brisé, à moins
qu'ils n'expriment des êtres mâles ; 5° un certain nombre
de substantifs sans aucun critère : *bâdân*, corps ; *batn*,
ventre ; *ruh*, âme.

La langue muzuk, contrairement à la plupart des langues
de l'Afrique, possède le genre sexualiste, qu'il ne marque,
du reste, sur le substantif, qu'au singulier ; le signe du
féminin est *i* :

Geriam, hippopotame, f. *gerim-i* ; *yugur*, coq, *yugur-i*,
kurek, âne, *kurki* ; *bèl*, esclave, *beli* ; *ergeni*, cruche, *ergen-
ai* ; *gumur-i*, bouclier, *gumur-ai* ; *pilish*, cheval, *pilis-ai*.
Au pluriel, au contraire, pour ne pas cumuler les indices,
on ajoute au masculin *mashakai*, mâle, et au féminin *fala-
kai*, femelle.

L'adjectif porte la même marque du féminin : *pidem*,
beau, *pidimi* ; *mirdeg*, noir, *mirdiki* ; *murga*, pauvre,
murga-i ; *mekele*, rouge, *mekelei*. Il s'accorde avec le substantif.

Le pronom porte aussi à la 3° personne la trace du féminin : masculin *ni*, féminin *ni-ta* et par abréviation *na* ; au
pluriel la forme est unique : *na-gai*. Le pronom possessif a
les deux mêmes formes. Le pronom sujet dans les verbes
est : masc. *a*, fém. *tu* (ta), et le pronom objet : masc. *ni*, *ng*,
fém. *tu*. Le verbe le reflète par le pronom préposé : *ni* au
masculin et *nita* au féminin.

La langue bari possède aussi le genre sexualiste qu'elle
applique à tous les objets. Elle ne le marque pas sur le
substantif lui-même, mais sur les mots en accord.

Quant à la répartition entre les genres, elle range dans
le masculin les êtres naturellement masculins, excepté :
meka, le buffle, qui est féminin, et les saisons ; au genre
féminin appartiennent les êtres féminins, les expressions
collectives qui ne distinguent pas le singulier du pluriel,
les noms abstraits et ceux d'action qui sont marqués par les

suffixes *et, it*. Quant aux noms d'action marqués par le suffixe *ku* ou le suffixe *au-it*, ils sont tantôt masculins, tantôt féminins.

La langue khassia possède le genre sexualiste ; le masculin comprend seulement les êtres mâles, mais le féminin, tous les êtres, cependant parmi ceux-ci le masculin a fait une forte brèche.

L'indice du masculin est *u* et celui du féminin *ka*, au pluriel *ki* :

U-briù, l'homme ; *u-ku*, le fils ; *ka-ing*, la maison ; *k-um*, l'eau ; *ki-briù*, les hommes ; *ki-um*, les eaux.

Le pronom les reflète à la 2ᵉ et à la 3ᵉ personne :

2ᵉ pers. masc. *mè*, fém. *pha* ; 3ᵉ pers. masc. *u*, fém. *ka*. Pluriel 2ᵉ pers. *phi*, 3ᵉ pers. *ki*.

Il existe une langue américaine, le tonika, dont la grammaire a été esquissée par Albert Gatschet, qui l'a découverte en 1886 dans la Louisiane orientale ; on y trouve le plein développement du genre sexualiste et son application aux objets inanimés, comme dans les langues sémitiques. Cette langue connaît le masculin et le féminin applicables à tous les êtres, ceux inanimés sont doués d'un sexe fictivement ; l'effet s'est fait sentir, non seulement sur les substantifs, mais aussi sur le pronom et sur le verbe.

Voici comment la distribution se fait entre les deux sexes :

Les noms de parenté suivent le sexe naturel. Certains termes désignent les mâles, leurs occupations sont du masculin. Sont aussi du masculin les quadrupèdes, les oiseaux, les amphibies, les reptiles, les poissons, les insectes et les mollusques ; de même les arbres, les plantes, les arbrisseaux, les herbes ; de même, les rochers, les pierres, les minéraux. Au contraire, appartiennent au genre féminin les corps célestes, les divisions du temps, les points cardinaux, l'eau, les liquides, les maux et les maladies invisibles, les noms abstraits.

Les parties du corps humain se partagent entre les deux genres ; sont masculins : la dent, le cou, l'œil, le nez, la poitrine, l'épaule, la main, le poing, les entrailles, les cheveux, les os, le derrière, le pied, la plante du pied, la plume, la queue ; sont féminins : l'ongle, le cœur, la tête, la peau, le foie, la chair, le bras, le poumon, l'orteil, la semence.

Les objets manufacturés sont surtout féminins. Les
autres objets se partagent, sans règle possible, entre les
deux genres.

Le masculin, au singulier préfixe *uk (u)* ou bien suffixe
ku (k, xku, xk, k), au pluriel préfixe *sik, sig* ou suffixe *sâ,
sâema, he, saïma*.

Le féminin, au singulier préfixe *tik (tih, tig, ti, t)* ou
suffixe *ktchi (khtchi, khtch, ktch, kts, htchi, tch, ts)* et au pluriel préfixe ou suffixe : *sin, si, he sin, he sinma* ; tous ces
affixes sont d'origine pronominale, ils sont souvent omis.

Les pronoms personnels varient ainsi qu'il suit, selon les
sexes :

1ʳᵉ pers. *ima*, 2ᵉ pers. masc. *ma*, fém. *hâema*.
3ᵉ pers. masc. *ùwi*, fém. *ti'htchi*.
Plur. 1ʳᵉ pers. *we*, 2ᵉ pers. masc. *ye*, fém. *hinüma*.
3ᵉ pers. masc. *süma, sâe*, fém. *sinima*.

Pronoms possessifs :

1ʳᵉ pers. *i-luk*, ma langue ; 2ᵉ pers. masc. *wi-luk*, ta
langue, fém. *hiluk* ; 3ᵉ pers. *uluk*, fém. *tiluk*.
Plur. 1ʳᵉ pers. *iluk* ; 2ᵉ pers. *wiluk*, fém. *hiluk* ; 3ᵉ pers.
siluk, fém. *sîluk*.

De même, le verbe :

1ʳᵉ pers. *sàgukani*, je mange ; 2ᵉ pers. *sàguki*, f. *saguka* ;
3ᵉ pers. *sagukuna, saguku*, f. *sagukati*.
Duel 1ʳᵉ pers. *sagina* ; 2ᵉ pers. *saguwina*, f. *saguhina* ;
3ᵉ pers. *saguuna*, f. *sagusina*.
Plur. 1ʳᵉ pers. *sagiti* ; 2ᵉ pers. *saguwiti*, f. *saguhiti* ;
3ᵉ pers. *sagukiti*, f. *sagusiti*.

Les adjectifs s'accordent ; ils ont une forme simple, une
masculine et une féminine ; le masculin suffixe *ku, khku, ku*,
le féminin un de ses affixes ordinaires :

tâe, grand	m. *tâeku, tâegu*	f. *tâehtchi*
mili, rouge	*miliku*	*miliktchi*
rowa, blanc	*rowaku*	*rôwaktchi*

Les termes de parenté se forment par les mêmes suffixes :

Ehkutuhuk, mon fils ; *ehkutuhuktch*, ma fille ; *ixtcheku*,
mon grand-père ; *ixtchaktch*, ma grand-mère ; *étukuma-
shiku*, mon beau-père ; *etukumashihtchi*, ma belle-mère.

CHAPITRE XI

Langues à genre artificiel *(Suite)*

Langues qui ne possèdent un genre artificiel
qu'en partie.

Il s'agit des langues indo-européennes surtout. Avant de commencer, nous dressons le tableau suivant où ressort le caprice apparent des genres :

FRANÇAIS	ITALIEN, ESPAGNOL	GREC	ALLEMAND	RUSSE
viande	carne	kreas (n.)	fleisch (n.)	miaso
fruit	frutta	karpos (m.)	obst (n.) frucht (f.)	woschtch
pomme	pera	apidion (n.)	birne	iabloko (n.)
raisin	uva	staphulion (n.)	weintraube	vinogradnaia, iagoda (f.)
abricot	it. albicocca (f.), esp. alabricoque (m.)	berekokon (n.)	apricose (f.)	abrikos
citron	it. limon	leimonion	citrone	limon
beurre	it. buttiro, esp. manteca	bouturon	butter	maslo
œufs	it. uova, esp. huevos	ôon	ei	iaitsa
lait	latte	gala (n.)	milch	moloko
crème	it. crema, nata	pagos (m.)	rahm	slivki (f.)
sucre	zucchero, azucar	zakharé (f.)	zucker	sakhar
cuiller	cucchaio, cuchara	khouliara (f.)	löffel (n.)	lojka (f.)
assiette	tondo, plato	pinakion (n.)	teller (n.)	tarelka
encre	inchiostro	melané	tinte	tchernila
maison	casa	oikos (m.), oikia (f.)	haus (n.)	dom (m.)
muraille	muro	toikhos (n.)	maiier (f.)	stiena
soulier	scarpe, zapatas	upodéma (n.)	schuh (f.)	bachmak (m.)
chemise	camicia	upokamison	hemd	ruka

FRANÇAIS	ITALIEN, ESPAGNOL	GREC	ALLEMAND	RUSSE
dentelle	merletto encage (m.) renda (f.)	tzita (f.)	spitzen	krujevo (n.)
gant	port. { guanti lluva	kheirothêkê	handschuh	pertchatka
montre	port. { oriuolo relox	orologion	uhr	tchasy (m.)
botte	{ stivali botas	opodêma	stiefel	sapóg (m.)
chaise	{ seggiola silla	kathedra	stuhl	stul (m.)
épée	{ spada	spathion	degen	chpaga
sabre	{ sciabola sable	s&bel (m.)	säbel (m.)	sablia (m.)
bonnet	{ cuffia gorro	skiadion	mütze	chapka
lunette	{ occhiali anteojos	ualia (n. pl.)	brille	zrielnoe steklo
robe	{ veste vestido	phorêma (n.)	kleid	platë (n.)
tablier	{ grembiale debantel	podia (f.)	schürze	perednik (n.)
ciseaux	{ forbici tigeras	psalidion	scheere	nojnitsi (f.)
mousseline	{ mussalina		nesseltuch	kiseia
fièvre	{ febbre catentura	puretos (m.)	fieber (n.)	lixoradka
plule	{ pioggia lluvia	brokhé (f.)	regen	dojd (m.)

FRANÇAIS	ITALIEN, ESPAGNOL	GREC	ALLEMAND	RUSSE
poussière	polvo (m.)	konis (f.)	staub	pyl (f.)
malheur	sventura (f.)	dustukhia	unglück (n.)	nestchastie
soleil	sole	hêlios	sonne (f.)	solntse (n.)
lune	luna	selênê	mond (m.)	mi esiats (m.)
la mort	muerte	thanatos (m.)	der tod	smert (f.)
la vie	vita	dzôê	das leben (n.)	jizn (f.)
le nez	naso	muté (f.)	die nase	nâs (m.)
la bouche	bocca	stoma (n.)	der mund (m.)	rot (m.) ustâ (n. pl.)
l'oreille	orecchio	ôton	das ohr	uxo
la table	tavola	trapedza	tisch (m.)	stol (n.)
la campagne	campo	khôrion	land (n.)	pole (n.)
le front	frente (f.)	metôpon	stirn (f.)	tchelo
le mur	muro	teikhos (n.)	mauer (f.)	stiena (f.)
vallée	valle	koilada (f.)	thal (n.)	dolinâ
montagne	monte (n.)	oros (n.)	berg (m.)	gora (f.)
rayon	raggio	aktin	strahl (f.)	lutch (m.)
la fenêtre	finestra	parathuron	fenster (f.)	oknô
le foie	higado	sukôtion	leber (f.)	pétchen (f.)
chaise	seggia	edra	stuhl	stul (f.)
épée	spada	spathion	degen (n.)	spaga
la fin	fine (m.)	teleuté	ende	konets (m.)
la faim	fame	peina	hunger	golod (m.)
odeur	odore	osmé	geruch	zapax (m.)
amour	amore (m.)	agapé	liebe	liobov

Dans une première division nous étudions le critère du genre, dans une seconde son expression.

I

Critère du genre.

La distribution des êtres inanimés entre le masculin, le féminin et le neutre se serait faite, d'après Brugmann, d'une manière purement mécanique et sans s'attacher au sens, dans les langues indo-européennes.

A l'origine les thèmes en *o* étaient tous masculins ou neutres, les thèmes en *à* tous féminins :

Ekwos, cheval ; *ekwa*, jument.

Cette régularité ne se maintint que dans quelques langues, une partie des thèmes en *o* passa en grec et en latin au féminin. A l'inverse, dans les langues classiques et le slavon, les thèmes en *à* furent souvent masculinisés, lorsque les termes abstraits formés ainsi étaient employés comme noms d'hommes : *neania*, d'abord : jeunesse, puis : jeune homme.

Voici maintenant d'où viendrait ce suffixe *à*, caractéristique du féminin.

Le suffixe en *à* n'aurait pas par lui-même la signification féminine, mais plusieurs noms très usités avaient dans l'intérieur de la racine ce phonème, par exemple : *màtar* mère, langue proethnique *màtà*, le second *à* créé par l'influence du premier et ces noms étaient féminins, d'autres furent formés sur le même modèle. De même, *genà*, femme, et *màmà*, mère ; de là *equà*, cavale. Il ne s'agit jusqu'à présent que du genre naturel. Mais quand il se présente des noms inanimés en *à*, ils passent par analogie au genre féminin, surtout lorsque dans la conscience populaire ils avaient un caractère intrinsèque les rapprochant du féminin. L'origine du féminin artificiel serait ainsi toute matérielle et mécanique. De même, les objets inanimés furent classés masculins quand leur terminaison était en *os* : *upnos*. Au suffixe féminin *à*, il faut joindre les suffixes *ie*, *i*.

Sanscrit.

La langue sanscrite distribue ses substantifs entre le

11

masculin, le féminin et le neutre, tout d'abord d'après la nature de l'objet.

Sont masculins, outre les noms naturellement mâles ou les noms d'agents, ceux qui désignent le soleil, la lune, le feu, le vent, le temps, le monde et le paradis, les nuages, les montagnes, la mer, les arbres, le corps et ses membres, les poids et mesures. Ce sont les objets les plus importants.

Sont féminins ceux d'une importance moindre et qui font contraste aux premiers, les lunaisons et stations lunaires, les régions terrestres, la terre, la nuit et ses divisions, l'intelligence.

Sont neutres les noms désignant le visage, les sensations, l'atmosphère, l'éther, l'eau, les fruits, les légumes, les métaux. Pour ces derniers il n'y a pas eu assimilation.

Mais l'analogie a travaillé et les terminaisons habituelles au féminin, par exemple, ont souvent communiqué ce genre aux substantifs qui les portent.

A ce nouveau point de vue, les mots en voyelle longue *â, î, û* sont presque tous féminins : *nadhî,* fleuve ; *vadhû,* femme.

Ceux qui finissent par *a* sont masculins ou neutres ; sont masculins ceux qui indiquent un agent ou un acte, neutres ceux qui indiquent un état, un résultat : masc. *chedas,* l'acte de fendre ; neutre *cidram,* la fente.

Les noms abstraits en *tva,* ceux en *ana* et ceux d'instruments en *tra* sont neutres.

Les noms abstraits en *ta* ou *nâ* sont féminins.

Les polysyllabes en *an* et *as* et les dérivés en *iman* et *an* sont masculins.

Les primitifs en *man,* les noms abstraits en *an,* les dissyllabes en *as, is, us* sont neutres.

Les noms primitifs qui ont une autre terminaison consonnantique sont féminins.

Latin.

En latin, le genre se détermine de deux manières, d'après la désinence et d'après la signification, nous retrouverons partout ces deux sources.

a) D'après la désinence.

C'est le critère matériel et empirique, mais il est quelquefois limité par l'autre.

Les noms en *a* sont féminins, à moins que la signification ne s'y oppose, ils comprennent, en effet, quelques masculins. Les noms grecs en *e* sont féminins, ceux en *es* et en *as* sont masculins.

Les noms en *us* et en *er* de la 2ᵉ déclinaison sont masculins, à l'exception de *alvus*, *colus*, *humus*, *vannus*, ainsi que de ceux qui sont féminins par le sens et des noms grecs qui conservent leur genre primitif : *abyssus*, *atomus*, *carbasus*, *dialectus*, *methodus* ; les mots en *um* sont neutres, ainsi que *pelagus*, *virus* et *vulgus*.

Les noms en *es* de la 3ᵉ déclinaison sont féminins. Sont masculins tous les noms en *or*, excepté trois féminins : *abor*, *soror* et *uxor*, et quatre neutres : *œquor*, *marmor*, *cor* et *ador* (froment). Sont féminins tous les noms en *sio* et en *tio* : *defensio*, *oratio*, etc ; en outre, ceux en *io*, *ëdo*, *ïdo*, *ûdo*, *tudo*, *âgo*, *ïgo*, *ûgo*, comme *obsidio*, *legio*, *cupido*, *hirudo*, *imago*, *arrugo*, *origo*, excepté *pugio*, *scipio*, *unio*, *ternio*, *quaternio*, *septentrio*, *papilio*, *vespertilio*, *stellio*, *carculio*, qui sont masculins. Les autres noms prennent un genre d'après leur signification.

Les noms en *us* de la 4ᵉ déclinaison sont masculins, excepté *acus*, *domus*, *manus*, *penus*, *porticus*, *tribus*, *idus*, qui sont féminins, ainsi que les noms qui désignent des femmes ou des arbres.

Les noms en *es* de la 5ᵉ déclinaison sont féminins, excepté *dies* et *meridies*.

b) D'après le sens.

Genre masculin :

1° Les noms d'hommes, c'est le genre naturel, quelle que soit la terminaison ;

2° Ceux de peuples : Romain, Scythe ;

3° Ceux de fleuves et de rivières : Albis, Tibaris, Sequana, Garumna, à cause de *fluvius*, sous-entendu ;

4° Les noms des vents : *Aquilo*, *Eurus*, à cause de *ventùs*, sous-entendu ;

5° Les noms des mois à cause de *mensis* ;

6° Ceux de montagnes, à cause de *mons*, mais seulement lorsque la terminaison n'indique pas un autre genre.

Cependant quelques noms de rivières sont féminins : *Matrona*, la Marne ; *Mosa*, la Meuse ; *Styx, Lethe. Mosella* a les deux genres ; *Eluver*, l'Allier, est neutre.

Un nom de montagne *Alpes* est du féminin, *Soracte* est du neutre.

Lorsqu'un nom féminin ou neutre s'applique à des hommes, il n'en conserve pas moins son genre primitif : *operœ*, des ouvriers ; *vigiliœ*, des sentinelles ; *mancipium*, un esclave.

Nous observerons tout le contraire en français.

Genre féminin :

1° Les noms féminins naturels ;
2° Les noms de pays, à cause de *terra* sous-entendu ;
3° Les noms d'îles, à cause d'*insula* ;
4° La plupart des noms de villes, *Roma*, etc., à cause d'*urbs* ;
5° Les noms d'arbres et d'arbustes, *pomus, pirus, cedrus, quercus, abies, papyrus, vitis, myrtus, corylus*, à cause d'*arbor* ;
6° Les noms de pierres précieuses, à cause de *gemma*.

Cependant les noms de pays en *um* sont du neutre : *Latium, Samnium*. Le mot *isthmus* est du masculin, ainsi que *Bosphorus, Pontus, Hellespontus*.

Parmi les noms de villes, les pluriels en *i* sont masculins *Argi, Delphi*, et ceux en *a*, neutres : *Bactra, Hierosolyma*. Sont masculins ceux terminés en *o, ôn*, et les grecs en *us, utis*. Sont neutres d'après la désinence : *Tusculum, Tarentum, Ilion, Saguntum*, ainsi que *Argos, Praneste, Reate, Tibur, Auxur*.

Plusieurs noms d'arbres et de plantes suivent le genre de leur terminaison. Ici on assiste à une lutte entre les deux principes. Ainsi sont masculins : *oleaster*, olivier sauvage ; *pinaster*, pin sauvage ; *calamus*, roseau ; *carduus*, chardon ; *dumus*, buisson ; *rubus*, ronce, etc. Sont neutres : *balsamum*, baume ; *ligustrum*, troëne ; *acer*, érable ; *robur*, rouvre ; *suber*, liège ; *cicer*, pois chiche ; *piper*, poivre ; *siler*, osier ; *papaver*, pavot. Sont des deux genres : *amaracus*, marjolaine ; *cytisus*, cytise ; *larix*, mélèze.

Genre neutre :

1° Les infinitifs pris substantivement : *scire*, le savoir ;
2° Les noms de lettres ;
3° Les noms indéclinables, à moins qu'ils n'appartiennent à un genre naturel.

Noms communs ou « épicènes » :

Certains noms s'appliquent à des personnes de différents sexes et sont ainsi tour à tour masculins ou féminins : *adolescens*, jeune garçon ou jeune fille ; *affinis*, allié ou alliée ; *civis, conjux, heres, sacerdos*. En français il en est de même du mot *conjoint* et nous y retrouverons le même phénomène dans les noms de professions. On peut citer encore : *juvenis, senex, hospes, ales, artifex, vigil, princeps, index*.

Cette catégorie est fréquente chez les noms d'animaux. On ne considère guère le sexe que chez les animaux domestiques et pas toujours. Que si l'on veut, par exception, désigner le mâle ou la femelle, on leur imprime tel ou tel genre ; hors ce cas, on les met au masculin : *bos, canis, mus, sus, thynnus, vespertilio*. D'autres ne peuvent être mis alternativement à l'un ou à l'autre genre ; ils n'en ont qu'un, tantôt masculin, tantôt féminin. Sont masculins : *corvus*, le corbeau, *passer, turdus* ; sont toujours féminins : *feles*, chat, *vulpus, anas, aquila, rana*. Cependant, si l'on veut absolument exprimer le sexe, on dira : *corvus femina, vulpes mascula*.

Quelques-uns de ces noms *épicènes* ont deux genres et deux terminaisons qu'on emploie *ad libitum*, sans égard au sexe : *lacertus* et *lacerta*, lézard ; *coluber* et *colubra*, couleuvre ; *simius* et *simia*, singe ; d'autres ont les deux genres, mais une seule terminaison : *hic* et *hœc camelus*, *hic* et *hœc dama*, *hic* et *hœc talpa*, *hic* et *hœc anguis*, *hic* et *hœc tigris*.

Langues celtiques.

Le *celto-breton* semble employer les critères suivants de distinction entre les deux genres. Suivant Le Gonidec, le féminin comprendrait, comme dans les langues sémitiques, à la fois le féminin et le neutre. Il y aurait un genre commun qui comprendrait le masculin et le féminin, lorsqu'on fait abstraction du sexe.Cela ne nous semble pas très exact, car les noms inanimés sont répartis entre le masculin et le féminin.

Voici quelles seraient les règles de cette répartition en se basant surtout sur les suffixes de dérivation. Seraient féminins les noms abstraits en *der* : *braz-der*, grandeur ; *tom der*, chaleur ; ceux en *ek*, quand ils désignent un lieu : *kaol-ek*, lieu planté de choux ; *dervenn-ek*, chênaie ; les noms en *gez*, formés des possessifs en *ek* : *amez-eg-ez*, voisinage ; *ti-eg-ez*, ménage ; les noms en *lez* : *mad-elez*, bonté ; ceux en *oni* : *braz-oni*, arrogance ; ceux en *erez*, quand ils désignent l'objet qui fait l'action et le lieu où on la fait : *bara-erez*, boulangerie ; *kig-erez*, boucherie ; ceux en *adurez* : *berradurez*, abrègement ; les noms de nombre ordinaux en *ved* : *eun drived*, un tiers.

Seraient masculins les noms en *ek* indiquant la profession : *belek*, prêtre ; *brezonnek*, le breton ; ceux en *ed* : *boed*, l'aliment ; *kleved*, l'ouïe ; ceux en *en* quand cette désinence ne dénote pas un singulier déterminé, et ceux en *enn* : *loen*, bête ; *brenn*, son ; ceux en *erez* quand ils expriment l'action : *goaperez*, moquerie ; ceux en *adur* : *breinadur*, pourriture.

Les noms en *en*, quand ils expriment un singulier déterminé, sont du féminin au singulier et du masculin au pluriel : *logoden*, souris ; *mézen*, gland.

Les noms en *ad* prennent le genre du substantif dont ils sont dérivés : *bag*, bateau étant du féminin, *bagad*, batelier, sera aussi du féminin.

En écossais on distingue les divers genres tantôt par leurs terminaisons, tantôt par leur sens.

a) *Désinences.*

Les noms dont la dernière voyelle est *a, o, u* sont généralement du genre masculin : *bord*, la table ; *ceo*, brouillard ; *cath*, bataille ; *brôn*, chagrin ; *clagan*, petite sonnette.

Les dérivés en *ach, adh, as, air, ear, eir, iche* et *ire* qui signifient des agents sont aussi du masculin : *marchadh*, cavalier ; *connadh*, bois de chauffage ; *ceartas*, juge ; *sgoilear*, écolier ; *sgéùlaiche*, narration.

Les noms dont la dernière voyelle est *i*, les dérivés en *achd*, les diminutifs en *ag* sont féminins : *muir*, la mer ; *riogachd*, royaume.

Cependant les noms en *air*, *oir*, *ire* et *iche* sont masculins : *cubair*, tonnelier ; *cleasaiche*, charlatan.

La plupart des noms contenant *ua* sont féminins : *cuach*, une coupe ; *cluas*, l'oreille, excepté *cuan*, *fuath*, *gual*, *tuar*, etc., etc.

b) Sens.

Les noms des éléments, des saisons, des jours de la semaine, des métaux, couleurs, grains, légumes, liqueurs et bois sont du masculin : *teine*, feu ; *earrach*, printemps ; *di-lùain*, lundi ; *iaran*, fer ; *cruineachd*, froment ; *leann*, bière.

Les noms de maladies, de pays, des corps célestes sont du féminin : *a bhuidheach*, jaunisse ; *aghriùthach*, rougeole ; *ghrian*, soleil ; *ghealach*, lune.

Quelques noms sont masculins dans un canton et féminins dans un autre.

Ce qui est curieux, c'est qu'au point de vue grammatical *boirionnach*, femelle, *capull*, jument, *mart*, vache, sont masculins et *sgalag*, domestique de ferme, féminin.

Le gallois ne connaît non plus que le masculin et le féminin, et par conséquent doit répartir les objets inanimés entre ces deux genres ; il semble avoir consulté dans ce but le degré d'énergie. Quelques noms sont à la fois masculins et féminins, par exemple : *dyn*, personne ; *cyfynder*, cousin, suivant qu'on le fait suivre des mots *mwyn*, *fwin* ; d'autres ont à la fois les deux sens (épicènes) *plentyn*, enfant ; *babon*, baby ; *rhiant*, parent ; *colomen*, pigeon ; *cwningen*, lapin ; *ysgy farnog*, lièvre.

Les noms inanimés appartiennent au genre masculin ou au genre féminin d'après leurs voyelles, ou s'il s'agit de noms dérivés ou composés, d'après leurs affixes, en suivant les règles ci-après :

Les noms simples qui renferment *w* ou *y* sont masculins : *pwn*, paquet ; *dwrn*, poing ; *hyd*, longueur ; *bwyd*, nourriture ; *pryd*, apparence ; *byd*, monde ; *dwfr*, eau.

Ceux en *o* ou *e* sont féminins : *tôn*, vague ; *brôn*, poitrine ; *gwen*, sourire ; *gên*, joue ; *nêf*, ciel.

Les autres n'ont pas de critère.

Les noms composés suivent le genre du second composant, mais, si par hasard le génitif ou l'adjectif était placé le dernier, on suivrait le genre du premier composant.

Les noms dérivés ont un critère dans leurs affixes.

Les suffixes *ad, iad, had, ant, aint, iant, deb, ter (der), did (tid), dyd (tyd), dod, dawd, dra (tra), edd, i, ineb, ioni, ni, rwydd, ur, adur, uch, ydd, yn,* donnent le masculin.

Il en est de même de *awdr (odr), cyn, eù (aù), el, id (yd), ing, ol, on, awr, w, wg, wy, yf, yll, yr.*

Les suffixes *aeth, iaeth, aey, eg, as, ed, ell, en, es, fa, ig,* indiquent le genre féminin. Il en est de même de *ain, ien, eb, iar, ied.*

Le suffixe *ach,* quand ils désigne une personne, indique le masculin ; quand il s'agit d'une chose, le féminin. Il en est de même de *in. Og (awg)* est tantôt masculin, tantôt féminin ; il est toujours féminin lorsqu'il remplit la fonction de diminutif.

Les suffixes *ain, an* et *od* sont masculins ou féminins suivant le genre du mot auquel ils sont suffixés.

Le suffixe *ai,* quand il s'applique à des êtres animés, est du genre commun : *telynai,* un ou une harpiste ; il est masculin quand il s'agit d'une chose ou d'un instrument.

Les noms propres d'objets sont du même genre que les noms communs auxquels ils se rapportent. Le mot *gwlad,* pays, étant féminin, tous les noms propres de pays sont du féminin.

On peut comparer le mot français : *automobile,* du genre féminin à cause du mot : *voiture* sous-entendu.

Les modes infinitifs des verbes employés substantivement sont masculins.

Beaucoup de mots sont masculins dans un district et féminins dans l'autre.

Allemand et Anglais.

L'*allemand* a gravement altéré la distribution des genres faite par l'indo-européen. Cette altération a eu pour facteur la chute des désinences, ainsi que l'analogie. Par exemple, le mot *fluth* devrait être masculin comme terminé en *th,* en gothique *flo-du-s* et en vieil allemand *fluot,* masculin, est devenu féminin par analogie des féminins en *ti : bucht ;* de même le latin *fructus,* masculin, est devenu *frucht,* féminin.

L'irrégularité est donc devenue extrême. Il en était de même en anglo-saxon, mais dans le moyen anglais toutes les voyelles finales disparaissent, cela occasionne une refonte où le genre logique finit par l'emporter.

Il y a dans la distribution, entre le grec et le latin d'une part et l'allemand de l'autre, des différences remarquables.

Le mot *soleil* est en grec et en latin masculin : *helios, sol ;* en allemand, féminin : *die sonne ;* en russe, neutre : *solntse.*

Le mot *lune* est du féminin en latin et en grec : *luna,* p. *lucna, selênê,* du masculin en allemand : *der mond.*

L'anglais est parvenu, après une longue évolution et après un extrême désordre, à opérer le classement le plus logique qui existe.

Tout mâle est du genre masculin, toute femelle du genre féminin ; les choses inanimées et les animaux sont du genre neutre, à moins qu'on ne veuille indiquer le sexe de l'animal,

Cependant, en ce qui concerne un certain nombre d'animaux domestiques, le sexe masculin ou féminin est indiqué, mais en employant pour chaque sexe une racine différente :

Boar, verrat, fém. *sow; bull,* taureau, fém. *cow; buck,* daim, fém. *doe; colt,* poulain, fém. *filly; cock,* coq, fém. *hen; dog,* chien, fém. *bitch; drake,* canard, fém. *duck; gander,* jars, fém. *goose ; horse,* cheval, fém. *mare; ram,* bélier, fém. *ewe ; stag,* cerf, fém. *hind.*

D'autre part, les mots *ship* et *boat,* vaisseau et bateau, sont du genre féminin.

On distingue le sexe de quelques animaux en ajoutant *ess : lioness, leopardess,* ou l'on ajoute *hen* pour distinguer le féminin et *cock* pour le masculin :

Cok-sparrow, hen-sparrow ; pea-cock ; pea-hen.

Dans le style poétique on attribue le féminin aux nations, aux vertus et aux vices :

L'allemand moderne établit les quelques règles pratiques suivantes :

En général, les mots qui expriment le sexe ou genre naturel suivent ce genre, cependant il y a quelques exceptions : *das weib,* la femme ; *das huhn,* la poule; *das frauenzimmer,* la jeune fille.

Quant aux êtres inanimés, ils sont souvent du masculin ou du féminin.

Sont masculins : 1° les noms de mois et de jours, excepté *die hornûng*, février ; *die woche*, la semaine ; *das Iahr*, l'année ; 2° ceux des quatre points cardinaux ; 3° ceux des vents ; 4° ceux terminés en *ling*, comme *lehr-ling*, l'apprenti ; 5° beaucoup de substantifs en *er* et en *en*, les premiers noms d'agents : *der seiler*, le cordier ; *der garten*, le jardin.

Sont féminins : 1° les noms de fleurs, sauf quelques exceptions ; 2° ceux de fruits, sous la même réserve ; 3° les noms de la plupart des arbres, excepté ceux qui contiennent le composant *baum* ; 4° les noms abstraits en *heit*, *keit* et ceux en *in* ; 5° ceux en *ung* et en *schaft* ; 6° la plupart des noms de rivières, excepté *der Rhein*, *der Mein*, *der Neckar*.

Sont neutres : 1° les diminutifs, même lorsqu'il s'agit des êtres animés ; 2° les noms collectifs et les itératifs ; 3° les parties du discours prises substantivement ; 4° les lettres de l'alphabet ; 5° la plupart des métaux ; 6° les noms de pays, villes et bourgs, excepté : *die Sweiz*, *die Laûsitz*, *die Moldaû*, *die Mark*, *die Pfalz*, ainsi que ceux qui finissent en *ei*.

Langues slaves.

Parmi les langues slaves (lesquelles possèdent les trois genres), en règle c'est le sexe naturel qu'on suit, cependant les noms des objets inanimés et abstraits terminés par *ier* dur ou en *ï* et quelquefois en *ier* doux sont masculins : *dom*, maison ; *pokoy*, repos ; *koràbl*, navire. De même, les noms inanimés ou abstraits, terminés en *a*, *ia* et quelquefois *ier* doux sont du sexe féminin, *kniga*, livre ; *pulia*, balle ; *dobro dietel*, la vertu. Le neutre comprend les êtres animés dont le sexe n'est pas indiqué : *ditia*, enfant et les êtres inanimés et abstraits terminés en *o*, *e* et *mià* : *zoloto*, or ; *more*, mer ; *vrémia*, temps.

Les noms qui désignent une espèce d'animaux sont du masculin ou du féminin suivant leur terminaison.

Masc. : *tcheloviek*, homme ; *sokol*, faucon ; *okun*, perche ; fém. : *obeziana*, singe ; *sobàka*, chien ; *lochad*, cheval ; *chuka*, brochet.

Les mots terminés en *ier* sont très nombreux, et nous venons de voir qu'ils se répartissent entre le masculin et le féminin ; voici le critère de cette répartition.

Sont masculins, outre ceux de genre **naturel** masculin :
1° les mois, 2° les objets agissants, quoique inanimés :
tchislitel, le numérateur ; *mnojitel*, le multiplicateur ; les
noms communs des êtres animés : *gus*, une oie ; excepté
quelques-uns qui sont féminins ; 3° les noms propres de
villes, lacs et lieux, tant russes qu'étrangers.

Sont féminins : 1° les noms abstraits : *jizn*, vie ; *tchest*,
honneur, excepté quelques-uns ; 2° les noms des rivières
et des contrées ; 3° les noms communs des êtres inanimés,
comme *brov*, sourcil ; *vietv*, branche ; *tserkov*, église. On
voit que le féminin joue en partie le rôle du neutre.
Cependant il existe une vaste liste de ces noms qui sont
masculins. Elle est donnée par Reiff dans sa grammaire
russe et il serait inutile de la reproduire ici, on peut remarquer que la plupart des noms qui y sont compris finissent
par *l, r*, quelquefois *n*.

D'autre part, les noms empruntés aux langues étrangères
et terminés en *i, où, iou* se mettent au masculin, s'il s'agit
d'un être animé, et au neutre dans le cas contraire.

Il y a des noms épicènes, c'est-à-dire servant sans modification pour le masculin et le féminin, ce sont quelques-
uns terminés en *a* et en *ia* : *brodiaga*, vagabond et vaga-
bonde ; *plàksa*, pleureur et pleureuse ; *xanja*, hypocrite,
etc. Il y en a d'autres dans ce cas : *drug*, qui signifie ami
et amie ; *ditia*, enfant des deux sexes ; *osoba*, personne.

Les noms mobiles marquent leurs féminins en ajoutant
a, ia, ka, ovka, ixa, itsa, nitsa, inia, cha : *kozel*, bouc,
koza ; *test*, beau-père, *tèchtcha* ; *lgun*, menteur, *lgunia* ;
jid, juif, *jidovka* ; *chut*, bouffon, *chutixa* ; *starik*, vieillard, *starixa* ; *samets*, mâle, *samka* ; *bog*, dieu, *bogina*.

Pour certains noms on emploie des racines différentes :
otets, mat, père, mère ; *syn, dotch*, fils, fille ; *bratr, sestr*,
frère, sœur ; *byk, korova*, bœuf, vache ; *piétux, kuritsa*,
coq, poule ; *baran, ovtsa*, bélier, brebis.

En tchèque, sont masculins :

1° Ceux qui le sont d'après le genre naturel ;

2° Ceux qui se terminent par une consonne dure : *h, ch,
k, r, d, t, n : roh*, la corne ; *orzech*, la noix,

3° Beaucoup de ceux qui se terminent par *b, p, v, f, l,
m, z, s : dub*, le chêne ; *kov*, le métal ; *topol*, le peuplier.

4° Beaucoup de ceux qui se terminent par une consonne
molle : *pokoj*, chambre ; *nozh*, couteau.

Sont féminins :

1° Ceux qui le sont d'après le genre naturel : *matka*, mère ;
2° Presque tous ceux en *a* : *noga*, pied ;
3° Beaucoup en *ê (e)* : *rozhe*, la rose ;
4° Beaucoup de ceux terminés par une consonne molle :
rzetch, discours ; *jablon*, pommier ;
5° Très peu de noms en *i* : *pani*, dame ; *roli*, champ.

Sont neutres :

1° Les noms finissant en *o* ;
2° Beaucoup en *ê* ou *e* ;
3° La plupart des noms en *i*.

En polonais, la répartition entre les trois genres se fait
d'abord d'après le sexe naturel, cependant il existe des animaux pour lesquels on ne distingue pas le sexe ; alors ce
sont les terminaisons qui décident : *borsuk*, le blaireau ;
bobr, le castor ; *zaiats*, le lièvre ; *kret*, la taupe ; *krok*, le
corbeau ; *waz*, le serpent, sont du masculin ; *sowar*, le
hibou ; *stoka*, la pie ; *wina*, corneille ; *mysz*, souris ; *zaba*,
la grenouille, sont du féminin. Souvent les noms animés
sont épicènes, c'est-à-dire que la même forme sert pour les
deux genres : *sluga*, serviteur et servante ; *sirota*, orphelin
et orpheline ; si l'on veut distinguer, on ajoute un adjectif
et l'on dit : *wierny sluga*, serviteur fidèle, et *wierna sluga*,
servante fidèle.

Les êtres inanimés sont masculins, féminins ou neutres
d'après leur terminaison.

Masculins :

1° Ceux terminés par une consonne dure : *dab*, chêne ;
ogrod, jardin ; *tref*, hasard ; *rôg*, corne ; *strach*, effroi ;
rok, année ; *stol*, table ; *dom*, maison ; *dzwon*, cloche ;
sklep, boutique ; *wor*, sac ; *klos*, épi ; *plot*, haie ; *staw*,
étang ; *woz*, char.

Excepté les substantifs féminins en *w* : *brew*, sourcil ;
konew, aiguière.

2° Ceux en *cz, dz, rz, sz, szcz* : *placz*, pleurs ; *pieprz*,
poivre ; *deszcz*, pluie.

Excepté les féminins en *cz* : *ciecz*, fluide ; *rzec*, choses ;
gorycz, amertume et quelques autres ; en *rz* : *twarz*, visage
et *potwarz*, calomnie, et en *sz* : *kokosz*, poule ; *mysz*, souris ; *roskosz*, délice ; *wesz*, pou.

3° Ceux terminés par une des consonnes molles : *c, j, l, n, s : koniec*, fin ; *kraj*, pays ; *bol*, douleur, etc.

Excepté les mots suivants féminins : *moc*, force ; *noc*, nuit ; *kolej*, roue ; *gardziel*, gosier ; *kapiel*, bain ; *kadziel*, quenouille ; *pos'ciel*, garniture de lit ; *sol*, sel ; *szerwien*, cœur au jeu de cartes ; *pieczen*, rôti, ; *ges*, oie ; *piers*, poitrine, etc.

4° Tous les noms de mois.

Féminins :

1° Tous les substantifs terminés par la voyelle *a*, excepté les noms d'agents : *dawca*, donateur, etc. ;

2° La plupart des noms terminés par une des consonnes molles : *c, dz, sc, zh, z*, excepté quelques-uns.

Neutres :

Tous les substantifs terminés en *e, ê, o*, sans aucune exception : *pole*, champ ; *ciele*, veau ; *sukno*, drap.

Les noms de pays, de villes, rivières et montagnes sont, suivant leurs terminaisons, du masculin, du féminin ou du neutre.

En albanais, le féminin des adjectifs les convertit en un substantif abstrait : *e kékize-a*, le mal ; *e mira-a*, le bien ; le féminin des pronoms démonstratifs correspond à *ceci, cela* ; il y a donc la plus grande analogie entre ce féminin et le neutre des autres langues.

On controverse si le neutre existe dans la langue albanaise.

En italien, le critère d'après les terminaisons est très régulier. Sont masculins les mots en *o*, féminins ceux en *a* ; sont tantôt masculins, tantôt féminins, ceux en *e*.

Certains noms d'hommes en *a : artista, legista*, etc., sont cependant masculins et prennent *i* au pluriel. Certains noms en *o* prennent au pluriel l'*a* féminin : *il uovo, le uova* ; *il pajo, le paja*. Quelquefois le pluriel a les deux désinences : *il braccio*, pl. *i bracci* et *le braccia* ; *l'osso*, pl. *i ossi* et *le ossa*.

Le français a réduit les trois genres du latin à deux : le masculin et le féminin ; nous avons vu d'une manière générale comment les langues néo-latines ont modifié la distribution des genres.

Le français ancien et même le bas latin avaient déjà supprimé le neutre et l'avaient réuni au masculin ; on trouve dans Plaute : *dorsus, œvus, collus, cubitus, gutturem* ; dans les inscriptions antérieures au quatrième siècle : *brachius, monumentus, collegius, fatus* ; dans la Lex salica : *animalem, retem, tectus, stabulus, judicius, placitus, membrus, vestigius, precius, folius, palatius, templus.*

Cependant d'autres substantifs neutres se réunissent au féminin pour une cause très singulière, une véritable confusion. Les substantifs neutres pluriels en *a*, comme *pecora* sont traités de la même manière de *rosa*, on en fait, grâce à cette coïncidence, des substantifs féminins ; on trouve au cinquième siècle les accusatifs suivants : *pecoras, pergamenam, pecoram, vestimentas.*

Les noms abstraits en *or*, masculins en latin, deviennent féminins en français : *dolorem*, la douleur ; *calorem*, la chaleur. Au seizième siècle, les savants essayèrent de revenir au genre latin ; ils n'y réussirent pas, si ce n'est pour *honneur* et *labeur* qui sont redevenus masculins et pour *amour* qui a les deux genres.

Le français actuel a le genre naturel et le genre artificiel, c'est-à-dire s'appliquant aux choses. Mais le genre naturel ne s'applique pas à tous les êtres pourvus de sexe parmi les animaux, la plupart sont assimilés aux noms de choses : *le serpent, la fourmi* ; on ne tient compte du sexe que pour les animaux domestiques ou très usuels : *le taureau, la vache*, etc. Pour préciser le sexe, on est obligé d'ajouter les mots *mâle* ou *femelle*.

Les noms masculins en latin le sont, en général, restés en français, mais il y a de nombreuses exceptions sous l'influence de l'*e* muet final dérivé de l'*a* latin, qui les fait tourner au féminin : *pulex*, puce ; *alveus*, auge ; d'autre part, les masculins latins en *or* sont devenus féminins en français.

Les noms féminins latins sont restés féminins, mais il y a aussi de nombreuses exceptions, venues surtout de la suppression de l'*e* muet final dérivé de l'*a* : *spica*, l'épi. Cette suppression n'est pas nécessaire : le féminin *platanus* est devenu *le platane*, le féminin *porticus* est devenu *le porche* et même dans le français savant *le portique*.

Les noms neutres latins sont devenus pour la plupart du masculin : *aurum*, l'or ; *pratum*, le pré ; *incendium*, l'incendie ; *allium*, l'ail ; *vitrum*, le verre ; *sœculum*, le siècle.

Quelquefois pourtant le neutre est devenu féminin : *oleum*, l'huile ; *hordeum*, l'orge ; *stabulum*, l'étable ; *studium*, l'étude ; *fulgur*, la foudre ; *mare*, la mer.

Il faut y ajouter les neutres pluriels latins déjà signalés dont la terminaison s'est confondue avec les noms en *a* du singulier féminin : *festa*, fête ; *folia*, feuille ; *gaudia*, joie ; *grania*, graine ; *labra*, lèvre ; *opera*, œuvre ; *vela*, voile ; les noms de fruit ont suivi ce processus : *cerasum, cerasa*, la cerise ; *frangum, franga*, la fraise ; *morum, mora*, la mûre ; *pomum, poma*, la pomme.

Malgré ces données générales, il faut, pour déterminer le genre des êtres inanimés, faire des observations spéciales.

Ce genre se détermine tantôt, mais plus rarement, par le fond, tantôt par la forme.

En ce qui concerne le sens, sont masculins les noms de métaux : *le fer, le cuivre* ; les poids et mesures et monnaies du système décimal : *le mètre, le litre* ; les saisons, les mois, les jours : *hiver, automne, avril*. Sont féminins, les noms des fêtes : *la Toussaint*, excepté *Noël* et *Carnaval* ; les noms des sciences : *la grammaire, la chimie*.

Les substantifs-adjectifs désignant des choses abstraites, sont masculins ou féminins suivant le genre du nom sous-entendu : le *fossile* (corps), un *hongre* (cheval), une *canine* (dent), une *initiale* (lettre), un *parallèle* (cercle), une *parallèle* (ligne).

Les noms des montagnes et des chaînes de montagnes employés au singulier sont masculins : le *Parnasse*, le *Jura* ; les chaînes de montagnes au pluriel ont un genre déterminé par la forme : les *Vosges* (fém.), les *Appennins* (masc.).

En ce qui concerne la forme :

Sont féminins la plupart des noms terminés par un *e* muet, représentant l'*a* latin :

Le bouilli, la bouillie ; le lien, la liane ; le parti, la partie ; le pli, la plie ; l'oubli, l'oublie ; le pic, la pique ; le lac, la laque ; le but, la butte ; le cap, la cape ; le cours, la course ; le gaz, la gaze ; le bal, la balle ; le col, la colle ; le fil, la file ; le mur, la mûre ; le sol, la sole.

Mais l'*e* final ne représente pas toujours l'*a* latin ; il y a des noms en *e* qui sont masculins : l'*antre*, le *chêne*, l'*éloge*, le *porche*, le *verre*.

Les noms des parties du monde, de pays et de provinces, de fleuves et de villes sont féminins quand ils se terminent par *e* ou *es*, masculins dans le cas contraire : l'Asie, le Danemark, la Lorraine, le Piémont, Paris, Rome ; mais il y a de nombreuses exceptions : pays : le Bengale, le Hanovre, le Mexique, le Maine ; fleuves : ceux de la Grèce et de l'Ancienne Asie, ceux de la mythologie : 1° le Tigre, l'Euphrate, le Cocyte qui sont masculins ; 2° le Rhône, le Danube, l'Elbe, etc., masculins aussi ; les noms de fleuves en *a* : la Neva, la Plata, la Guadiana, qui sont féminins ; villes : Athènes, Gênes, qui sont féminins, et Londres, Versailles, masculins ; dans les noms précédés de l'article, l'*e* final n'a plus d'influence : le Caire, le Havre, la Rochelle ; sont féminins : Jérusalem, Sion, Tyr, Ilion.

Certains substantifs changent de genre en changeant de signification : la critique, le critique ; la manche, le manche ; il n'y a pas lieu de s'y arrêter ici.

Mais il y a des noms à genre commun, par exemple *esclave* qui s'entend aussi bien d'une femme que d'un homme.

Une particularité du français consiste à donner un genre au singulier et un autre au pluriel au même substantif ou bien ils passent de l'un à l'autre sans changer leur sens fondamental, mais en le nuançant.

C'est ainsi que :

Amour, *délice* et *orgue* sont masculins au singulier et féminins au pluriel.

Couple est féminin dans le sens de deux êtres réunis accidentellement et masculin dans celui de deux êtres moralement unis.

Foudre est féminin au sens propre et masculin au sens figuré.

Pâques, fête des juifs, est féminin ; au contraire, fête des chrétiens, ce mot est masculin au singulier et féminin au pluriel.

Dans l'ensemble des langues romanes il faut observer que la distribution entre les genres faite par le latin a été souvent modifiée.

Les féminins en *a* deviennent masculins en latin quand ils s'appliquent à une personne par exemple ; *persona* devient souvent masculin ; en espagnol, *el cura*, le curé, *el justicia*, le juge (en vieux français : la justice) ; *lengua*, l'interprète ; de même, en français : l'*aide* (l'homme qui aide) ; en provençal : *bada*, le garde ; en italien : *camerata*, en espagnol : *camarada*, le camarade ; en italien : *corneta*, le cornette ; en provençal : *crida*, le crieur ; en français, *le manœuvre*, à côté de : *la manœuvre ; corneta* est partout féminin, mais *planeta* est masculin en italien ; *copula*, devenu : *couple*, est masculin et féminin en français ; *fenestre*, en vieux français, était masculin ; *lacerta* est devenu masculin dans le français : *lézard* et l'èspagnol *lagarto ; spica* est devenu masculin dans *épi*, et *ungula* dans *ongle*.

La désinence *us* est devenue souvent féminine : *alveus*, auge ; *arcus*, arche ; *asparagus*, asperge ; *circulus*, italien : *cerchia ; fructus*, ital. *frutta*, espagnol *fruta ; gradus*, esp. *grada*, prov. *grazza*. Tous les féminins de cette désinence en latin sont devenus masculins : *abyssus, acus, domus, porticus, vannus*, ainsi que tous les noms d'arbres : *alnus, buxus, cypressus, ebenus, ebulus, fraxinus, ficus, laurus ; manus* est le seul mot qui, malgré sa finale, reste féminin ; pourtant on trouve : *lo man destre, los mas*. Les diminutifs passent souvent du féminin au masculin.

La finale *er, or, os, ur, us (ôris)* subit, quant au genre, aussi des transformations ; *cârcer* est devenu féminin, ainsi que *passer ; uter*, ital. *otre*, esp. *odre*, prov. *aire* y est devenu masculin, il est féminin dans le français : *outre ; flos* n'est masculin que dans l'italien *fiore*, partout ailleurs il est féminin : *lepus* devient masculin dans le français *lièvre* et dans le roumain *iepure*, il est féminin partout ailleurs ; *turtur* est féminin dans le vieux français *tourtre*, il est masculin ailleurs. Les masculins en *or, oris* conservent leur genre en italien et en espagnol, où cependant *color* est quelquefois masculin ; ils sont féminins en provençal et en roumain.

Les finales *as, es, is, us* sont masculines : *limes*, ital. *limite*, mais français, au féminin, *limite ; paries*, ital. *pariete*, esp. *pered*, mais français *parvis*, et roumain *perede*, fém. ; *caulis*, ital. *cavolo*, fr. *chou*, masc. ; *crinis*, esp. *crin*, fém. ; ital. *crine*, fr. *crin*, masc. On voit combien dans cette dérivation les langues varient.

Il en est de même dans les terminaisons en *ns, rs*, etc.

Les neutres deviennent souvent féminins ; voici des exemples de cette conversion : *apium*, ache ; *cochlearium*, cuiller ; *hordeum*, orge ; *oleum*, huile ; *stabulum*, étable ; *stu-*

dium, étude ; mais d'autres langues ont conservé le masculin : ital. *apio, chuchjajo, orzo, oli, stabbio*.

Beaucoup de noms ont changé de genre par la confusion du pluriel neutre en *a* avec la première déclinaison latine féminine en *a*.

De toutes les langues néo-latines c'est le français dont les désinences sont tombées ou se sont assourdies, qui modifie le plus profondément la répartition des genres.

CHAPITRE XII

Expression du genre

La grande famille indo-européenne possède trois genres : le masculin, le féminin et le neutre. Il ne faut pas confondre ce dernier avec l'inanimé de certaines langues.

Le masculin et le féminin ne se cantonnent point à ce qui est naturellement mâle ou femelle, ils ont fait une large brèche dans le domaine du neutre.

Il semble que cette famille n'a point possédé originairement la catégorie du genre. Ce qui semblerait le prouver, c'est que les noms de parenté ne portent aucun indice du féminin et expriment les deux genres par l'emploi de racines différentes, par exemple : *pi-tar*, père ; *ma-tar*, mère ; *bhra-tar*, frère, et *swas-ar*, sœur. En outre, tandis qu'en chamitique et en sémitique le verbe en porte largement la trace, cette trace n'existe pas ici, ce qui semble établir une naissance tardive.

Le féminin se serait détaché peu à peu du masculin, en employant le suffixe *i, ya.*

Le neutre ne serait né que beaucoup plus tard, il ne contient d'ailleurs qu'un nombre de cas limité ; chez lui, le nominatif et l'accusatif sont identiques.

Quoi qu'il en soit, voici le domaine du genre sexualiste dans les langues européennes :

Chacun des genres influe sur la déclinaison du substantif.

Le neutre influe fort peu, il établit seulement à chaque nombre l'accusatif et le vocatif semblables au nominatif.

Le féminin a une influence profonde ; il possède même

une déclinaison qui lui est propre, celle en *à* et en *i* dérivés de l'indice féminin *ja*.

Voici, par exemple, en sanscrit *sènà* dérivé de *senaja*, l'armée. Nous donnons par opposition le mot *ashwa-s*, cheval, également vocalique :

	MASCULIN	FÉMININ
	Singulier	
nom.	*ashwa-s*	*sènà*
acc.	*ashwa-m*	*senàm*
gén.	*ashwa-sja*	*senàjas*
dat.	*ashwa-a*	*senajai*
abl.	*ashwàt*	*senajàs*
inst.	*ashwà, ashwenà*	*senajà, sènà*
loc.	*ashwè*	*senajam*
voc.	*ashwa*	*sènè*
	Duel	
n. a. v.	*ashwà (au)*	*sènè*
d. a. i.	*ashwà-bhjàm*	*sèna-bhjam*
g. l.	*ashwos, ashwajos*	*sènaj-ôs*
	Pluriel	
nom.	*ashwàsas*	*sènàs, sènàsas*
acc.	*ashwàn*	*sènàs*
gén.	*ashwà-n-an*	*sènà-n-àm*
dat. abl.	*ashwè-bhjas*	*sènà-bhyas*
inst.	*ashwè-bhis, ashwais*	*sènà-bhis*
loc.	*ashwè-su*	*sènà-su*

De même en latin :

	MASCULIN, *equus*	FÉMININ, *familia*
	Singulier	
nom.	*equu-s*	*familia*
acc.	*equu-m*	*familiam*
gén.	manque	*familias*
dat.	*èquo*	*familia*
abl.	*equo (d)*	*familia (d)*
inst.	manque	manque
loc.	*equi*	*familia*
voc.	*eque*	*familia*

Pluriel

nom.	*equi*	*familiæ*
acc.	*equos*	*familias*
gén.	*equo–r–um*	*familiarum*
dat. abl.	manque	*familiabus*
inst.	*equis*	*familiis*
loc.	manque	manque

L'adjectif suit les mêmes modèles.

Le pronom personnel de la 3ᵉ personne a pour indice le paradigme suivant :

		MASCULIN	NEUTRE	FÉMININ
Sing. :	nom.	*sa–s*	*ta–d*	*sà*
	acc.	*ta–m*	*ta–d*	*tà–m*
	gén.	*ta–sya*		*tasjàs*
	datif	*tasmai*		*tasjâi*
	obl.	*tasma–t*		*tasjàs*
	inst.	*tènà*		*tajà*
	loc.	*tasmin*		*tasjam*
Duel :	n. a.	*tà (tau)*	*té*	*tè*
	d. a. i.	*ta–bhjàm*		*tà–bhyàm*
	g. l.	*taj–ôs*		*tàj–ôs*
Plur. :	nom.	*tè*	*tà–tàni*	*tàs*
	acc.	*tà–n*	*tà–tàni*	*tàs*
	gén.	*tè–s–am*		*tà–s–àm*
	d. a.	*té–bhjas*		*ta–bhjas*
	inst.	*tè–bhis, tais*		*tà–bhis*
	loc.	*tè–su*		*ta–su*

Le verbe ne porte pas, en général, la catégorie du genre, mais il en est autrement pour un mode : le participe, lequel se règle comme l'adjectif :

En latin : *passus, passa, passum.*
En grec : *pherôn, pherousa, pheron.*

Nous ne donnons pas le paradigme des autres langues, il serait inutile ici.

Il faut noter que plusieurs langues slaves ayant employé, pour exprimer le passé, le participe, il en résulte que le passé reçoit ainsi indirectement la marque du genre ; en russe, par exemple : *liobil*, j'ai aimé, fém. *liobila*, neutre : *liubilo*.

Le sanscrit a les trois genres sexuels : le masculin, le féminin et le neutre. Il en est ainsi des autres membres de la famille indo-européenne, cependant plusieurs langues dérivées ont perdu le neutre. Ce sont le français, l'italien, l'espagnol, le portugais, les dialectes néo-celtiques, l'hindoustani, l'hindouï.

Le danois a les trois genres dans les pronoms de la troisième personne et les adjectifs possessifs·; il a perdu le féminin dans les noms, les pronoms possessifs et les pronoms.

Les langues qui, comme le français, ont perdu le neutre, ont dû redistribuer les noms neutres entre le masculin et le féminin ; une première distribution avait déjà été faite, car le sanscrit, le grec, le latin avaient déjà étendu le masculin et le féminin à beaucoup d'êtres inanimés.

Nous étudions ailleurs cette distribution et cette redistribution.

En *écossais*, le masculin et le féminin s'expriment sur le substantif de six manières différentes :

1° D'abord en employant des racines différentes ; c'est ce qui a lieu surtout pour les noms de parenté et les animaux :

Athair, père ; *mathair ; balachan*, garçon, *caileag ; biorach*, poulain, *loth ; boc*, chevreuil, *earb ; bodach*, daim, *cailleach ; brathar*, frère, *piuthar ; coileach*, coq, *cearc ; cù*, chien, *galla ; cullach, torc*, sanglier, *muc ; damh*, bélier, *atharla, agh ; drac*, canard ; *tunnag, duinè*, homme, *bean ; each*, cheval, *lar, capull ; fleasgach*, jeune homme, *maighdean ; ganra, jars, geadh ; mac*, fils ; *nighean ; manach*, moine, *cailleach dubh ; oide*, beau-père, *muime ; reithe*, bélier, *caora ; tarbh*, taureau, *bo*.

2° en préfixant *ban* pour le féminin :

Ban arach, laitière ; *ban-albannach*, écossaise ; *banacheile*, épouse ; *ban-iarla*, comtesse ; *ban-oglach*, servante ; *bain-tighearna*, dame.

3° En suffixant *firionn* pour le masculin et *boirion* pour le féminin :

Cat firionn, chat, *cat boirionn* chatte ; *laogh firionn*, veau, *laogh boirionn*, génisse.

Pour les oiseaux, c'est *boc* et *cearc* qu'on prépose ainsi.

Le *gallois* se sert de divers procédés pour indiquer le sexe naturel.

1° En employant différentes racines.

Noms d'animaux.

Adiad, canard, *hwyaden* ; *baedd*, sanglier, *hwch* ; *bustach* ou *eidion*, bouvillon, *anner* ; *ceffyl*, cheval, *caseg* ; *ceiliog*, coq, *iar* ; *ci*, chien, *gast* ; *hesbryn*, jeune brebis, *hesbin* ; *hwrdd*, bélier, *dafad* ; *tarw*, taureau, *buwch*.

Noms de parentés.

Bachgen, garçon, *geneth* ; *brawd*, frère, *chwaer* ; *carw*, *cefnder*, cousin, *cyfnither* ; *chwogrwn*, beau-père, *chwger* ; *daw*, gendre, *gwaidd* ; *ewythr*, oncle, *modrib* ; *gwas*, serviteur, *morwyn* ; *gwr*, mari, *gwraig* ; *mab*, fils, *merch* ; *nai*, neveu, *nith* ; *tad*, père, *mam* ; *tad cu*, grand-père, *mam gu* ; *priodfab*, fiancé, *priodferch*.

2° En ajoutant une terminaison :

Arglwydd, lord, *arglwydd-es* ; *dyn*, homme, *dyn-es* ; *brenin*, roi, *brenin-ess*.

Quelquefois cet *es* s'ajoute au pluriel du masculin : *llèidr*, voleur ; pl. *lladron* ; fém. *lladr-on-es*.

3° En changeant la terminaison *yn* en *en* : *asyn*, âne, *asen* ; *hogyn*, garçon, *hogen*.

On peut aussi changer *w* radical en *o* : *crwtyn*, petit garçon, *croten*.

4° En postposant les mots *gwrryw* ou *banyw* ou en préposant *ceiliog*, coq, au féminin, pour obtenir le masculin :

Eryr gwrryw, aigle, *eryr benyw* ; *colomen wrryw*, pigeon, *colomen fenyw* ; *ceiliog-wydd*, jars, *gwydd*, oie.

Le gallois possède une manière très originale de construire l'adjectif féminin ; il emploie le système de l'apophonie, modifiant la voyelle radicale.

Il change par exemple *w* en *o* :

Llwn, nu, *llom* ; *llwrf*, timide, *llorf* ; *rhwth*, ouvert, *rhoth* ;

thlus joli, *twos*; *twn*, brisé, *ton*; *dwl*, stupide, *dol*; *hwn*, celui-ci, *hono*.

Il change *y* en *e* :

Byr, court, *ber*; *cryf*, fort, *cref*; *chwyrn*, rapide, *chwern*; *gwyn*, blanc, *gwen*; *gwyrf*, frais, *gwerf*.

Ce système s'étend à certains adjectifs composés ou dérivés : *melyn*, *melen*; *bychan*, *bechan*; *tywyll*, *tywell*.

Il s'étend à certains mots de nombre : *deufed*, *trydydd*, *pedwerydd*; au fém. *dwyfed*, *trydedd*, *pedwaredd*.

Enfin un dernier système pour les adjectifs à consonne initiale mobile est que, si ces adjectifs suivent un nom féminin, la consonne s'adoucit :

Trwm, pesant, *careg drom*, pierre pesante; *da* bon, *dynes dda*, une bonne femme.

CHAPITRE XIII

Réduction hystérogène du genre

Il s'agit au présent chapitre d'étudier le stade d'évolution où le genre se réduit peu à peu et tend à s'éliminer.

Dans certaines langues c'est le neutre qui disparaît, dans d'autres c'est le féminin qui se réduit, dans d'autres enfin le féminin et le neutre disparaissent.

D'ailleurs tantôt le genre perd son expression seulement sur les substantifs, tantôt il le perd aussi sur le pronom personnel, étant atteint dans son concept.

1° Langues où il y a élimination hystérogène du genre inanimé ou neutre qui coexistait avec le genre sexualiste.

Le français est un exemple frappant de cette élimination, il a commencé et achevé l'absorption totale de l'inanimé, qui avait commencé dans la langue latine, il a supprimé le neutre et distribué tous les substantifs neutres entre le masculin et le féminin.

Comment cette élimination a-t-elle eu lieu ? A-t-on procédé à une distribution rationnelle ? Nullement, on a agi plutôt d'une manière mécanique. On a généralement conservé le féminin aux noms déjà féminins en latin et on a confondu le masculin et le neutre ; la confusion en était grammaticalement facile, car, sauf à certains cas, les désinences se confondaient déjà : *dominum, templum, dominorum, templorum, domino, templo,* tandis que les désinences féminines étaient plus distinctes. La confusion avait déjà eu lieu dans le bas latin ; on trouve dans Plaute : *dorsus, collus,* dans les inscriptions : *monumentos ;* dans la loi

13

salique *membrus*, l'analogie a été le principal facteur. Il y a cependant des exceptions : *stabulum*, l'étable.

Il en est de même des autres langues néo-latines : l'italien, l'espagnol, le portugais, etc.; elles ont éliminé l'inanimé ou neutre et distribué tous les êtres entre le masculin et le féminin. Par exception, l'espagnol possède les trois genres.

Il en est de même dans les langues néo-celtiques, elles n'ont conservé que le masculin et le féminin, le neutre est éliminé ; au contraire, le celtique commun le possédait.

L'hindoustani, l'hindoui et quelques autres langues dérivées du sanscrit ont aussi perdu le neutre et n'ont plus que le masculin et le féminin.

Comme on le voit, cette élimination du neutre s'opère dans des langues dérivées assez nombreuses, elle indique une invasion d'autant plus forte par la croissance de l'anthropomorphisme grammatical se réalisant par le sexualisme.

2º *Langues où il y a élimination hystérogène de l'extension du féminin.*

L'anthropomorphisme a causé, comme nous l'avons vu dans beaucoup de langues, par l'extension de la sexualité humaine, la suppression ou la réduction du genre inanimé et animé. La réduction est considérable dans le grec et le latin, la suppression est complète dans les langues sémitiques ; elle l'est aussi en français, en italien, en néo-celtique, en hindoustani ; dans ces dernières langues, c'est une situation hystérogène,

Mais l'effet hystérogène contraire est possible. L'expression du genre peut beaucoup s'affaiblir et celle du féminin disparaître presque entièrement.

En danois-norvégien, les substantifs ne conservent que le masculin et le neutre, le féminin étant éliminé ; mais cela n'est pas tout à fait exact, en ce sens que les trois genres se retrouvent sur les pronoms possessifs et les pronoms de la 3ᵉ personne.

En anglais, le processus est singulier. Le substantif ne semble non plus se rattacher à aucun genre, car l'article et l'adjectif qui s'y rapportent restent invariables. Mais le reflet du masculin, du féminin et du neutre se retrouve sur le pronom possessif *(his, her, its)*. Les pronoms conjonctifs, interrogatifs, démonstratifs ne portent la trace que de l'animé et de l'inanimé.

Seulement le masculin et le féminin ne se rapportent qu'au genre naturel, le féminin se cantonne aux femmes et aux femelles d'animaux, de même le masculin aux hommes et aux mâles ; tous les autres substantifs sont du genre neutre. Il y a donc, en réalité, un genre inanimé et un genre animé et ce dernier seul se subdivise en masculin et en féminin. Le rationalisme anglais a éliminé ici l'anthropomorphisme.

Il faut remarquer que des animaux peuvent être aussi du genre neutre, lorsqu'on ne prend pas en considération leur sexe, ce qui a lieu le plus souvent ; il s'agit ici d'un neutre spécial que nous avons déjà observé. Si l'on veut distinguer le mâle de la femelle, on le pourra en faisant précéder le mâle de *he*, il, et la femelle de *she*, elle : *wolf*, loup ; *she wolf*, louve ; de même, *man-servant*, domestique ; *maid-servant*, servant, servante.

Contrairement à cette règle, certains animaux sont du genre masculin et certains autres du genre féminin, sans considération du sexe réel. C'est ainsi que *cat*, chat et *hare*, lièvre, sont du masculin, tandis que *rabbit*, lapin ; *mouse*, souris ; *rat*, rat et *frog*, grenouille, sont du féminin, mais on peut toujours se servir du neutre ; il en est de même d'ailleurs en français, où cela se comprend mieux, les animaux, abstraction faite du sexe, étant considérés comme inanimés, puis étant repourvus de sexe : *le renard, la panthère, la grenouille, le loir.*

En outre, il subsiste quelques licences anthropomorphiques. C'est ainsi que le mot *ship* est toujours féminin, que *boat of war*, vaisseau de guerre, est masculin. Dans le langage élevé, *the sun*, soleil, est masculin, et *the moon*, la lune, est féminin, suivant la tendance déjà observée : *shame, ignorance, indolence, charity, beauty, equity, grace, virtue, vice*, etc.

Ce sont surtout les noms d'animaux dont le genre reste irrationnel. Nous en avons cité quelques-uns, il y en a qui sont tantôt masculins, tantôt féminins : *ant, bee, bird, butterfly, crow, dove, eagle, fox, hawk, lark, nightingale, owl, swan, worm.*

Certains poètes mettent à un genre varié les noms d'animaux : *eagle*, masculin chez Milton est féminin chez Walter Scott ; *glow-worm* est masculin chez Cooper et féminin chez Moore ; *swallow* change aussi de genre. *Time* est masculin même en prose, mais il est féminin chez Dryden. *Death* est du genre masculin en prose, il est féminin chez le poète Grey. Deux des saisons : *autumn* et *winter* sont masculins. Enfin, toutes les fois qu'on personnifie un objet, on peut lui donner le genre masculin ou le genre féminin.

3° *Langues où il y a élimination hystérogène du féminin et du neutre.*

Alors l'élimination est plus complète ; on peut l'observer dans le persan moderne.

Tout d'abord l'extension du genre masculin ou féminin aux choses inanimées n'a pas lieu.

Quant au sexe des êtres vivants, il existe bien, mais il ne constitue pas un genre grammatical. On le désigne de deux manières, en ajoutant les mots : *ner*, mâle et *màdi*, femelle : *gàmùchi ner*, le buffle, *gamuchi màdi*, buffle femelle ; *gurazi ner* et *gurazi madch*, sanglier et laie, ou bien en changeant les racines comme dans les langues primitives, mais nous avons vu que ce n'est pas là un véritable genre grammatical :

Goùtch, bélier, fém. *mich* ; *merd*, homme, fém. *zen* ; *pesèr*, garçon, f. *dukter* ; *ghalam*, serviteur, f. *keniz* ; *khu-roùs*, coq, f. *murgh* ; *esp*, cheval, f. *màdyàn* ; *verzoou*, bœuf, f. *gev*.

Par exception, il y a un véritable féminin chez les êtres inanimés en suffixant *oùn* : *khàn*, seigneur ; *khanoun*, madame ; *yàr*, ami, *yàràn* ; *bàn*, gardien, *bànoun*.

Le zend et l'ancien persan possédaient le masculin, le féminin et le neutre.

CHAPITRE XIV

Fonction grammaticale du genre

1° Fonction grammaticale du genre objectif coordonnant.

La première influence exercée l'est sur le substantif lui-même au moyen du pronom qui y est affixé comme un véritable article. Comme ce genre a des expressions différentes pour le singulier et pour le pluriel, voici les substantifs distingués les uns des autres quant au genre ou à la classe, aussi nettement que les substantifs français au moyen de l'article *le, la, les ;* beaucoup mieux même, car tandis que le pluriel *les* est des deux genres, il est différent ici pour chaque classe, aussi bien que le singulier ; d'autre part, les genres sont beaucoup plus nombreux que ne le sont en français le masculin et le féminin ; la différenciation lexiologique est ainsi complète.

La classe exprime donc sur le substantif à la fois le nombre et le genre, la catégorie quantitative et la catégorie qualitative. C'est là le premier résultat.

En cafre : *um-tu,* l'homme, *ba-tu,* les hommes ; *i-hashe,* le cheval, *isi-hashe,* les chevaux ; *ubu-so,* le visage, *isi-so,* les visages.

Mais la fonction de cette sorte de genre est beaucoup plus étendue. Nous envisagerons successivement les langues bantu et le woloff.

Dans les langues bantu, la classe du substantif indiquée par le pronom devenu article se réfléchit d'abord sur l'adjectif.

En cafre : *um-tu a u–na-ubu lumko,* l'homme sage (*a* est un relatif et *na* est le féminin de l'adjectif, *ubu* est l'indice propre à l'adjectif, *u* enfin est la répétition abrégée de l'*um* de *um-tu.*

13.

En suahili : *ma-ji ma-tama*, de l'eau douce ; *ma* du substantif se répète sur l'adjectif ; *ma-me ma-kubwa*, les pierres grandes ; *ku-fa ku-zuri*, une mort noble.

En bunda : *mu-ntu m baya*, un homme méchant ; *wa-ntu wa baya*, les hommes méchants.

La classe du substantif se réfléchit ensuite sur les autres substantifs en relation génitive ; ceux-ci conservent le signe de la classe qui leur est propre et surajoutent celui de la classe du substantif grammaticalement dominant.

En cafre : *ny umba y-a-Abdallah*, la maison d'Abdallah ; *m-ji w-a-m falmo*, la ville du chef (*a* pronom relatif, *m* genre de *falmo*, *w* abréviation de l'*w* de *m-ji*) ; *um-tu w-a-ili-zwe*, l'homme du pays (*w* répond à *um*).

Elle se réfléchit sur le pronom possessif, mais il y a sur celui-ci deux indices à la fois, celui du substantif qui le domine dans la proposition et celui du substantif qu'il représente.

En cafre, s'il s'agit du cheval du capitaine *in-kosi*, on dit : son cheval *i-hashe l-ayo* (*l* représente *ili*, pour *i*, du premier substantif : *hashe*) ; quant à *ayo*, il prend la classe d'*in kosi*. S'il s'agit de chevaux, au pluriel *ama-hashe*, on dit : leur nourriture *uku-tya ku awo* (*ku* se rapporte à *uku* ; *awo* se rapporte à *ama* de *ama-hashe*).

De même, réflexion sur le pronom personnel sujet du verbe qu'on doit toujours préfixer au verbe, même lorsque le substantif sujet se trouve dans la phrase.

Cela n'a lieu d'ailleurs qu'à la 3e personne.

En cafre, ce pronom est : 1re classe *u*, 2e *li*, 3e *i*, 4e *ti*, 5e *lu*, 6e *u*, 7e *bu*, 8e *ku*, 9e *b*, 10e *a*, 11e *zi*, 12e *i*.

U-Satani wa-kohlisa, Satan il-tente (le *wa* se rapporte à *u*).

· En suahali : *u-rlthi u-mepotea*, l'héritage a été perdu.

La classe influe aussi sur le pronom complément ; on le trouve alors cumulé sur le verbe avec la réflexion sur le pronom sujet.

En cafre : *u-Satani wa-m-kolisa u-Eva*, Satan séduisit Eve (*wa* représente l'*u* de *u-Satani*, *m* représente l'*u* de *u-Eva*).

Um-tu u-ya-wadela ama-zwi ami, l'homme méprise mes paroles (*u* représente l'*um* de *um-tu*, *ya* représente *ama* de *ama-zwi*.

Il y a réflexion sur le pronom relatif :

Um-tu i-gama l-ake di-li tondayo, l'homme le-nom son je l'aime : l'homme dont j'aime le nom (*l* se rapporte à l'*i*, pl. *ili* de *game* ; *ake* se rapporte à la classe de *um-tu* ; *li* se rapporte à l'*i* pour *ili* de *i-gama*).

Voici une phrase écrite en congolais qui contient l'application de ce vaste système :

o ma-todi	*ma-ma*	*ma-mpembe*	*ma-pwena*
les pierres	celles-ci	blanches	grandes

i ma-ù	*ma-ma*	*tw*	*am-wene*	*ezone*
ce sont	elles	nous	elles-vîmes	hier

Comme on le voit, la classe du genre bantou est un genre matériel, mais d'une extrême puissance ; il rend presque inutiles toutes les autres relations grammaticales, remplace la plupart des cas, au moins les principaux : le nominatif, le génitif, l'accusatif ; relie étroitement l'adjectif, le pronom, le verbe lui-même avec le substantif ; aucune amphibologie n'est possible, on peut appeler ces langues des langues à accord. Cette famille, comme on le sait, occupe toute l'Afrique australe. Elle a réalisé le mode de fonctionnement grammatical le plus parfait du genre.

Comme nous l'avons vu, le woloff possède un système qui lui ressemble beaucoup, mais dont il fait un usage moins étendu.

Cet usage se borne à faire influer la classe sur l'adjectif et le mot au génitif :

Suf su wow sa, la terre desséchée (trois *s* : *suf*, *su*, *sa*) ; *ntila mu tut mu*, le renard petit ; *kezini gu magat ga*, l'arbre vieux ; *gui gu magat ga*, le chameau vieux ; *mer u-m Yalla ma*, la colère de Dieu.

2º Fonction grammaticale du genre objectif subordonnant.

Nous avons étudié, tant au point de vue du concept qu'à celui de l'expression, les divers genres objectifs subordonnants, c'est-à-dire ceux qui ne se basent ni sur le classement coordonnant ni sur le classement subordonnant d'une manière subjective et sexualiste, et trouvé qu'ils renferment le genre intensif, le genre vitaliste, le genre logistique, le genre andrique et métandrique ; nous avons aussi indiqué en passant la fonction grammaticale de ces genres, c'est-à-dire l'accord réalisé par eux entre les diverses parties du discours.

Nous devons ici réunir tout ce qui a trait à cette fonction.

Il faut reprendre successivement : 1° l'animé et l'inanimé ; 2° l'anthropique et le métanthropique ; 3° l'andrique et le métandrique. Nous ne mentionnons pas ici l'intensif, parce qu'il ne produit d'accord que dans des cas tout à fait exceptionnels.

a) Genre vitaliste.

En cri, le genre se reflète sur le pronom démonstratif, l'interrogatif, l'adjectif ou plutôt le verbe adjectif, le verbe actif, (mais celui-ci s'accorde non avec le sujet, mais avec le complément direct), et sur le verbe passif.

De même en algonquin. L'adjectif ne reflète l'animé et l'inanimé que s'il suit le substantif. Le verbe les reflète comme en cri.

En tchérokesse, il n'y a pas, en général, d'accord, cependant le pronom possessif se modifie d'après cette distinction, même souvent par un changement total de racines, aussi bien au singulier qu'au pluriel et au duel.

En chiapanèque, la distinction a effet sur les mots de nombre et aussi sur l'adjectif.

On voit que le genre vitaliste, sauf dans les langues algonquines qui font exception, n'a presque aucun effet pour remplir une fonction grammaticale de relation.

b) Genre logistique.

La langue poul reflète l'anthropique et le métanthropique sur les pronoms démonstratifs et ceux de la 3ᵉ personne.

En opata, l'anthropique et le métanthropique se reflètent sur les mots de nombre et certains adjectifs.

c) Genre andrique et métandrique.

L'iroquois reflète cette différence des substantifs sur le pronom de la 3ᵉ personne, le pronom possessif et le verbe, de manière à constituer un véritable accord.

Le chiquita atteint ainsi le pronom de la 3ᵉ personne, le possessif et les verbes.

3° Fonction grammaticale du genre objectif et du genre subjectif cumulés.

Dans les familles linguistiques qui admettent ce cumul, le genre a une fonction très étendue d'accord.

Tout d'abord, parmi les langues du Caucase, le kazikumück fait accorder avec le substantif le pronom sujet à toutes les personnes et les pronoms obliques à la 3ᵉ ; il fait accorder quelquefois l'adjectif.

L'artschi marque la distinction non sur le substantif lui-même, mais sur le pronom sujet du verbe, sur l'adjectif attribut, sur le pronom de la 3ᵉ personne.

L'hürkan a cette particularité que le substantif lui-même ne marque pas son propre genre, mais celui de l'être dont il dépend : *w-âh*, le visage d'un homme ; *v-âh*, le visage d'une femme. Par une autre singularité, le genre affecte le substantif au locatif et reproduit sur lui celui du sujet ; l'adjectif s'accorde avec le substantif, soit lorsqu'il le qualifie, soit lorsqu'il est l'attribut. Mais le pronom personnel ne reflète pas le genre, il en est autrement du pronom réfléchi. Le verbe, au contraire, le reflète à toutes les personnes, non pas sur le pronom sujet, mais par l'intercalation en lui-même de l'indice du genre.

En tchentchenze et en thusch, le genre ne se marque pas sur le substantif lui-même, mais sur les mots qui en dépendent ; cependant il le fait aussi quelquefois sur le premier : *w-asho*, le frère ; *j-asho*, la sœur ; mais alors il exprime souvent le genre, non de ce substantif, mais d'un autre auquel il se rapporte : *w-atsol*, la pesanteur d'un homme ; *j-atshol*, la pesanteur d'une femme. D'autre part, le genre n'affecte pas le pronom, mais le verbe.

En aware, le genre ne se marque pas d'ordinaire sur le substantif, mais sur les mots en dépendance ; lorsqu'il le fait sur le substantif, ce n'est pas le genre de ce substantif qui est exprimé, mais celui d'un autre en rapport. L'adjectif reflète le genre, quelquefois même deux fois, au commencement et à la fin, surtout l'adjectif-participe. Il en est de même des verbes. Ce qui est singulier, c'est qu'ici encore le genre du sujet se reflète sur l'instrumental et le locatif.

Les langues du Caucase ont ainsi trois processus particuliers remarquables au point de vue qui nous occupe en ce moment : 1° le genre ne se marque pas sur le substantif même dont le genre est en question, mais seulement sur les mots en dépendant ; 2° lorsque, par exception, il frappe le substantif, il n'exprime point le genre de celui-ci, mais celui d'un autre substantif exprimé ou sous-entendu qu'il établit ainsi en accord ; 3° l'accord ne se reflète pas seulement sur l'adjectif, le pronom personnel, le pronom possessif, le verbe, mais aussi, ce qui ne se comprend guères, sur les régimes indirects du verbe, notam- ment les régimes locatifs.

Parmi les langues américaines, le moxo, le baure et le maypure reflètent leur distinction entre l'andrique et le gynique, non les autres, sur le pronom possessif.

Les langues dravidiennes reflètent le genre sexualiste masculin, féminin et neutre sur le pronom de la 3e personne et indirectement sur le verbe, mais l'adjectif n'est pas affecté.

En goaxira, la distinction naturelle se reflète sur l'adjectif. En arrouague, c'est sur le pronom personnel à la 3e personne du singulier qu'elle se marque soit au prédicatif, soit au possessif ; du pronom personnel, cette distinction passe au verbe. Elle affecte aussi le pronom objet et le pronom postposé. Le genre neutre s'y confond avec le genre féminin.

En kalinago, le genre sexualiste se reflète sur le pronom et sur le verbe, là il se combine avec la distinction entre le langage des hommes et le langage des femmes. Le pronom possessif diffère au masculin et au féminin-neutre dans le langage des femmes.

En paez, les pronoms de la 1re et de la 2e personne, non celui de la 3e, portent la distinction sexualiste.

4° Fonction grammaticale du genre sexualiste naturel.

En yaruro et en betoi, la distinction sexualiste a lieu sur le pronom personnel :

3e pers. masc. *xu-di*, fém. *xi-na*.

L'haoussa possède la distinction sexualiste, mais elle ne se marque sur le substantif que dans les noms de sexe naturel, alors elle se manifeste par une sorte de flexion :

Da, le fils ; *dia*, la fille ; *yara*, garçon, *yàri-mà* ; *mutum*, homme, *mutum-nia* : *sa*, bœuf, *sa-mea* ; *gado*, porc, *guetoma*.

Dans ce cas, l'adjectif se met souvent d'accord avec lui : *yara karami*, petit garçon ; *yarinia karania*, petite fille ; *mugum mutun*, méchant homme, *mugùnia matsche*.

Mais l'action du genre est plus étendue sur le pronom et le verbe.

Elle affecte la 2ᵉ et la 3ᵉ personnes, pas la 1ʳᵉ, le singulier et non le pluriel :

1ʳᵉ pers. *na, ni* ; 2ᵉ pers. masc. *ko, kai*, fém. *ke, ki* ; 3ᵉ pers. masc. *sha, shi, ya*, fém. *ta*.

Il en est de même du possessif au singulier :

1ʳᵉ pers. *na-wa* ; 2ᵉ pers. masc. *na-ka*, fém. *na-ki* ; 3ᵉ pers. masc. *na-sa*, fém. *na-ta*.

Et sous la forme abrégée :

1ʳᵉ pers. *na* ; 2ᵉ pers. masc. *n-ka*, fém. *n-ki* ; 3ᵉ pers. masc. *n-sa*, fém. *n-ta*.

Le pronom démonstratif :

Masc. *wonga*, fém. *wogga*, celui-ci.

Le pronom relatif :

Masc. *wonne* ou *wonda*, lequel, fém. *wodda*.

Verbe :

1ʳᵉ pers. *na-ba*, je vais ; 2ᵉ pers. masc. *ka-ba*, fém. *ki-ba* ; 3ᵉ pers. masc. *ya-ba*, fém. *ta-ba*.

Le basque connaît le genre sexualiste, non dans les substantifs, mais sur le pronom et de là sur le verbe.

Cette distinction n'affecte que la 2ᵉ personne seule et non la 3ᵉ, et il faut qu'il s'agisse de la 2ᵉ personne suffixée et non de celle affixée.

2ᵉ personne préfixe *hi* : suffixe *k* pour le masculin et *n* pour le féminin :

N-a-bil-ki-k, je vais vers toi (homme) ; *n-a-bil-ki-n*, je

vais vers toi (femme) ; *h-ebil-ki-k*, il va vers toi (homme) ;
h-ebil-ki-n, il va vers toi (femme) ; *d-a-kar-k*, toi (homme)
porte lui ; *d-a-kar-e-n*, toi (femme) porte lui.

La langue abchaze possède la catégorie du genre sexualiste, non pour les substantifs, mais pour les pronoms, et
cela à la 2ᵉ et à la 3ᵉ personne.

A la 2ᵉ personne il distingue seulement le masculin *n-ara*
et le féminin *b-ara*.

A la 3ᵉ personne il distingue le masculin *j-ara*, le féminin *l-ara* et le neutre *ùi*. En dehors, on trouve pour les
objets une distinction d'une autre sorte en rapprochés, éloi-
gnés et absents : *ari, abri, dara*.

On retrouve la même distinction sur les possessifs : *ab*,
père, *s-ab*, mon père ; *ù-ab*, ton père (d'un homme), *b-ab*,
ton père (d'une femme) ; *i-ab*, son père (d'un homme),
l-ab, son père (d'une femme).

De même, *napi*, main :

1ʳᵉ pers. *s-napi* ; 2ᵉ pers. masc. *ù-napi*, fém. *b-napi* ;
3ᵉ pers. masc. *i-napi*, fém. *l-napi*.

Le verbe suit :

N-blueit, je brûle, 2ᵉ masc. *u-blueit*, fém. *bi-blueit* ; *ikna-
s-haueit*, je prends, 2ᵉ masc. *ikna-ù-haueit*, fém. *ikna-b-
haueit* ; 3ᵉ masc. *ikna-i-haueit*, fém. *ikna-l-haueit*.

5° Fonction grammaticale du genre sexualiste artificiel.

I

1° Dans les langues diverses.

Le bari possède le genre sexualiste et le marque sur les
pronoms personnels et possessifs, le substantif et l'adjectif;
le genre sexualiste s'applique d'ailleurs à tous les objets.

Parmi les adjectifs beaucoup marquent le genre en s'accordant avec le substantif; on prépose dans ce but *lo* pour
le masculin, *no* pour le féminin : *but*, bon ; masc. *lo-but*;
fém. *na-but*.

Le genre se marque sur le pronom possessif au singulier et au pluriel et à toutes les personnes. En voici le paradigme :

SINGULIER		PLURIEL

SINGULIER

1 masc.	*li-o*	⎫	*kwe (ku-e)*
fém.	*ni-o*	⎭	
2 masc.	*ilo-t*	⎫	*ku-loe-k*
fém.	*ino-t*	⎭	*ku-noe-k*
3 masc.	*lo-nye-t*	⎫	*ka-nye-t*
fém.	*no-nye-t*	⎭	

PLURIEL

1 masc.	*li-kang*	⎫	*kang*
fém.	*ni-kong*	⎭	
2 masc.	*lo-tschu*	⎫	*ka-tschu*
fém.	*na-tschu*	⎭	
3 masc.	*lo-tsche*	⎫	*ka-tsche*
fém.	*na-tsche*	⎭	

Exemples : *longather-lio*, mon frère ; *ngota-nio*, ma mère ; *langatshei-ilot*, ton frère.

Il en est de même du pronom démonstratif :

Masc. *lo*, fém. *na*, pl. m. *tshi-lo*, fém. *tshi-na*, celui-ci ; masc. *lu*, fém. *nu*, pl. m. *tshi-lu*, *tshi-nu*, celui-là.

Pronom indéfini :

Masc. *le-le*, fém. *ne-ne*, pl. masc. *ku-lye*, fém. *ku-nye*.

2° Dans les langues chamitiques.

Les langues chamitiques expriment le féminin, qu'ils distinguent du masculin, d'abord sur le substantif même, au moyen de l'addition de certaines lettres servant d'indices ; cette caractéristique est très souvent *t*.

L'égyptien et le copte répètent cet indice *t* sur l'adjectif : *sa-t-ùa-t*, la grande fille aînée ; de même en tamasheq : *t-ibegan-t t-ulogè-t*, une bonne jument. Au contraire, en somali, en galla et en saho, l'adjectif reste invariable.

14

Le second reflet a lieu sur le pronom personnel, le manque de genre existe partout, au moins au singulier.

Vieil égyptien : 2ᵉ pers. masc. *entu-k*, fém. *emtu-t* ; 3ᵉ pers. masc. *en-tu-f*, fém. *en-tu-s*.

Copte : 2ᵉ pers. masc. *en-to-k*, fém. *en-to* ; 3ᵉ pers. masc. *en-to-f* ; fém. *ento-s*.

Tamasheq : 2ᵉ pers. masc. *kai*, fém. **kem** ; 3ᵉ pers. masc. *en-ta* ; fém. *enta-t*.

Dans cette dernière langue la distinction s'étend au pluriel et alors elle gagne la 1ʳᵉ personne.

Plur. 1ʳᵉ pers. masc. *nekken-id*, fém. *nekk-en-et-id* ; 2ᵉ pers. masc. *kaù-en-id*, fém. *kam-et-id* ; 3ᵉ pers. masc. *en-t-en-id*, fém. *en-t-en-et-id*.

Bedjá : 2ᵉ pers. masc. *bat-u-k*, fém. *bat-uk* ; 3ᵉ pers. masc. *bar-ù-h*, fém. *bat-u-h*.

Plur. 2ᵉ pers. masc. *bar-â-k*, fém. *ba-t-â-k* ; 3ᵉ pers. masc. *bar-u-h*, fém. *ba-t-ah*.

Somali : 3ᵉ pers. sing. masc. *usa-ga*, fém. *ai*, *iya-da*.

Dankali : 3ᵉ pers. sing. masc. *ussuk*, fém. *issa*.

Saho : 3ᵉ pers. sing. masc. *ussak*, fém. *ishshi*.

Bilin : 3ᵉ pers. sing. masc. *nî*, fém. *nîrî*.

Chamir : 3ᵉ pers. sing. masc. *iényg*, fém. *ngir*.

Il en est de même du pronom possessif à la 2ᵉ et à la 3ᵉ personnes.

Vieil égyptien : 2ᵉ pers. sing. masc. *k*, fém. *t* ; 3ᵉ pers. masc. *f*, fém. *s*.

Copte : 2ᵉ pers. masc. *k*, fém. *i*, *e* ; 3ᵉ pers. masc. *f*, fém. *s*.

Tamasheq (ici la distinction s'étend au pluriel) : 2ᵉ pers. masc. *k*, fém. *m* ; 3ᵉ pers. masc. et fém. *s*.

Plur. 2ᵉ pers. masc. *nuen*, fém. *enkemet* ; 3ᵉ pers. masc. *nesen*, fém. *nesemet*.

Bedzha : 2ᵉ pers. masc. *k*, fém. *ki*.

Somali : 3ᵉ pers. masc. *s*, fém. *d*.

Dans les langues suivantes le possessif est préfixé :

Saho : 3ᵉ pers. masc. *ka*, fém. *té*.

Bilin : 3ᵉ pers. masc. *ni*, fém. *nir*.

Chamir : 3ᵉ pers. masc. *ni*, fém. *nir*.

Le pronom démonstratif prend les deux genres : au singulier : en vieil égyptien : *pai, tai*, pl. *nai* et avec l'article *pen, ten* ; en copte *pe, te*, pl. *nè* ; en Tamasheq *na, ta* ; en Bedzha *onnai, onnai-t* et au pluriel *ènnà-y-a, ènnà-y-et.*

Il en est de même du verbe. Voici un exemple en vieil égyptien :

Meh, remplir.

Sing. 1ʳᵉ pers. *meh-a* ; 2ᵉ masc. *meh-k*, fém. *meh-t* ; 3ᵉ masc. *meh-f*, fém. *meh-s.*

En saho : *likè*, envoyer.

Sing. 1ʳᵉpers. *a-likè*, j'envoie : 2ᵉ *ta-likè* ; 3ᵉ masc, *ya-likè*, fém. *ta-likè.*

En bedzha :

Sing. 1ʳᵉ pers. *tam-at*, je mange ; 2ᵉ *tam-ata*, fém. *tam-ati* ; 3ᵉ masc. *bà-tam-i*, fém. *bà-tam-ti.*

En tamasheq (ici le pluriel est affecté aussi bien que le singulier) : *elkem-eg*, je suis ; 2ᵉ *t-elkem-ed* ; 3ᵉ masc. *i-elkem*, fém. *t-elkem.*

Pl. 1ʳᵉ *n-elkem* ; 2ᵉ masc. *t-elkem-em*, fém. *t-elkem-em-et* ; 3ᵉ masc. *elkem-e*, fém. *elkem-en-et.*

En somali :

Diga, mettre ; 2ᵉ pers. *dig-ta* ; 3ᵉ masc. *dig-a*, fém. *dig-ta.*

Le pronom complément du verbe porte aussi cette empreinte. Nous donnons celui qui est complément direct, en tamasheq :

Sing. 1ʳᵉ pers. *i*, 2ᵉ pers. masc. *k, kai*, fém. *m, ken*, 3ᵉ pers. masc. *t*, fém. *tet.*

Plur. 1ʳᵉ pers. *neg*, 2ᵉ pers. masc. *kun, kuen*, fém. *kumet*, 3ᵉ pers. masc. *ten*, fém. *tenet.*

Ces langues ne possèdent pas de neutre, et par conséquent, tous les objets inanimés doivent être masculins ou féminins. Nous verrons qu'il en est de même dans les langues sémitiques et que par conséquent la même difficulté d'interprétation peut naître ; nous y renvoyons.

3° Dans les langues sémitiques.

Les langues sémitiques connaissent le genre sexualiste, savoir : le masculin, élément actif, et le féminin, élément passif ; elles n'ont pas de neutre et par conséquent doivent répartir les objets inanimés entre le masculin et le féminin. Cette répartition totale a semblé singulière et nous verrons qu'on a contesté à ce genre la qualité de genre sexualiste pour lui trouver un autre nom.

Le masculin n'a pas d'indice, le féminin a le suffixe *t*, comme dans les langues chamitiques :

Arabe : *maliku*, roi, fém. *malikatu* ; éthiopien : *ans*, homme, fém. *ans-t* ; assyrien : *sar*, roi, fém. *sarrat* ; hébreu : *bèn*. fils, fém. *bath* pour *bant*.

L'adjectif s'accorde avec le substantif et porte, par conséquent, l'indice du genre :

Dzhariy-at-u dzhalis-at-u, une jeune fille assise.

Le pronom personnel porte largement la marque du genre sexualiste :

Arabe : sing. 1re pers. *anà* ; 2e masc. *anta*, fém. *anti* ; 3e masc. *huwa*, fém. *hiya*.

Plur. 1re pers. *nahnu* ; 2e masc. *antum*, fém. *antumna* ; 3e masc. *hum*, fém. *humna*.

Assyrien : sing. 1re pers. *anaku* ; 2e masc. *atta*, fém. *atti* ; 3e masc. *shù*, fém. *shi*.

Plur. 1re pers. *anahun* ; 2e masc. *attunu*, fém. *attun* ; 3e masc. *shun*, fém. *shin*.

Hébreu : sing. 1re pers. *ani* ; 2e masc. *attah*, fém. *att* ; 3e masc. *hù*, fém. *hi*.

Plur. 1re pers. *anahun* ; 2e masc. *attem*, fém. *atten* ; 3e masc. *hèm*, fém. *hèn*.

De même, le pronom possessif :

Arabe : sing. 1re pers. *î, ya* ; 2e masc. *ka, fém. ki* ; 3e masc. *hu*, fém. *hà*.

Plur. 1re pers. *nà* ; 2e masc. *kum*, fém. *kunna* ; 3e masc. *hum*, fém. *hunna*.

Ethiopien : sing. 1re pers. *ya* ; 2e masc. *ka*, fém. *ki* ; 3e masc. *hu*, fém. *hà*.

Plur. 1re pers. *na* ; 2e masc. *kemu*, fém. *ken* ; 3e masc. *hômù*, fém. *hôn*.

Assyrien : sing. 1re pers. *ya*, *î* ; 2e masc. *ka*, *h*, fém. *ki* ; 3e masc. *shu*, *sh*, fém. *sha*.

Plur. 1re pers. *nu* ; 2e masc. *kunu*, fém. *kin* ; 3e masc. *shumu*, fém. *shima*.

La conjugaison verbale suit, seulement la forme des pronoms diffère :

Arabe : *kataba*, écrire.

Sing. 1re pers. *katab-tu* ; 2e masc. *katab-ta*, fém. *katab-ti* ; 3e masc. *kataba*, fém. *katab-at*.

Plur. 1re pers. *katab-na* ; 2e masc. *katab-tum*, fém. *katab-tunna* ; 3e masc. *katab-ù*, fém. *katab-na*.

4° *Dans les langues indo-européennes.*

La fonction grammaticale du genre sexualiste dans les langues indo-européennes doit être décrite tout particulièrement, elle se réalise par l'accord entre les différentes parties du discours et dans la représentation exacte du substantif par le pronom. Elle est d'ailleurs plus ou moins complète, suivant que la langue envisagée possède ou non le neutre, et dans le cas de l'affirmative, suivant qu'elle fait au profit du genre masculin ou du genre féminin une brèche plus ou moins profonde dans le genre neutre.

Si l'on imagine, en effet, une langue où le pronom personnel de la 3e personne est absent, le style du langage deviendra vite insupportable, il faudra répéter sans cesse le même substantif et n'employer que des phrases courtes ou détachées.

En voici un exemple : « Je suis venu dans la maison de Primus, j'ai vu Primus ouvrir le livre de Primus, puis refermer le livre de Primus, après avoir appris la leçon de Primus ». Nous disons, grâce au pronom : « Je suis venu dans la maison de Primus, je l'ai vu ouvrir son livre, puis le refermer après avoir appris sa leçon ».

Mais si telle est l'utilité du pronom pour éviter des répétitions fatigantes, on peut payer cher cet avantage, c'est-à-dire en perte de clarté, si le pronom qui représente les substantifs est toujours uniforme, invariable, car les substantifs divers peuvent être nombreux dans la phrase, et

14.

alors le pronom peut se rapporter aussi bien à l'un qu'à l'autre. L'inconvénient existe aussi pour l'article, mais moins grand, parce que celui-ci est toujours accollé au substantif.

En voici un exemple : 1° Sans accord du pronom : « le mari de Julia est violent, il le bat souvent et il est battu par lui ; quand il est le plus fort, Julia se venge ». 2° Avec accord du pronom, nous disons actuellement : « le mari de Julia est violent, il la bat souvent et il est battu par elle ; quand elle est la plus forte, Julia se venge ».

La clarté est donnée au pronom en le pourvoyant d'un double genre : le masculin et le féminin.

Mais les substantifs contenus dans la phrase sont plus nombreux et d'ailleurs ne peuvent être naturellement du masculin ou du féminin, car ils n'ont réellement pas de sexe. Comment faire pour obtenir la clarté que nous avons obtenue tout à l'heure. Cela semble impossible.

Voici un exemple : « le maison est très grand, le propriétaire qui le habite est marchand, il me plaît ». Il faut supposer que l'article est au neutre.

Si au contraire, par un artifice, je personnifie les choses inanimées et les mets au masculin ou au féminin, faisant une brèche dans le neutre ou détruisant le neutre, j'obtiendrai la clarté : « la maison est très grande, le propriétaire qui l'habite est marchand, elle me plaît ». Toute obscurité est détruite.

Il faut noter, en effet, que le genre naturel sexualiste est très restreint, ne s'appliquant qu'à l'homme et aux animaux, tandis que le neutre est très vaste et englobe presque tous les êtres, naturels ou abstraits. Si l'on attribue au masculin ou au féminin une partie des êtres neutres, on répartit donc plus également et par conséquent on augmente la clarté.

Mais dans ce but il ne faut pas aller jusqu'à la suppression du neutre, car alors il y a excès et la clarté diminue, c'est pour cela que le genre rend plus de services en latin et surtout en grec, grâce à l'article, qu'en français. Le neutre supprimé, tous les êtres vont devenir masculins ou féminins artificiellement ; ces deux genres vont se trouver encombrés, le classement se fera en deux compartiments, au lieu de se faire en trois, la confusion sera plus facile.

A cela s'ajoute un autre inconvénient. On ne peut empiéter sur le neutre qu'à charge de donner au substantif envisagé une valeur masculine ou féminine artificielle. Or, cet artifice constant fatigue, il présente une certaine difficulté, choque la logique et rebute les étrangers. La langue française, comme l'allemand, est très illogique dans cette répartition, tandis que l'anglais est fort logique, puisqu'il suit exactement le genre naturel. De là les méprises amusantes, relatives au genre grammatical, de l'Anglais qui apprend le français.

A côté de cette utilité de la représentation exacte du substantif sans sa répétition se trouve l'effet symétrique et esthétique agréable à l'esprit de voir en concordance matérielle dans la phrase les mots unis par des rapports intellectuels : c'est l'accord, par exemple, de l'adjectif, du participe ou du verbe lui-même avec le substantif. Cette utilité ne se réalise d'ailleurs que d'une manière incomplète dans plusieurs des langues indo-européennes.

L'existence du genre est beaucoup plus sensible dans celles de ces langues qui possèdent l'article. On peut constater cette différence en comparant le grec au latin. Dans ce dernier, le genre n'est pas toujours visible sur le substantif lui-même (dans les trois dernières déclinaisons) il ne le devient que sur l'adjectif, s'il y en a un, et le pronom. Au contraire, en grec, dès le premier abord, le substantif a la physionomie de son genre grammatical, l'article l'en marque immédiatement.

C'est à la lumière de ces idées que nous allons étudier les fonctions du genre dans les langues indo-européennes.

En sanscrit, pas d'article, l'empreinte est donc moins forte sur le substantif lui-même, pris au nominatif, mais le genre différencie ou contribue à différencier le pluriel du singulier, et d'ailleurs, même au singulier, il y a des thèmes masculins et des thèmes féminins, nous les avons décrits. Mais le genre influe aussi sur la déclinaison ; un génitif singulier masculin, par exemple, ne sonne pas comme un génitif féminin ; il en est de même du datif, de l'accusatif, etc. Nous ne pouvons en faire la description. C'est le thème masculin, féminin ou neutre qui par sa finale agit sur la flexion.

Mais nous devons faire mention du neutre. Il se caractérise par ses trois cas semblables : le nominatif, l'accusatif, le vocatif, tant au singulier qu'au pluriel. Par là, il se différencie profondément du masculin, mais par contre, dans tous les autres cas, il lui est identique. On pourrait donc prétendre qu'il n'y a eu d'abord que deux genres, le masculin et le féminin, et que le neutre s'est formé ensuite sur le domaine du masculin.

Telle est la marque en sanscrit du genre sur le substantif : 1° il choisit certains phonèmes thématiques, répartition qui n'est cependant pas toujours exactement suivie ; 2° il influe sur la forme du pluriel ; 3° il influe aussi sur celle des cas.

Mais son action s'étend au-delà, elle se fait sentir sur l'adjectif, sur les différents pronoms, sur le participe.

L'adjectif sanscrit présente une déclinaison complète au masculin, au féminin et au neutre, et il s'accorde exactement avec le genre du substantif, qu'il soit qualificatif ou attribut.

Le pronom personnel de la 1ʳᵉ et de la 2ᵉ personnes ne connaît pas le genre, mais il en est autrement de celui de la 3ᵉ. Il les possède tous les trois et les marque à chaque cas et à chaque nombre. Le pronom interrogatif seul n'est pas soumis au genre sexualiste et conserve l'ancienne distinction entre l'animé et l'inanimé.

Le mot de nombre ne possède pas la distinction sexualiste.

L'article n'existe en sanscrit que d'une manière embryonnaire, ce n'est encore qu'un démonstratif ; la différence sexualiste est par là moins accusée qu'en grec.

Le participe porte le genre en qualité d'adjectif, souvent il n'y a qu'une forme pour le masculin et le féminin et une autre pour le neutre ; parfois une seule pour les trois genres.

Ce qui est remarquable et ce qu'on retrouvera dans les autres langues indo-européennes, c'est que le genre n'a pas d'influence sur le verbe et ne l'entraîne pas dans l'accord général de la proposition, même à la 3ᵉ personne, contrairement à ce qui a lieu dans les langues sémitiques où la 2ᵉ personne elle-même est atteinte. C'est là le point faible du sanscrit, que le russe et quelques langues slaves ont réparé à certains temps, mais indirectement, en employant le participe, et que, parmi les langues dérivées, le français a cherché à couvrir.

L'influence du genre sexualiste dans le grec et le latin est à peu près la même. En grec, dans le substantif, le genre influe sur les trois nombres et sur tous les cas. Au neutre, il y a à toutes les déclinaisons trois cas semblables. Mais l'impression est renforcée par l'existence de l'article qui accompagne presque partout le nom et qui répète à côté de chacun toutes les impressions du genre.

L'adjectif porte aussi la marque des trois genres, s'accordant avec le substantif, qu'il soit prédicat ou attribut. Dans certaines déclinaisons le masculin et le féminin sont confondus et il semble qu'on se trouve en face d'une distinction entre l'animé et l'inanimé, mais ce n'est qu'une apparence. Au contraire, quand il s'agit du pronom interrogatif, c'est une réalité, et la distinction sexualiste n'existe pas.

Tous les pronoms ont les trois genres et s'accordent exactement avec le substantif qu'ils représentent, bien entendu, seulement à la 3ᵉ personne. Les mots de nombre n'ont pas de genre.

Comme en sanscrit, le verbe n'est pas atteint par la distinction sexualiste et le pronom qu'il renferme dans sa désinence reste lui-même invariable. Mais le participe suit les errements de l'adjectif et par conséquent, dans la forme passif, le verbe lui-même se trouve ainsi indirectement affecté.

Il en est de même du latin, sauf qu'il ne possède pas l'article.

Lorsqu'il y a plusieurs substantifs sujets, la question s'élève de savoir avec lequel l'adjectif et le verbe doivent s'accorder en genre. Le principe est qu'ils le fassent avec le genre le plus noble, c'est-à-dire le masculin. Mais il y a cependant des nuances. Nous avons vu qu'en latin apparaît alors un vestige de la distinction vitaliste. D'autre part, si les mots compris au sujet peuvent être considérés comme formant une même idée et s'ils sont de genre différent, le verbe peut se mettre au singulier et s'accorder avec le dernier. Si les sujets sont séparés par *aut*, il reste au singulier et c'est toujours avec le dernier qu'il s'accorde en genre, il en est de même quand ils sont séparés par *nec*.

Les langues slaves n'ont pas non plus l'article; par ailleurs, elles suivent les errements du sanscrit et du grec. Il faut seulement observer qu'en un point le lien est plus lâche; l'adjectif, lorsqu'il est l'attribut de la proposition, reste invariable. Par contre, la liaison s'étend quelquefois au verbe lui-même. Au parfait et aux trois premières personnes, le verbe possède le masculin, le féminin et le neutre : j'ai aimé, *ia liobil, ia liobila, ia liobilo* ; tu as aimé, *ty liobil, ty liobila, ty liobilo* ; il a aimé, *liobil, liobila, liobilo*. En réalité, il s'agit d'un participe qui a pris la place de l'indicatif, comme dans le latin *amamini*.

Nous étudierons ce phénomène, à titre d'exemple, dans la langue polonaise. On peut appliquer les mêmes observations ou à peu près au russe, au tchèque et aux autres langues slaves dérivées. L'accord du verbe avec le sujet a lieu aux temps passés et au futur indéfini de l'indicatif, ainsi qu'à tous les autres modes, excepté à l'impératif. Il se fait à la fois ordinairement en genre et en nombre. Cependant il faut, ce qui est très remarquable, observer que le verbe ne prend la terminaison masculine au pluriel que lorsqu'il a des noms d'homme pour sujet. S'il existe plusieurs sujets, l'un de nom d'homme et l'autre de nom de femme, le verbe se met au masculin, à moins toutefois que le nom de femme ne précède. Lorsque le sujet consiste en noms d'animaux ou de choses inanimées (métanthropique) le verbe au pluriel des temps passés se met au féminin, ce qui semble une réminiscence du genre métandrique ; il en est de même quand il s'agit de substantifs abstraits. On emploie le féminin, même avec les noms d'homme employés au nominatif pluriel avec leurs terminaisons faibles, parce que cette terminaison ressemble à celles féminines. Par contre, quand on donne aux noms d'animaux au pluriel la terminaison propre aux hommes, par exemple : *lesni ptasz kowie* (*owi* est fort vis-à-vis de *i*), on met le verbe au masculin. Que si l'on place en opposition dans la même phrase des noms d'hommes et des noms d'animaux, on doit leur donner ou la terminaison forte avec le verbe au masculin ou la terminaison faible avec le verbe au féminin. Si le verbe restant au singulier possède plusieurs sujets de genres différents, il s'accorde en genre avec le premier ; le privilège de la masculinité n'existe pas comme en français. Quand il les suit, il s'accorde en genre avec le dernier ; on peut cependant, dans l'un et l'autre cas, mettre le verbe au féminin pluriel.

Telles sont les règles un peu compliquées qui régissent l'accord en genre du verbe avec le sujet, il faut noter la différence entre les êtres rationnels etles êtres irrationnels qui se croise avec celle entre le masculin et le féminin.

L'accord entre le substantif et l'adjectif est régi par des règles analogues.

Quand un adjectif se rapporte à un nom d'homme et de femme ou à un nom d'homme et à un nom d'animal à la fois, il prend le masculin et se met au nominatif pluriel avec sa terminaison forte ; si les substantifs sont synonymes ou à peu près, l'accord se fait avec le dernier, à moins que l'adjectif ne précède, car alors l'accord se fait avec le premier. L'adjectif se rapportant à des noms d'animaux et de choses inanimées de quelque genre qu'ils soient, se met au pluriel avec la terminaison faible ; mais si par hasard le nom d'animal prend la terminaison forte, l'adjectif se met au masculin ; par contre, si les noms d'hommes ont la terminaison faible, celle-ci est donnée aussi aux adjectifs.

Les langues germaniques anciennes et modernes marquent de la même manière les trois genres qui ont la même influence, elles possèdent l'article, qui varie avec le substantif. Cependant l'anglais ne possède qu'un article invariable ; en outre, l'adjectif, même qualificatif, est invariable aussi. Le pronom seul, soit personnel, soit possessif, porte la marque du genre, et ce dernier d'une manière particulière exprimant celui de la personne du possesseur : *his hand, her hand, its hand*. Si l'on ajoute cette circonstance que l'anglais suit absolument le genre sexualiste naturel sans aucune trace d'animisme, on voit que l'influence du genre s'est considérablement affaiblie dans cette langue, et qu'il y a eu, quoique au profit de la logique, une véritable régression.

Dans les langues celtiques le neutre est perdu, il ne reste que le masculin et le féminin comme concept, ils ne s'expriment pas flexionnellement sur le substantif, sauf en ce qui concerne le genre subjectif des noms de parenté et d'animaux, ainsi que nous l'avons vu. L'adjectif n'en porte pas non plus la trace, pas plus que le participe, ni le verbe. L'article existe bien, mais de même qu'en anglais et en arabe, il s'applique à tous les genres et à tous les nombres. Il semble donc que le genre est sans influence et on pourrait même douter de son existence. Cependant, on peut en répartir beaucoup *a priori* entre le masculin et le féminin, suivant leurs affixes de dérivation, ceux en *adur*, par exemple, étant masculins, ceux en *adurez* féminins, ceux en *lez* féminins, etc.

Mais l'influence du genre frappe l'essentiel, le pronom personnel. En celto-breton, par exemple, au singulier, la 3ᵉ personne est *hen*, pour le masculin ; *hî*, *hé* pour le féminin ; au pluriel, il y a confusion. Le même, adjectif, est *hen*, *her*, *hi*, *anezhan* pour le masculin, et *he*, *hi*, *anezhi* pour le féminin. Le pronom possessif, au contraire, ne marque ni le genre, ni le nombre : *hé* signifie *son*, *sa*, *ses* ; cependant, il les communique d'une manière indirecte, ainsi que nous le verrons tout à l'heure.

Les pronoms démonstratifs varient suivant le genre : *hé-man*, celui-ci ; *hoù-man*, celle-ci ; *hen-nez*, celui-là ; *houn-nez*, celle-là ; *hen-hont*, celui-là plus éloigné ; *houn-hont*, celle-la plus éloignée.

Ce qui est très remarquable dans les langues celtiques, c'est l'impression que la catégorie du genre laisse sur les substantifs au moyen des lettres muables. On sait que la consonne initiale d'un substantif se transforme sous l'action de la particule qui le précède, soit l'article, soit un pronom possessif, soit un pronom, soit une conjonction, soit un mot de nombre ; par exemple, en celto-breton *kleiz* signifie gauche, mais on dit *a gleiz*, à gauche ; *berv* signifie bouillir, mais on dit *aba verv*, depuis qu'il bout. Ce qui nous intéresse ici, c'est que la conversion dépend souvent du genre du substantif.

C'est ainsi qu'après le possessif *he* relatif à un homme, le *b* initial du substantif se change en *v*, le *k* en *g*, le *d* en *z*, le *g* en *ch*, le *gw* en *w*, l'*m* en *v*, le *p* en *b*, le *t* en *d*, l's en *z* ; en un mot, les consonnnes s'adoucissent : *kein*, dos ; *hi gein*, son dos (en parlant d'un homme) ; *penn*, tête, *hi benn*, sa tête ; *teod*, langue, *hi déod*, sa langue ; *dourn*, main, *hé zourn*, sa main ; au contraire, si le possessif *hé* s'applique à une femme, il n'y a de mutation que pour *k*, *p* et *t* et la mutation est inverse ; *k* se change en *ch*, *p* en *f* et *t* en *z* : *hé chein*, son dos : *hé fenn*, sa tête ; *hé zeod*, sa langue.

Après l'article *ar*, les substantifs masculins prennent la consonne forte au singulier et la faible au pluriel ; au contraire, les substantifs féminins prennent la consonne faible au singulier et la consonne forte au pluriel : *ar belek*, le prêtre, *ar velien*, les prêtres ; *ar paotr*, le garçon, *ar baodred* ; au contraire, *ar garrek*, le rocher, *ar charrek* ; *ar voger*, muraille ; pl. *ar môgeriou* ; *ar beden*, la prière, *ar pedennoù*.

Quand un substantif féminin précède immédiatement un autre substantif quelconque, ou un adjectif, un second substantif, cet adjectif adoucit sa consonne initiale : *bugalé*, enfant ; *poan vugalé*, mal d'enfant ; *penn*, tête, *poan benn*, mal de tête ; *bas*, bâton, *to*, gros ; *eun vaz déo*, un gros bâton ; *du*, noir ; *eun iar zu*, une poule noire.

Il en est de même dans les autres langues celtiques ; on sait d'ailleurs que l'origine de ce phénomène est toute mécanique, mais dans l'état actuel du langage, il est devenu un moyen direct de distinguer les genres.

Les langues romanes ont seulement conservé le masculin et le féminin. Ces genres ont effet sur le substantif, ainsi que nous l'avons décrit, et cet effet est corroboré par l'existence de l'article soit préposé, soit suffixé comme en roumain. Souvent le genre n'est pas nettement marqué sur le substantif lui-même, mais l'article net *le*, *la*, vient lever tous les doutes ; on peut même dire que c'est lui qui porte la marque du genre pour le substantif. L'accord très exact du participe et de l'adjectif dans tous les cas avec le substantif met le genre en relief et prouve sa vaste influence.

Le pronom personnel dans toutes ces langues porte à la 3ᵉ personne par des formes différentes, tant au singulier qu'au pluriel, la marque du genre : italien *egli*, *ella* ; espagnol *él*, *ella* ; français *il*, *elle*, *ils*, *elles*. Les autres pronoms ——————t aussi leur désinence au masculin et au féminin : ....un, *chacune* ; *lequel*, *laquelle* ; *celui-ci*, *celle-ci*, *ceux-ci*, *celles-ci*. Seul le pronom *on* n'a pas de genre et l'interrogatif *qui*, *quoi* n'a que l'animé et l'inanimé.

L'expression du genre sur l'adjectif possessif est insuffisante, comme en latin d'ailleurs ; cet adjectif s'accorde bien en genre et en nombre avec le substantif qu'il qualifie, mais non avec celui qu'il représente ; un résultat inverse apparaît en anglais. On dit, en parlant d'un homme aussi bien que d'une femme : *sa tête*, *son chapeau*. Le cafre, au contraire, a su rendre à la fois l'une et l'autre relation.

Le verbe ne porte pas directement la marque du genre, il ne le fait que lorsque le sujet de la 3ᵉ personne est un pronom : *il est*, *elle est*, *il marche*, *elle marche*, parce qu'il y a alors une véritable conjugaison à pronom préfixé.

15

Nous prenons pour type, parmi les langues romanes, la langue française, et nous étudions l'accord qui réalise l'influence à la fois du genre et du nombre.

L'accord avec le nom ne présente de difficulté et ne donne lieu à une observation psychologique (il consiste dans celui de l'adjectif et du participe avec le substantif) que lorsqu'il y a plusieurs substantifs de genres différents ; alors c'est le genre masculin qui prédomine. Pourquoi ? Ce n'est pas certes par suite des usages mondains. C'est en vertu du principe qui a établi ailleurs la supériorité du genre animé sur le genre inanimé, du genre anthropique sur le métanthropique, de l'andrique sur le métandrique, de l'arrhénique sur le métarrhénique ; l'homme s'adjuge la préférence et parmi les hommes, l'homme mâle, dans la grammaire comme dans la société. Cependant c'est quelquefois le féminin qui prédomine, quand le nom de ce genre est situé le dernier, par une sorte d'attraction naturelle : *nos destins et nos mœurs différentes.* Il y a difficulté aussi si les substantifs sont liés par *et, ou, ni.* Dans le premier cas, l'adjectif se met au pluriel, mais l'accord, quant au genre, a lieu avec le substantif le plus rapproché, quand les deux termes sont à peu près synonymes ou établis en gradation. Dans les autres cas, il n'y a lieu qu'au choix du nombre.

Quelquefois l'accord dépend de la position : *tête nue* et *nu-tête, la feue reine* et *feu la reine ; vous recevez franc de port* et *les lettres sont franches de port.* Ce fait sporadique est remarquable, l'adjectif précédant le substantif forme une sorte de substantif composé qui ressortit à la lexiologie et non plus à la grammaire et reste par conséquent invariable.

L'accord du participe présent rentre dans le cas de celui de l'adjectif, mais cependant présente des particularités. Si le participe est qualificatif, il semble qu'il devrait toujours s'accorder comme l'adjectif. Il n'en est rien, il faut faire des distinctions très subtiles ; le participe présent est invariable lorsqu'il exprime une chose passagère et n'est variable que quand il exprime une action prolongée et habituelle ou un état. Que s'il est attribut, il s'accorde toujours : *elle était toute tremblante.* Dans le premier cas une règle empirique distingue entre le participe suivi d'un complément et celui qui ne l'est pas ; celui-là semble exprimer une action actuelle et non l'autre, mais il faut que le complément ne soit pas purement adverbial.

Cependant ces règles ne sont pas absolument fixes et il faut distinguer les nuances de sens. Si le complément direct ou indirect est indispensable, l'adjectif reste invariable. Que si le participe présent est accompagné d'une négation, il est toujours variable. En fin de compte et en négligeant les exceptions capricieuses, le principe est que le participe présent qui possède un régime, surtout un régime direct, conserve bien entièrement sa nature verbale, or le verbe ne s'accorde pas en genre, tandis que, s'il est privé de complément, il s'assimile de plus en plus à l'adjectif et s'accorde comme lui. Quant à l'adjectif équivalant à un gérondif *en cherchant, en voulant*, il devient de verbe adverbe et par conséquent est invariable.

L'histoire de l'évolution du participe présent dans le vieux français est très curieuse. Tout d'abord il conservait entièrement sa nature verbale et restait invariable, d'ailleurs en latin il n'a qu'une seule forme pour les trois genres : *amans, moriens, legens ;* il en était de même de l'adjectif pour la même raison morphologique et l'on disait : *une femme prudent, grand*. Au xvie siècle, beaucoup d'écrivains firent, au contraire, partout l'accord : *les choses appartenantes à la religion, les femmes bien entendantes les beaux et joyeux droicts*. Vaugelas prétendit que l'accord du pluriel devait se faire pour le masculin, mais non pour le féminin. Auparavant, en 1562, Ramus avait proposé de distinguer l'adjectif verbal du participe présent, mais le participe resta verbal pendant le xvie siècle et la première moitié du xviie, on faisait toujours l'accord. Ce ne fut qu'en 1660 que la Grammaire de Port Royal fit la distinction, principe que l'Académie admit en 1679, mais les écrivains ont souvent violé cette règle au profit de l'accord et elle se présente encore comme artificielle. Il n'y a de naturelle que la distinction entre l'adjectif participe et l'adjectif gérondif. La distinction plus complexe admise fait sans profit le désespoir des étudiants.

Le verbe reste invariable et ne s'accorde pas en thèse avec le substantif, ni quant au genre, ni quant au nombre, il ne le fait qu'indirectement à la 3e personne quand il est précédé d'un pronom ; il s'accorde, il est vrai, en nombre directement, mais cet accord quantitatif est en dehors de notre sujet.

Cependant à certains temps et modes le verbe est composé, c'est lorsqu'il emploie un auxiliaire ; cet auxiliaire est tantôt l'auxiliaire *être* qui apparaît à certains temps des verbes neutres et au passif des verbes transitifs, tantôt l'auxiliaire *avoir* usité à certains temps des verbes actifs. Il faut nous placer successivement dans les deux cas.

Le premier est simple, le verbe *être* est suivi du participe passé et ce participe s'accorde toujours en genre avec le sujet. La seule difficulté est de savoir quel genre choisir lorsqu'il y a plusieurs sujets de genres différents. C'est un point secondaire, on suit à peu près à cet égard les mêmes règles que pour l'adjectif. Quelquefois, comme pour lui, le participe reste invariable, c'est surtout lorsque le participe passé précède : *y compris celles-ci, excepté les femmes, supposé cette circonstance*. Le motif est le même.

Ce qui est plus curieux, c'est l'accord, quand l'auxiliaire est le verbe *avoir*. Il intervient alors un principe tout à fait nouveau, si ce n'est que nous l'avons déjà trouvé dans la famille algonquine. L'accord a lieu non pas avec le sujet, mais avec le complément direct. Il semble que ni cet accord, ni aucun accord ne devrait se produire, puisque le participe passé ne se rapporte à aucun des deux substantifs. Mais il n'en est pas ainsi, le participe passé reste bien invariable si le complément direct suit, mais il s'accorde avec ce complément s'il précède.

Dans l'ancienne langue l'accord avait lieu, même lorsque le complément suivait. On disait : *j'ai lue la lettre*, mais plus souvent : *j'ai la lettre lue*, et cette construction s'est conservée jusqu'au XVIIᵉ siècle, l'accord s'explique bien ainsi. A partir de ce moment la règle actuelle a prévalu ; quelquefois même le participe passé est resté invariable dans tous les cas : *à peine Esope les eût quitté* (Laf.), *la peine que cela m'a fait* se disait encore couramment. L'invariabilité semblerait plus naturelle, puisque c'est au contraire le régime direct qui dépend du participe passé et non le participe passé de ce régime, et que le verbe auxiliaire avec son participe forme en réalité un seul mot indivisible.

Lorsque le verbe auxiliaire *avoir* est suivi d'un infinitif, une nouvelle distinction se superpose. Il faut, pour qu'il y ait accord, que le complément direct soit le sujet de l'infinitif; s'il en est, au contraire, le complément, il reste toujours invariable. On dit, suivant le sens : *la femme que j'ai vue peindre* et *la femme que j'ai vu peindre*. Mais le verbe *faire* fait exception : il est invariable dans tous les cas : *ceux qu'il a fait si bien parler; les plantes que j'ai fait arracher.*

Enfin, lorsque l'auxiliaire *avoir* remplace l'auxiliaire *être* dans les verbes neutres, le participe passé est toujours invariable : *la joie a paru dans ses yeux.* Par contre, *être* employé pour *avoir* ne permet pas l'accord là où il n'aurait pas eu lieu : *elle s'est blessé la tête.*

L'accord ne se fait pas, en général, entre le substantif et le mot de nombre qui s'y rapporte. Cependant ce principe n'est pas absolu; les mots de nombre ne sont pas invariables dans toutes les langues. Ce sont les langues slaves qui contiennent à ce sujet les plus curieuses anomalies.

En polonais, par exemple, les mots de nombre se déclinent, savoir : le premier *jeden, jedna, jedno* sur la forme de l'adjectif, et les autres d'une façon particulière. Les quatre premiers sont considérés comme des adjectifs et ils se mettent au nominatif avec leur substantif, les autres sont des substantifs eux-mêmes et veulent le substantif au génitif. Aucun des nombres ne reste invariable.

Dans leur déclinaison, ils revêtent souvent au même cas plusieurs formes : l'une pour les noms d'hommes, une autre pour les noms d'animaux du genre masculin et les objets inanimés masculins et neutres, une autre pour les noms de femmes et les substantifs féminins, enfin parfois une spéciale pour tous les substantifs, de quelque genre qu'ils soient, autres que les noms d'hommes. Nous avons vu plus haut ces catégories. Nous ne voulons que les rappeler ici, parce qu'elles sont à la base des règles de l'accord.

Les mots *dwa*, deux, *oba, oba-dwa*, tous les deux, peuvent exprimer le genre masculin au nominatif et à l'accusatif : *dwie, obie, obie dwie*, le féminin à l'instrumental *z dwiema, z obie-ma : dwa psi*, deux chiens; *dwie suki*, deux chiennes; *oba kapelusse*, les deux chapeaux; *obie czapki*, les deux bonnets; *miedzi dwiema debami*, entre deux chênets; *miedzi dwiema brzozami*, entre deux bouleaux.

Avec les noms d'hommes à la terminaison forte, on emploie au nominatif : *dwiej, trzej, czterej ;* avec les noms d'animaux masculins et de choses inanimées masculins ou

15.

neutres, on emploie : *dwa, trzy, cztery, oba, oba-dwa*. S'il s'agit de deux ou plusieurs personnes ou animaux de sexes différents pris collectivement, on emploie : *dwoje, troje, czworo, piecioro* ; il en est de même des noms de choses inanimées.

Les nombres *dwa, trzy, cztery*, mis avant les substantifs s'accordent avec eux, mais placés après, ils les veulent au génitif.

A partir de *piec*, cinq, les nombres cardinaux sont considérés comme substantifs et veulent le nom au génitif, mais seulement quand ils font fonction eux-mêmes de nominatif ou d'accusatif ; dans les autres cas ils s'accordent avec eux, excepté *dwoje, troje* et les autres de cette forme.

En russe, l'accord entre le mot de nombre et le substantif est soumis aussi à des règles complexes. Les mots de nombre sont les uns substantifs, les autres adjectifs, tous les cardinaux appartiennent toujours à la seconde de ces classes ; parmi les ordinaux, *odin*, un, lui appartient seul toujours. Les substantifs sont tantôt masculins, tantôt féminins, suivant leurs désinences. Les numéraux adjectifs s'accordent en genre avec le substantif ; les numéraux substantifs, au contraire, le régissent au genitif. Le nombre *un* possède le masculin, le féminin et le neutre : *odin, odna, odno* ; le nombre *deux* possède une forme pour le masculin et le neutre et une autre pour le féminin : *dva, dvie* ; *oba, obie* ; les nombres suivants n'ont qu'un seul genre :

Dvôe, trôe, etc., se mettent avec les êtres animés du genre masculin et du genre neutre, et *dvoi, troi, tchetvery* avec les noms des objets inanimés et abstraits qui ne s'emploient qu'au pluriel : *dvoe slug*, deux servantes ; *dvoi tchasi*, deux montres.

Les cardinaux composés comme 22, 33, se déclinent et mettent en accord chacun de leurs membres séparément.

Les mots de nombre : *dva, oba, tri, tchetyre* ; *dvoe, troie, tchetvero*, ont l'accusatif semblable au nominatif quand ils sont avec des noms d'objets inanimés et abstraits et au génitif quand ils sont avec des noms d'êtres animés ; mais tous les autres ont toujours l'accusatif semblable au nominatif ; il en est de même des nombres ci-dessus : deux, trois, quatre, lorsqu'ils sont joints aux dizaines, aux centaines et aux milliers.

Voici maintenant ce qui concerne l'accord avec les substantifs, les règles sont compliquées : *odin* s'accorde complètement, notamment quant au genre, mais il y a réaction sur le substantif quant au nombre, si le numératif est composé : *dvadsat odin*, 21, le substantif se met au singulier. Avec *dva, oba, tri, tchetyre*, et leurs composés, avec *poltora* 1 1/2, *poltretin*, etc., lorsqu'ils sont employés au nominatif ou à l'accusatif, le nom se met au singulier génitif et le mot de nombre s'accorde en genre avec le nom ; s'il y a un adjectif, il se met au nominatif pluriel en prenant le genre du substantif. Avec tous les autres numératifs, *piat*, 5, comme aussi avec *dvoe, troe, tchetvero, piatero*, le substantif se met au génitif pluriel et, s'il y a un adjectif, il s'accorde avec le nom ou le numératif d'après le sens de la phrase : *pervye dva bolchie stola*, les deux premières grandes tables ; *sii piat bolchix stolov*, ces cinq grandes tables. Le génitif singulier qui se met avec les nombres *dva, tri, tchetyre* n'est autre que le *duel slavon*, qui s'employait avec *dva* et *oba* et qui s'est étendu pour *tri* et *tchetyre*.

Avec les nombres aux cas obliques, le substantif se met toujours au pluriel. Quand il s'agit de nombres qui ont un genre comme *piatok, diojina, tysiatcha*, et aussi *sorok* et *sto*, employés au pluriel, le nom se met toujours au génitif. Avec les autres, comme *dva, oba, tri*, etc., il s'accorde en cas avec le mot de nombre.

Avec la préposition *po* marquant la répartition d'une égale quantité, les mots de nombre *dva, tri, tchetyre; dvoe, troe, tchetvero* gardent l'inflexion du nominatif et alors le nom se met au génitif singulier, mais les autres mots de nombre se mettent au datif, et le nom au génitif pluriel : *po dva rublia*, à chacun deux roubles.

APPENDICES

1º Du genre se rapportant à plusieurs êtres.

Le genre est souvent diacritique du sens des mots auxquels il s'applique ; le même substantif a telle signification avec tel genre et un autre sens avec tel autre genre.

Nous donnons plus loin la liste de ces doublets en allemand.

Tout d'abord il y en a quelques-uns de purement accidentels, de *faux doublets*, par exemple : *der mast*, le mât et *die mast*, l'engrais ; *der kapper*, l'amateur et *die kapper*, la câpre ; *der elend*, l'élan et *das elend*, la misère.

De même en français : la greffe des arbres, le greffe du greffier ; le carpe, partie de la main, la carpe, poisson ; le mousse, matelot, la mousse ; le barde, poète, la barde, tranche de lard.

Mais pour les autres la filiation du sens est facile à établir :

Der armuth, les pauvres, *die armuth*, la pauvreté ; *der after*, l'anus, *das after*, les rognures ; *der band*, le tome, *das band*, le lien ; *der brûch*, la fracture, *das brûch*, le marécage ; *der buckel*, la bosse, *die buckel*, la bossette du mors ; *das gehalt*, l'aloi, *der gehalt*, le traitement ; *der gespann*, le collègue, *das gespann*, l'attelage ; *der gewerk*, le mineur, *das gewerk*, l'ouvrage ; *die gift*, le don, *das gift*, le poison ; *der haft*, l'agrafe, *die haft*, la prison ; *der harz*, le harz, *das harz*, la résine ; *der haft*, l'agrafe, *das haft*, le manche ; *die heide*, la bruyère, *der heide*, le paysan ; *der hummel*, le taureau, *die hummel*, le bourdon ; *der kiefer*, la mâchoire, *die kiefer*, les ouïes ; *der kunde*, le chaland, *die kunde*, la connaissance ; *der leiter*, le guide, *die leiter*, l'échelle ; *der mensch*, l'homme, *das mensch*, la prostituée ; *die missal*, le canon (caractère d'imprimerie), *das missal*, le missel ; *der nick*, le signe de tête, *das nick*, la nuque ; *der ort*, le lieu, *das ort*, la pointe ; *der scheuer*, le bocal, *die scheuer*, la grange ; *der schild*, le bouclier, *das schild*, l'enseigne ; *der see*, le lac, *die see*, la mer ; *der senne*, le vacher, *die senne*, le troupeau de vaches ; *der spann*, le cou de pied, *das spann*, l'attelage ; *der sprosse*, le descendant, *die sprosse*, l'échelon ; *der verdienst*, le gain, *das verdienst*, le mérite ; *die wehr*, la défense, *das wehr*, la digue ; *der zeug*, l'étoffe, *das zeug*, le linge.

Beaucoup de ces mots diffèrent non seulement par le genre, mais aussi par la forme du pluriel.

Voici maintenant ce double genre en français :

La manche d'un habit, le manche d'un couteau ; la pivoine, le pivoine (oiseau) ; la Champagne, le champagne ; la Gruyère, le gruyère ; la loutre, le loutre ; la jujube, le jujube ; la réglisse, le réglisse ; la vapeur, le vapeur; une enseigne, un enseigne ; une trompette, un trompette ; une aigle, un aigle ; le crêpe, la crêpe ; la pourpre, le pourpre ; la critique, le critique ; la garde, le garde ; la manœuvre, le manœuvre ; la mode, le mode ; la mémoire, le mémoire ; la relâche, le relâche ; la remise, le remise ; la foudre, le foudre ; la trompette, le trompette ; le paillasse, la paillasse ; le voile, la voile ; le pendule, la pendule ; une aide, un aide ; l'élève, un élève ; la guide, le guide ; la statuaire, le statuaire ; la période, le période ; une office, un office ; le triomphe, la triomphe ; l'amour (m.), les amours (f.) ; le délice (m.), les délices (f.) ; un orgue (m.), des orgues (f.).

Mais c'est surtout dans l'allemand moderne que les doublets par l'expression du genre ont un effet diacritique qu'il est intéressant de signaler ; aussi croyons-nous devoir en donner ici le tableau ci-après, à peu près complet. Ce tableau, il faut bien le noter, ne contient pas seulement les mots distincts par le genre qui sont des dérivés l'un de l'autre et se rattachent par le sens, mais aussi ceux dont l'homophonie est de pur hasard. Dans ce dernier cas, le genre est diacritique encore pour détruire la confusion causée par l'homophonie.

der after — l'anus
der armuth — les pauvres
das back — le château d'avant (pl. backe)
der alp — cauchemar
der band — sylphe (pluriel aelpe)
der band — le tome (baende)

das after — les rognures
die armuth — la pauvreté
die back — la gamelle (pl. backen)
die alp — basses montagnes (pl. alpen)

der baier — le paysan (baiern)
der brack — le chien braque (bracken)
der bruch — fracture (brüche)
der buckel — la bosse (buckel)
der band — l'alliance (bündnisse)

das band — le lien (bande)
das band — le ruban (baender)
das baier — la cage (baier)
das brack — le rebut (bracke)
das bruch — marécage (brüche)
die buckel — la bossette du mors (buckeln)
das bund — botte de foin, trousseau de clés (sans pluriel)

die chur — le choix (sans pluriel)
der dusel — le vertige (dusel)

das chur — canton de Coire
die dusel — femelle des petits oiseaux (du-seln)

der eger — le herseur (eger)
der elend — l'élan (elend)
der erbe — l'héritier (erben)
der fehm — la corde de bois (fehmen)
das gehalt — l'alof d'une monnaie (sans pl.)
das geissel — l'otage (geissel)
der gespann — le collègue (gespannen)
der gewerk — le mineur (gewerken)
die gift — le don (giften)
der haft — l'agrafe (hafte)

die Eger — ville et rivière
das elend — la misère (elende)
das erbe — l'héritage (erbe)
die fehm — le tribunal secret (fehmen)
der gehalt — les appointements (gehalte)
die geissel — le fouet (geisseln)
das gespann — l'attelage (gespanne)
das gewerk — l'ouvrage (gewerke)
das gift — le poison (gifte)
die haft — l'emprisonnement
das haft — le manche (haefte)

der harz	le Harz (sans pluriel)	das harz	la résine (harze)
der hasel	le dobule, poisson (hasel)	die hasel	le coudrier (haseln)
der heftel	la cheville (heftel)	die heftel	l'agrafe (hefteln)
der heide	le paysan (heiden)	die heide	la bruyère (heidearten)
der hummel	le taureau (hummel)	die hummel	le bourdon (hummeln)
der hut	le chapeau (hüte)	die hut	le pacage (huten)
der kaper	l'armateur (kaper)	die kaper	la câpre (kapern)
der kiefer	la mâchoire (kiefer)	die kiefer	le pinastre (kiefern)
		die kiefer	les ouïes de poisson (kiefern)
der koth	la boue (sans pluriel)	das koth	la petite métairie (kothe)
der kunde	le chaland (kunden)	die kunde	la connaissance (sans pluriel)
der laiter	la piquette (laierarten)	die laiter	le guet (sans pluriel)
der legat	le légat (legaten)	das legat	le legs (legate)
der leiter	le guide (leiter)	die leiter	l'échelle (leitern)
die mandel	l'amande (mandeln)	das mandel	la quinzaine (sans pluriel)
der mangel	le défaut (maengel)	die mangel	la calandre (mangeln)
der mantel	le manteau (maenteln)	die mantel	l'itaque (manteln)
der mark	la moëlle (sans pluriel)	der mark	le marc (marken)
der mars	mars	das mars	la hune (marse)
der marsch	la marche (maersche)	die marsch	le marécage (marschen)
der maser	le bois madré (masern)	die maser	la madrure (masern)
der mast	le mât (maste)	die mast	l'engrais (masten)
der meissel	le ciseau (meissel)	die meissel	la charpie (meisseln)
der mengel	poisson, mesure de liquide	die mengel	la patience (mengelarten)

der mensch — l'homme (menschen) | das mensch — la prostituée (menscher)
der merk — l'ache d'eau (merkarten) | das merk — le signe (merke)
der messer — le mesureur (messer) | das messer — le couteau (messer)
die miliz — la milice (sans pluriel) | der militz — le paturin aquatique (milizarten)

der miner — le mineur (miner) | die miner — le minéral (minern)
die missal — le canon, caractère d'imprimerie (missalen) | das missal — le missel (missale)

der münster — la cathédrale (münster) | das Munster — Munster, ville
der mull — le rouget (mullen) | das mull — balayures (mulle)
der neffe — le neveu (pluriel n) | die neffe — le puceron (pluriel n)
der nick — le signe de tête (nicke) | das nick — la nuque (nicke)
der ofen — le fourneau (oefen) | das Ofen — ville de Bode
der ort — le lieu, contrée (orte et örter) | das ort — la pointe (orte)
die post — la poste (posten) | der post — charaigne (poste)
der rack — l'arack (rackarten) | das rack — sinuosité (pl. racke)
der range — le garnement (pluriel n) | die range — la truie (pluriel n)
der rappe — le cheval noir (pluriel n) | die rappe — la râpe (pluriel n)
der rast — coup de tambour (sans pluriel) | die rast — le repos (pluriel en)
der reh — le chevreuil (pluriel e) | das reh — la lisse (pluriel en)
der reif — le cercle de tonneau (pluriel e) | das reif — la ville de Riva
der reis — le riz (pluriel reisarten) | die reis — la branche morte (pl. reiser)
der rüster — pièce de soulier (rüster) | die rüster — l'orme (pluriel n)
der sasse — le saxon (pluriel n) | die sasse — le gîte (pluriel n)
der schade — le dommage (schaeden) | die schade — l'alose (schaden)
der scheuer — le bocal (scheuer) | die scheuer — la grange (scheuern)
der schild — le bouclier (pluriel e) | das schild — l'enseigne (pluriel er)

die schlotter — le hochet (schlottern)
der schütze — le tireur (pluriel n)
die schwabe — le Souabe
der see — le lac (see et seen)
der senne — le vacher (pluriel n)

der silber — celui qui syllabise (silben)
der spann — le cou de pied (spann)
der sprosse — le descendant (pluriel n)
das steuer — le gouvernail (pluriel steuer)
der stift — le crayon (pluriel e)
der striegel — la bonde (striegel)
der strudel — le tournoiement (strudel)
der stuck — le stuc (stuckarten)
der thor — le sot (pluriel thoren)
die trappe — l'outarde (pluriel n)
der treff — le coup (pluriel e)
der tross — le gros bagage (sans pluriel)
der verdienst — le gain (pluriel e)
die wehr — la défense (pluriel en)
die wende — le Vandale (pluriel n)
der wetter — le gageur (pluriel wetter)
der zelt — l'amble (sans pluriel)
der zeug — l'étoffe (pluriel e)

der schlotter — le schelot (sans pluriel)
die schütze — la protection (sans pluriel)
die schwabe — la blatte (pluriel n)
die see — la mer (seen)
die senne — le troupeau de vaches, le cha-let (pluriel n)

das silber — l'argent (sans pluriel)
das spann — l'attelage (pluriel e)
die sprosse — l'échelon (pluriel n)
die steuer — la contribution (pluriel n)
das stift — la fondation (pluriel e et n)
die striegel — l'étrille (pluriel n)
die strudel — le cramponnet (pluriel n)
das stuck — le morceau (stücke)
das thor — la porte (pluriel e)
die trappe — la trace du cheval (pluriel n)
der treff — le trèfle au jeu (pluriel e)
das tross — la haussière (trosse et trossen)
das verdienst — le mérite (sans pluriel)
die wehr — la digue (pluriel e)
die wende — le solstice (pluriel n)
das wetter — le temps (sans pluriel)
das zelt — la tante (pluriel e)
das zeug — le linge (pluriel e)

Tel est le tableau. Il faut remarquer que la différence dans le genre se double quelquefois par l'expression diverse du nombre, le *quantitatif* se joint alors au *qualitatif*.

Ce n'est pas tout, quelquefois le diacritisme par le nombre agit seul, il faut le noter en passant, quoique cela n'appartienne pas à notre sujet.

Ainsi *die bank*, le banc, pl. *banke*, et *die bank*, la banque, pl. *banken ; der bogen*, l'arc, pl. *boegen, der bogen*, la feuille de papier, pl. *bogen ; das glas*, le verre en général, pl. *glase ; der glas*, le verre à boire, pl. *glaeser*.

Lorsqu'il n'y a pas homophonie de hasard, quel est le principe qui dirige le choix du genre pour les sens divers ?

Nous avons déjà indiqué un critère, qui est celui même de la distinction primitive entre le masculin et le féminin. Le premier indique une idée plus précise, plus délimitée, tandis que le second, une idée plus vague, plus ample ou plus abstraite ; c'est ainsi que *die scheuer* est la grange, et *der scheuer*, le bocal ; de même en français, la voile et le voile.

Un autre critère nous est révélé par une particularité de l'allemand : le mot *muth*, disposition d'esprit, en composition est tantôt du masculin, tantôt du féminin, tandis qu'isolé, il signifie courage, et est toujours masculin. Voici comment son sens est varié : au masculin, il signifie les qualités et les défauts virils ; au féminin, les vertus féminines. On dit au féminin : *die anmuth*, l'amitié ; *die sanftmuth*, la douceur, et au masculin : *der edelmuth*, la noblesse d'esprit.

Il faut noter que la différenciation du genre se double dans presque tous les cas de la différenciation du nombre.

2° Du genre se rapportant à plusieurs substantifs.

Nous avons observé dans les noms de parenté l'existence d'un double et même d'un triple genre, celui du parent qui parle, celui du parent dont on parle et celui du parent intermédiaire qui les unit. Cette triade du genre est spéciale au genre subjectif pur.

Un autre dualisme du genre existe, soit dans les langues à genre objectif coordonnant, soit dans celles à genres à la fois objectifs et subjectifs (alors il est plutôt alternant), soit dans les langues à genre subjectif substitué au genre objectif. Il a lieu surtout sur le pronom personnel, mais peut se rencontrer aussi sur le substantif lui-même. Enfin, il peut y avoir lutte entre ces deux genres et un élément entièrement autre.

C'est dans les langues à genre coordonnant que ce phénomène se produit d'une manière très nette, par exemple, en cafre. Dans cette langue l'adjectif possessif et celui du substantif qu'il représente : *um fazi w-ake,* sa femme = la femme la sienne = la femme la-de-lui ; *w* a rapport au sexe de la femme et *ake* au sexe de l'homme. En beaucoup d'autres langues de la même famille, en suahili par exemple, il n'en est plus ainsi : *ake* sert pour le masculin et le féminin de l'objet représenté.

Dans les langues de la seconde catégorie, on peut remarquer sous ce rapport dans les langues caucasiques, l'emploi des genres se rapportant à plusieurs personnes, mais alors ils ne coexistent pas ensemble, ils sont alternants ; par exemple, en hûrkan, *w-âh* signifie le visage (d'un homme) ; *d-âh,* le visage d'une femme ; *v-âh,* le visage d'un animal ; *w-atshdis,* l'enseignement fait par un homme ; l'indice ne prend donc point le genre du substantif auquel il se joint, mais bien celui d'un autre nom dominant le premier. Il n'en est pas toujours ainsi : en tchentchenze, *w-asho* signifie le frère et *j-asho,* la sœur. Enfin, il y a, pour ainsi dire, le genre d'un troisième nom : en aware, dans *j-olu,* l'amour, *j* n'est point l'indice du genre du mot *olu,* il signifie non plus l'amour (d'un homme), mais bien l'amour (pour un homme).

Dans les langues à genre subjectif substitué au genre objectif, par exemple, dans les langues indo-européennes, le pronom possessif est parfois le siège de particularités. En général, il s'accorde en genre seulement avec le substantif qu'il qualifie ; on dit en parlant d'un homme aussi bien *suus liber* que *sua uxor,* faisant accorder le possessif seulement avec *liber* et *uxor,* mais en allemand moderne on dira en parlant d'un homme *seine gemahlin* et en parlant d'une femme *ihr gemahl ; seine* porte un double genre, celui d'épouse qu'il qualifie et celui d'homme qu'il représente ; *ihr* porte le genre de *gemahl* qu'il qualifie et de *frau* qu'il représente ; il n'y a pas de confusion ni de trouble, car un des genres est exprimé lexiologiquement et l'autre grammaticalement.

L'anglais a éliminé un de ces genres, mais il a conservé le genre exceptionnel : *his wife, her husband* ; on dit également *his boy* et *her boy*, le sexe du mot qualifié n'exerce plus aucune influence.

3° Des rapports entre le genre et le nombre (qualitatif et quantitatif).

Le genre et le nombre forment deux catégories du substantif étroitement unis dans leur expression, quoique leur concept soit différent, l'un étant qualitatif et l'autre quantitatif, mais on sait combien partout le qualitatif et le quantitatif sont étroitement unis.

Leurs rapports sont de différentes natures : 1° ce qui est fréquent et important dans l'état ancien, le nombre est le réactif du genre ; 2° les deux éléments, le genre et le nombre, sont unis d'une manière intime et par voie de conséquence se reflètent indivisiblement ; 3° l'accord se fait en genre et en nombre et leur fonction grammaticale est la même.

a) *Le nombre réactif du genre.*

Dans la plupart des langues à genre vitaliste le genre n'a aucune expression au singulier ; seulement au pluriel, le nombre s'exprime lexiologiquement par un adverbe de quantité, quand il s'agit d'êtres inanimés et au contraire grammaticalement, quand il s'agit d'êtres animés.

En algonquin et en mutsun, en auca, en tcherokesse, tel n'est pas exactement le résultat, le pluriel varie seulement dans ses indices, suivant qu'il s'agit de l'animé ou de l'inanimé. Mais il en est tout à fait ainsi en tarasque, en totonaque (dans cette dernière langue, il y a beaucoup d'inanimés assimilés aux animés), en baure, en maya et en quiché, en chimu et en yunga, en dacotah, en cora, en paez, en nahuatl, en mosquito, en tsendal, en opata.

b) *Expression indivisible du genre et du nombre.*

Dans beaucoup de langues, il s'opère une fusion complète entre le genre et le nombre, si bien qu'on ne peut distinguer ce qui appartient à l'un ou à l'autre, ni analyser sûrement le conglomérat. Au singulier, d'ailleurs, le nombre n'a généralement pas d'expression, la rencontre n'a lieu qu'au duel et au pluriel.

Dans toutes les langues que nous venons de citer, où le nombre est le réactif du genre, l'animé exprime par un seul indice le pluriel et l'animé, le pluriel et l'inanimé.

Le nama exprime le genre et le nombre d'une manière qu'on est parvenu à analyser, mais qui paraît bien indivisible :

1re personne pluriel du pronom masculin *gum*, fém. *si*, commun *da* ; duel masc. *khum*, fém. *im*, commun *rum*.

2e personne pluriel masc. *go*, fém. *so*, commun *da*.

3e personne pluriel masc. *ga*, fém. *ti*, commun *n*.

Le singulier a d'autres racines, par exemple : 3e personne masc. *b*, fém. *s*, commun *i*.

Il en est de même dans les langues bantou.

En congolais ancien, la 7e et la 8e classe font au singulier *di* et au pluriel *ma* ; la 9e au singulier *nu* et au pluriel *ma* ; la 10e au singulier *lu* et au pluriel *ti* ; la 13e au singulier *n* et au pluriel *ma* ; la 14e au singulier *va* et au pluriel *ma*.

Il en est de même dans les langues du Caucase.

En hürkan, le premier genre n'a pas d'indice au singulier et prend l'indice *b* au pluriel ; le 3e *b* au singulier et au pluriel, le 4e *d* au singulier et au pluriel.

Le tchusch et le tchetschenze ont le premier six genres et le second sept. En voici la correspondance :

THUSCH

	1	2	3	4	5	6	7
Sing.	*n*	*j*	*j*	*b*	*d*	*b*	*b*
Pl.	*b*	*d*	*j*	*d*	*d*	*b*	*j*

A son tour, la déclinaison indo-européenne exprime le genre, le nombre et même les cas dans une   complète ; au latin :

	NOMIN.	GÉNITIF	DATIF	ACCUSATIF	OBLATIF
Masc. pl.	*i*	*orum*	*is*	*os*	*is*
Fém. pl.	*œ*	*arum*	*is*	*as*	*is*

16.

Nous n'avons cité que quelques exemples.

Par conséquent, le genre et le nombre se reflètent ainsi indivisiblement, c'est-à-dire que les adjectifs, les pronoms, le cas échéant les verbes, confondent en une seule expression le masculin et le pluriel, le féminin et le pluriel.

c) *Fonction commune.*

La fonction grammaticale du genre et du nombre est exactement la même ; ils l'opèrent ensemble et jamais l'un sans l'autre, lorsqu'ils le possèdent. Leur union cause des variations d'expression nombreuses et la concordance n'en est que plus marquée. C'est une règle banale de la grammaire que l'accord en genre et en nombre.

On peut dire que l'accord se frappe à la fois de deux manières : quantitativement et qualitativement, et que sans cela il ne serait pas complet.

4° De la distinction entre le neutre et l'inanimé.

Au premier abord, on serait tenté de confondre le neutre et l'inanimé ; les deux expriment, en effet, en principe, le genre des êtres qui ne sont ni des hommes, ni des animaux et qui ne sont, par conséquent, d'aucun sexe (l'idée ne fut pas venue d'attribuer un sexe aux plantes même dioïques). Tous les êtres inanimés sont privés de sexe et eux seuls le sont ; donc il y a coïncidence et partant confusion doit en être faite.

La coïncidence n'est pas tout à fait exacte cependant ; il y a des êtres humains, surtout des animaux, dont le sexe n'est pas pris en considération, quoiqu'ils en aient un, par exemple, les enfants impubères, les animaux sauvages. Pour eux, au masculin et au féminin s'est adjoint le neutre, quoiqu'il ne s'agisse pas d'êtres inanimés.

D'ailleurs, si l'on fait abstraction de toute distinction entre l'animé et l'inanimé et que l'on s'en tienne au point de vue étroitement sexualiste, il faut bien reconnaître que ceux-ci n'ayant pas un sexe au positif doivent en avoir un au négatif et que cette trilogie s'impose : êtres masculins, êtres féminins, êtres asexués. Nous venons de voir que l'être asexué n'est pas toujours un être inanimé.

Quelquefois, la langue reprend (fait très curieux) les êtres animés qu'elle avait classés comme neutres, c'est-à-dire comme asexués et leur donne fictivement un genre sexualiste, comme si c'étaient des choses ; en effet, tantôt elle met au masculin un genre d'animal tout entier, qu'il s'agisse d'un individu mâle ou d'un femelle : un blaireau, un rat, tantôt elle le met au féminin : une belette, une souris. Cet étrange classement a lieu dans presque toutes les langues. Ce n'est que pour les animaux domestiques qu'on rentre absolument dans le genre naturel.

Il y a donc une différence essentielle entre le neutre et l'inanimé ; cependant, la coïncidence est si forte, par exemple dans le latin et le grec, qu'on peut hésiter à ne pas les confondre. Pour se décider, il faut consulter certains faits linguistiques qui prouvent que le neutre et l'inanimé peuvent exister à côté l'un de l'autre dans la même langue et que, par conséquent, ils sont distincts.

Les langues slaves offrent un curieux spectacle de cette coexistence, spectacle que nous avons d'ailleurs déjà décrit. Le neutre et l'inanimé coexistent et s'expriment très différemment ; c'est certainement le neutre qui domine. Mais dans la déclinaison, on distingue, en outre, les noms d'hommes et d'animaux d'une part, et les objets inanimés de l'autre ; ces derniers ont l'accusatif semblable au nominatif (ils peuvent être masculins) tandis que les autres ont une désinence spéciale en *a*. De même, le génitif est en *a* pour les noms d'hommes et d'animaux et en *a* ou en *u* pour les êtres inanimés ; au pluriel, les noms d'hommes ont seuls le nominatif en *owie*. Les mêmes différences ont lieu dans les adjectifs et les pronoms. Nous renvoyons à notre chapitre sur la survivance du genre vitaliste.

En latin, en grec, il existe aussi, à côté du neutre qui est habituel, la survivance de l'inanimé, surtout dans les pronoms interrogatifs qui n'ont ni masculin, ni féminin : en grec, *tis* et *ti* ; en français (qui n'a pas le neutre) *qui*, *que* ; en italien, *chi*, *che* ; ce sont des survivances de l'inanimé qui se cumulent avec le neutre. L'inanimé est fort ancien, il a laissé partout des traces dans les pronoms interrogatifs et s'exprime par un tout autre système que le neutre.

D'ailleurs, loin d'être la transformation de l'inanimé, ou l'inanimé lui-même, le neutre indo-européen semble avoir eu une naissance tardive et n'a peut-être été à l'origine, en latin par exemple, que le masculin dépouillé de son nominatif ; seul le pluriel aurait fait une dérogation plus complète : *templum* correspond à l'accusatif *dominum* et aurait éliminé *templus*. Le neutre issu du masculin ne saurait être l'inanimé.

Enfin, l'accusatif s'exprime différemment dans deux langues romaines, suivant qu'il s'agit d'un être animé ou d'un être inanimé.

En espagnol, à l'accusatif, l'animé seul est précédé de la préposition *a* ; en roumain, au contraire, l'accusatif est dans tous les cas précédé de la préposition *pre*.

5° Des réactifs qui font apparaître le genre.

Dans nos langues indo-européennes où le genre a eu son plein épanouissement, il est marqué d'abord sur le substantif qui en est affecté, puis sur tous les mots en relation avec lui, cependant certains idiomes font exception, par exemple l'anglais où le substantif n'a aucune désinence en général qui indique le sexe et où l'article est invariable.

Mais à l'origine, souvent le genre ne se marquait pas ou ne se marquait plus sur le substantif à classer, au moins d'une manière constante, et il fallait pour connaître le genre grammatical l'emploi d'un réactif.

1° Réactif fourni par la catégorie du nombre.

Nous avons décrit ce réactif dans un autre chapitre et nous y renvoyons. Souvent le singulier ne porte aucun indice du genre, mais au pluriel, tantôt on emploie un indice pluriel différent suivant les genres, tantôt il y a un indice seulement pour l'inanimé. Ce système est très fréquent sous le régime vitaliste.

2° Réactif fourni par les mots en concordance.

Souvent le nom affecté du genre n'en porte aucun indice lui-même, mais ceux qui en dépendent et qui vont apparaître, l'indiqueront clairement. Un tel état peu naturel n'est pas primitif, mais il est le résultat de la chute du premier indice. On a voulu abréger et la répétition a paru suffisante.

Ce processus apparaît nettement dans les langues bantou. Tandis que le cafre exprime sans exception l'indice du genre, d'abord sur le substantif, puis d'une manière abrégée sur les mots en accord, en congolais, il disparaît souvent et on ne le retrouve que sur les autres mots.

Cette disposition devient la règle dans les langues caucasiques ; l'indice ne se marque sur le substantif que tout à fait par exception ; lorsqu'il s'y trouve, c'est qu'il représente un autre substantif.

6° Synthèse des modes d'expression du genre sexualiste.

Le genre grammatical sexualiste en son ensemble a plusieurs modes d'expression très distincts en s'appliquant au substantif; on les trouvera dans notre livre, mais dispersés ; nous les réunissons ici en quelques mots :

Ces modes sont : 1° une seule expression pour tous les genres, par exemple en français : le *chacal*, le *rat* ; 2° une expression différente seulement pour le pluriel ; 3° l'emploi de racines totalement différentes ; 4° celui d'une seule racine différenciée d'une manière irrégulière ; 5° celui de la variation vocalique ; 6° celui de la variation consonnantique ; 7° celui de la flexion par des préfixes ou des suffixes.

1ᵉʳ SYSTÈME

Il s'agit de la confusion dans l'expression de tous les genres, en ajoutant seulement, lorsque cela est nécessaire, le mot *mâle* ou le mot *femelle*,

On commence par une *confusion* complète des deux sexes : en algonquin, *osisim* signifie à la fois petit-fils et petite-fille ; *itimos* à la fois cousin et cousine.

De même en turc *ekiz* signifie aussi bien jumelle que jumeau et *amogha* cousin et cousine.

Plus souvent, on joint un mot qui signifie mâle ou un autre qui signifie femelle ; lorsqu'il y a suffixation, le procédé imite quelquefois celui de la flexion.

En japonais : *mussu-ko*, fils, *mussu-me*, fille ; *kiyau-dai*, frère, *wome-kiyau-dai*, sœur ; *o-uma*, cheval mâle, *me-uma*, jument ; en turc : *aye*, ours, *aye-dichi*, ourse ; *to-*

roum, fils, *kiz-toroum*, fille ; *karendach*, frère, *kiz-karendach*.

En anglais : *he-cat*, le chat, *she-cat*, la chatte ; *he-fool*, le poulain, *she-fool*, la pouliche. En allemand on étend dans ce but à tous les animaux *kuh*, qui signifie la vache et *kalb*, le veau ; *hirsch*, cerf ; *hirsch-kuh*, *hirsch-kalb* ; ou quand il s'agit d'oiseaux, on emploie *hahn*, le coq, et *henne*, la poule ; *trut-hahn*, le dindon ; *trut-henne*, la dinde.

L'écossais prépose *bana*, qui exprime le féminin : *bana-ceile*, l'épouse ; s'il s'agit d'animaux, on prépose *firion* pour le mâle et *boirionn* pour la femelle ; *ban-arach*, la laitière ; *ban-oglah*, la servante ; *cat-boirionn*, la chatte. Pour les oiseaux c'est *boc* et *cearc* qu'on prépose ainsi.

2ᵉ SYSTÈME

L'expression par deux racines différentes a lieu surtout dans les langues primitives, mais nous en retrouvons les traces nombreuses encore chez les contemporains. Nous en avons cité de nombreux exemples, la différenciation est ainsi bien plus profonde, cependant elle a moins d'influence sur l'ensemble de la grammaire ; le genre se trouve alors cantonné au substantif seul.

Algonquin : *istes*, frère aîné, *mis*, sœur aînée ; *musu*, grand-père, *okku*, grand'mère.

Dakotah : *cingge*, frère aîné, *tangke*, sœur aînée.

Mixtèque : *i'tàa*, père, *dzahe*, mère ; *nani*, frère de l'homme, *cahia*, frère de la femme.

Koggaba : *abama*, aïeul, *sagha*, aïeule ; *tuei*, frère, *nallù*, sœur.

Ainû : *haku*, mari, *machi*, épouse ; *sontake*, petit garçon, *apéra*, petite fille.

Japonais : *odi*, oncle, *woba*, tante ; *oi*, neveu, *mei*, nièce.

Turc : *oghul*, fils, *kèz*, fille ; *dai*, oncle, *helon*, tante ; *bonghon*, taureau, *inek*, vache ; *horoz*, coq, *tavouz*, poule.

Arabe : *abu*, père, *ammù*, mère ; *djamel*, chameau, *naqa*, chamelle ; *tis*, bouc, *majà*, chèvre.

Kabyle : *argaz*, homme, *th-amestou-th*, femme ; *izem*, lion, *th-asedda* ; *azgar*, bœuf, *th-afounes-t*.

Yenissei-Ostiake : *tip*, chien, *fang*, chienne.

Polonais : *dziadek*, grand-père, *babka*, grand'mère ; *maz*, mari, *zona*, femme ; *ajczym*, beau-père, *macocha*, belle-mère ; *syn*, fils, *corka*, fille ; *kon*, cheval, *kobyla*, jument ;

Russe : *lochad*, cheval, *kobyla*, jument ; *piétux*, coq, *kuritsa*, poule.

Anglais : *son*, fils, *daughter*, fille ; *uncle*, oncle, *aunt*, tante ; *buck*, daim, *doe*, daine ; *dog*, chien, *bitch*, chienne.

Allemand : *vetter*, cousin, *base*, cousine ; *éber*, sanglier, *saù*, truie ; *bock*, bouc, *ziege*, chèvre.

Irlandais : *mac*, fils, *nigheam*, fille ; *aide*, beau-père, *muime*, belle-mère ; *drac*, canard, *tunag*, cane ; *each*, cheval, *capull*, jument.

Gallois : *daw*, gendre, *gwaidd*, bru ; *ewythr*, oncle, *modryb*, tante ; *ceffyl* cheval, *caseg*, jument ; *ci*, chien, *gast*, chienne.

Espagnol : *yerno*, gendre, *nuora*, bru ; *caballo*, cheval, *yegna* jument.

Portugais : *porco*, porc, *marra*, truie ; *veedo*, cerf, *corça*, biche.

Roumain : *moshulu*, grand-père, *brunica*, grand'mère ; *tap*, bouc, *capra*, chèvre ; *cococh*, coq, *gaina*, poule.

Français : *oncle*, *tante* ; *gendre*, *bru* ; *lièvre*, *hase* ; *coq*, *poule* ; *veau*, *génisse*.

Il s'agit, comme on le voit, uniquement de noms de parenté ou d'animaux, c'est qu'aussi ce sont les seuls où peut régner le genre sexualiste naturel. Mais on voit que le processus, pour primitif qu'il soit, persiste dans les langues les plus civilisées et les plus modernes.

3ᵉ SYSTÈME

La racine n'est plus entièrement différente au masculin et au féminin, elle est unique, seulement différenciée, mais le moyen est encore lexiologique, non grammatical ; de plus, il est divergent et n'obéit point à une règle unique ; la racine est modifiée de beaucoup de façons et non par un moyen uniforme et rationnel.

En voici des exemples. On va voir qu'il s'applique surtout

aux langues non civilisées. On peut le considérer comme une modification du précédent :

Dakotah : *ta-hang*, beau-frère, *hang-ke*, belle-sœur.

Mixtèque : *dzasi*, cousin, *dzica*, cousine ; *dzatadzigo*, beau-père, *dzahadzidz*, belle-mère ; *sij*, grand-père, *sitwa*, grand'-mère ; *dziso*, oncle, *dzidzi*, tante.

Japonais : *sshohu*, grand-père, *ssobo*, grand'-mère ; *kainata*, beau-père, *kainana*, belle-mère.

Yenissei-ostiake : *baghat*, vieillard, *bagham*, vieille ; *xip*, grand-père, *xima*, grand'mère ; *fup*, fils, *fun*, fille.

Ce procédé est un des moins fréquents, il peut être considéré comme une tentative de ne plus exprimer le féminin par une racine totalement différente et de parvenir à une flexion et à une expression grammaticale.

4ᵉ SYSTÈME

Le genre s'exprime non encore par la flexion, mais par la *variation vocalique*. Ce système est rarement employé aussi. Il est remarquable en mandchou. Il consiste à *adoucir* toutes les voyelles de la racine.

En mandchou : *ama*, père, *eme*, mère ; *amha*, beau-père, *emhe*, belle-mère ; *haha*, homme, *hehe*, femme ; *amba*, frère aîné, *ambu*, sœur aînée ; *dehema*, oncle maternel, *deheme*, tante maternelle ; *amila*, oiseau mâle, *emile*, oiseau femelle ; *chacha*, homme, *chichi*, femme.

Le procédé ne s'applique pas d'ailleurs directement à la distinction entre le masculin et le féminin, mais, comme en nama, à celle entre tout ce qui est fort et ce qui est faible : *gangyan*, esprit fort, *gengyen*, esprit faible ; *wasime*, monter, *wesime*, descendre.

En finnois on trouve : *akko*, vieillard, *akka*, vieille femme ; en caraïbe : *baba*, père et *bibi*, mère.

Les langues celtiques emploient un procédé analogue : en gallois, le féminin de l'adjectif se forme par une véritable variation vocalique : *llwu*, nû, *llon* ; *llwrf*, timide, *llorf* ; *rhwth*, ouvert, *rhoth* ; *dwl*, stupide, *dol* ; *byr*, court, *ber* ; *cryf*, fort, *cref* ; *chwyrn*, rapide, *chwern* ; *gwyn*, blanc, *gwen* ; *bychan*, petit, *bechan* ; *tywyll*, obscur, *tywell* ; *asyrn*, âne, *asenn ; hoggyn,* garçon, *hogen ; crwtyn,* petit garçon, *croten.* Sans doute, le procédé en celtique peut n'être pas direct, mais résulter d'une périphome, c'est-à-dire de l'influence d'une désinence tombée, mais nous le mentionnons tel qu'il apparaît.

Il faut signaler en allemand : *hahn,* coq et *henne,* poule.

5ᵉ SYSTÈME

Le genre s'exprime, non plus par la variation d'une *voyelle,* mais par celle d'une *consonne initiale.* Ici le phénomène n'est pas primitif, mais *hystérogène* et résulte de l'*influence* qu'a laissée après sa chute un préfixe ou un mot préposé qui avait opéré phonétiquement.

Le phénomène existe dans la langue poul, dans les langues celtiques et dans le dialecte sarde.

Langue poul — ici il s'agit non du genre sexualiste qui n'existe pas, mais du genre vitaliste. Le pluriel se forme de manière différente, suivant qu'il s'agit d'un être privé ou doué de raison. Pour le détail, nous renvoyons à la page 149.

Langues celtiques : après le possessif *he* relatif à un homme, le *b* initial du substantif se change en *v,* le *k* en *g,* le *d* en *z,* le *g* en *ch,* le *gw* en *w,* l'*m* en *v,* le *p* en *b,* le *t* en *d,* l'*s* en *z,* en un mot, toutes les consonnes s'adoucissent ; au contraire, si le possessif *he* s'applique à une femme, il n'y a mutation que pour *k, p* et *t* et la mutation est *inverse ;* nous avons indiqué ce procédé en détail, il en est de même après l'article.

Dialecte sarde : le dialecte sarde présente le même phénomène avec la même explication d'hystérogénéité. .

6ᵉ SYSTÈME

Ce système relie étroitement le qualitatif au quantitatif. Au nombre singulier, aucune expression de genre. Au pluriel, au contraire, il s'exprime de la manière suivante. Les noms inanimés n'ont pas de pluriel proprement dit, on ajoute un adverbe de qualité, *peu, beaucoup,* etc. Au contraire, s'il s'agit d'un être animé le pluriel a une expression grammaticale en général par un suffixe.

C'est ainsi que le dacotah n'a pas de pluriel pour le genre

inanimé et qu'il en possède un pour le genre animé en suffixant : *pi*, *wicasta-pi*, les hommes ; il en est de même en cora où au pluriel pour l'animé seulement on suffixe : *ri*, *eri*, *tzi*, *te*, etc. Il en est de même en totonèque et en paez (voir page 117), en auca, en tarasque, en maya, en quiché, en baure, en chimu et en yûnka.

7ᵉ SYSTÈME

Enfin, on arrive au procédé qui consiste à exprimer toujours le féminin par l'addition d'un *préfixe* ou d'un *suffixe*, le plus souvent d'un suffixe, quelquefois des deux à la fois, formant la répétition l'un de l'autre.

Il y a ici encore des distinctions à faire. Parfois l'indice se forme par une simple voyelle finale, toujours employée dans le même but, tantôt on introduit et on infixe avant cette voyelle une syllabe formant le féminin, par exemple, en latin *domin-us*, *domin-a*, maître ; en allemand *enkel*, *enkel-in*, petit fils, petite fille ; en français *bon*, *bonne* ou *enchanteur*, *enchanteresse*. L'emploi du second moyen est plutôt encore lexiologique.

La flexion apparaît déjà dans les langues des non-civilisés, mais elle y est bien plus rare.

L'arabe, même s'il s'agit d'un sexe naturel, exprime par des suffixes qui sont tantôt l'addition d'un *a*, tantôt celle d'un *t* : *sab*, jeune homme, *sab-ia*, jeune fille ; *bikr*, frère aîné, *bikra*, sœur aînée ; *djadd*, aïeul, *djadda*, aïeule ; *kalb*, chien, *kalba*, chienne ; *latif*, bon, *latife*, bonne. Dans les verbes et dans beaucoup de substantifs, pour le féminin, on suffixe *t* : *qatal*, il a tué, *qatala-t*, elle a tué.

Le vieil égyptien suffixe *t* pour le féminin : *son*, frère, *son-t*, sœur ; *nofer*, jeune homme, *nofer-t*, jeune fille, ou il allonge la voyelle finale : *oûro*, roi, *ourô*, reine on ajoute un *e* ou un *i* : *shon*, beau-père, *shone*, belle-mère, ou il préfixe *t* : *ta-kers-t*, l'enterrement.

Le kabyle suffixe *th*, ou le préfixe et le suffixe à la fois : *abarer*, renard, *th-abarer-th*, ou suffixe *a*.

En bedza on suffixe aussi *t* ; en sabo et en chamir on suffixe *i* : *bok*, esclave, *bok-i*, femme esclave.

L'arrouague convertit au féminin la voyelle finale *u* en *i* : *basabantu*, garçon, *basabanti*, fille ; *kansiti*, amant, *kansitu* ; le goaxira convertit en *e* : *anashi*, bon, *anase*.

Haoussa : *dia*, fils ; *diû*, fille ; *yara*, garçon, *yarùni* ; *mutum*, homme, *mutumma*.

Ienissei-Ostioke : *papesh*, frère ; *papetha*, sœur ; *hoi*, oncle ; *hojà*, tante ; *dol*, garçon ; *dolia*, fille.

Dans les langues indo-européennes, l'emploi des désinences est général ; cependant, quand il s'agit de genre naturel, c'est-à-dire de la femme et de la femelle des animaux, nous avons vu qu'on a le plus souvent encore recours à la différence des racines : *pa-ter ma-ter, bhrat-ar, svas-ar*, où l'on constate que la désinence ou plutôt la marque de désinence est identique.

Il en est de même à plus forte raison dans l'ensemble des langues romanes. Espagnol : *abuelo*, aïeul, *abuela* ; *nieto*, petit-fils, *nieta* ; *lobo*, loup, *loba* ; *mono*, singe, *mona* ; portugais : *irmao*, frère, *irma* ; *tio*, oncle, *tia* ; *burro*, âne, *burra* ; roumain : *verulu*, cousin, *vera* ; *cumnatu*, beau-frère, *cumnata* ; français : *lapin, lapine* ; *chat, chatte*.

Le neutre n'y a pas d'indice spécial, si ce n'est peut-être au pluriel. Quant au féminin il s'exprime tantôt par les désinences *a*, *i*, surtout *a*, tantôt par une syllabe intercalée : *konig, konig-in* ; *enchanteur, enchanter-esse* ; en gallois : *dyn*, l'homme, *dyn-es* ; en polonais : *kozel*, bouc, *koza* ; *test*, beau-père, *techa* ; *samets*, mâle, *samka* ; en latin : *bonus, bona* ; *equus, equa* ; en grec : *agathos, agath-ê*.

En sanscrit, ainsi que dans celles de la même famille, l'indice primitif est *jà*, lequel donne tantôt *e*, tantôt *i*.

Les suffixes indices du féminin sont donc dans l'ensemble des langues, surtout *t* et *ya*, *t* pour les langues sémitiques et chamitiques, *ya* pour les langues indo-européennes.

Dans la langue basque l'indice est *n*.

Nous avons dit qu'à côté de la désinence proprement dite, on rencontrait une marque plus directe du féminin, consistant en l'insertion d'une syllabe.

Il faut relever dans ce sens les suffixes *esse, ine* : *pêcheur, pêcheresse*.

On rencontre encore *iche* : *poulain, pouliche*. De même en allemand figure la syllabe *in* dans *baer*, ours, *baerin* ; *affe*, singe , *aeffin* ; *esel*, âne, *eselin*.

Parfois, ce n'est pas le féminin qui dérive du masculin par cette addition, c'est, au contraire, le masculin qui dérive du féminin, par exemple en allemand : *ente*, cane ; *enterich*, canard ; *taùbe*, colombe, *taùberich*, pigeon. Il en est de même en français : *cane* et *can-ard* ; *dinde, dind-on* ; *mule, mul-et.*

Il faut noter à ce sujet que le féminin s'exprime souvent aussi par l'emploi d'un *diminutif.*

Tels sont les différents procédés morphologiques. Quel est leur ordre ? Est-ce celui que nous venons de suivre ? Pas exactement, nous n'avons voulu que les distinguer l'un de l'autre, On ne peut faire sur ce point que des conjectures.

L'absence de toute expression nous semble l'état le plus ancien, il confine à celui où le concept du genre manquait lui-même, si dans certains cas, la distinction s'imposait ou accolait alors deux idées : celle de l'être et celui de son sexe ou de sa vie.

Cependant le procédé qui consiste à exprimer le genre par l'emploi de *deux racines* est peut-être aussi antique, souvent plus. Il répond au caractère primitif de l'esprit humain avec son penchant au *concrétisme.* De même que certains peuples n'avaient pas d'expression pour désigner un arbre en général, ni même un chêne en général, ils avaient des racines totalement différentes, dit-on, pour chaque sorte de chêne ; c'est qu'ils ne connaissaient pas les différences et les ressemblances, chaque être individuel restait individuel, c'est-à-dire concret ; le général était au-dessus de leur intelligence ; de même, l'être masculin et l'être féminin d'une espèce ne formaient pas deux sexes de la même, mais deux espèces différentes. Nous obéissons bien encore à la même idée, lorsque nous disons : *oncle, tante,* au lieu de dire comme les latins et plus logique-ment : *avunculus, avuncula,* puisque la tante n'est que l'oncle féminin. Seulement chez nous, c'était l'exception et une survivance, tandis que chez eux c'était la règle et un phénomène primordial. Aussi le voyons-nous à la fois très primitif et très persistant.

Le sauvage n'était pas frappé du sexe de ceux des animaux qui ne sont pas domestiqués. Que lui importe que ce soit un loup ou une louve, un lion ou une lionne ! Au contraire, le mâle de l'animal domestique a des utilités toutes différentes de celles de la femelle ; la vache, par exemple, donne seule le lait, les veaux, etc. Aussi l'animal sauvage n'a qu'un nom ; l'animal domestique, comme pour les noms de parenté, a partout une racine pour le mâle, une autre pour la femelle.

Mais peu à peu le concept s'ouvre à l'abstraction et dès lors il tend à concevoir le genre en lui-même, à comprendre le rapport qu'il y a entre tel animal mâle et tel animal femelle, ce qui en fait une même espèce. Il cherche à les rapprocher par l'expression, il n'emploiera plus qu'une seule racine, en la différenciant un peu, mais d'abord d'une manière anarchique sans règle fixe.

Peu à peu l'ordre s'établit dans ce cas ; la modification devient régulière ; les consonnes sont conservées, mais l'intérieur du mot subit la variation vocalique, du moins celle primitive, car il en existe une autre hystérogène à laquelle nous arriverons bientôt.

Ce dernier procédé est peu usité. A une certaine époque de l'évolution, on tend à exprimer par des mots vides les concepts accessoires, le genre en fait partie ; tantôt on préposera ce mot vide, tantôt on le suffixera. Mais on ne l'emploie pas d'emblée pour tous les mots, mais seulement pour les *mots majeurs*, les plus importants. Quels sont-ils ? C'est d'abord l'*animé* ; on n'exprime ainsi le genre que sur lui seul. On ne l'emploie qu'au pluriel et non au singulier, peut-être parce que l'on considère que le pluriel est déjà quantitativement supérieur à l'autre, de même que l'animé est supérieur à l'inanimé et le masculin au féminin.

Plus tard cette limitation disparaît et partout l'expression du féminin se fait par la suffixation ou la préfixation d'un mot vide ou par les deux à la fois.

Mais le mot vide n'est pas sans exercer une certaine influence phonétique sur la racine à laquelle il est attaché. Cette influence, si ce mot est final, modifie la voyelle interne de la racine ; s'il est initial, il agit sur la consonne initiale.

C'est alors qu'apparaît la *variation vocalique hystérogène*, qui n'est qu'une périphonie résultant de l'action mécanique de la voyelle finale tombée depuis, sur la voyelle radicale, sans qu'il soit toujours possible de remonter à l'origine. Quant à la mutation de la consonne initiale, elle est toujours hystérogène et s'explique ainsi.

Telle est, croyons-nous, la sériation.

17.

7° De la priorité dans les divers concepts du genre.

Nous venons de faire la synthèse des diverses expressions de genre et nous avons examiné en même temps lesquelles d'entre elles remontaient à la plus ancienne origine.

Maintenant, il s'agit d'une autre question. Les divers genres en eux-mêmes sont : le genre objectif, soit coordonnant, soit subordonnant, le genre subjectif, enfin le genre artificiel qui n'est que l'expansion du premier sur le second. Il existe, en outre, beaucoup de genres intermédiaires. Lequel est le plus antique et quelle a été la sériation chronologique ?

Cette question est assez obscure. Un point est certain, c'est que le genre artificiel est venu le dernier, il appartient d'ailleurs aux langues de plus grande civilisation.

Mais il reste presque impossible de décider entre le genre objectif et le genre subjectif pur, les deux sont très anciens, mais ont été en vigueur chez des peuples différents ; ceux qui ont une riche gamme subjective, comme certaines langues américaines, ne distinguent pas les objets en des classes nombreuses, mais cependant les classent déjà objectivement.

Dans l'intérieur de chacun de ces trois genres, la sériation est plus facile à établir. Parmi les divers genres objectifs, nous pensons que le coordonnant est antérieur au subordonnant, par conséquent, les classes des langues bantou au genre biotique, mais ce dernier est antérieur à son tour au genre logistique et celui-ci au genre andrique, lequel en s'élevant confine au genre subjectif.

Il reste à savoir dans les langues à genre sexualiste artificiel par extension du genre sexualiste naturel, si les trois genres : masculin, féminin et neutre, ont toujours coexisté, ou si l'un est antérieur aux autres.

L'un des trois présente une grande faiblesse, le neutre. Il disparaît souvent le premier et il est probable aussi qu'il a apparu le dernier. Bien entendu, par le neutre, nous n'entendons pas l'inanimé. Il est certain qu'il a disparu du français, de l'italien, de l'espagnol, pour ne laisser place qu'aux deux autres. Il s'est conservé dans l'anglais, mais il y joue plutôt le role d'inanimé, le féminin y ayant perdu son extension. Ce n'est pas tout ; les langues sémitiques qui font un si grand usage du masculin ou du féminin, ignorent le neutre, c'est le féminin qui en remplit la fonction, comme le fait le masculin en français. Il en est de même dans les langues chamitiques. Son domaine est donc très restreint. Ce n'est pas tout. Sa formation morphologique est fort remarquable. Il coïncide en latin, en grec et en sanscrit avec le masculin, sauf à trois cas, le nominatif singulier, le nominatif et l'accusatif pluriels. Or, pour le premier de ces cas, son origine est connue. L'être asexué joue ordinairement dans la proposition, le rôle de complément direct et non de sujet, son nominatif sera donc l'accusatif de l'être sexué.

Le neutre est ainsi postérieur. Que faut-il penser du masculin et du féminin ? Il est possible qu'à l'origine ils n'aient pas été distincts dans les langues aryennes. Les racines très anciennes *matar*, mère, *duhitar*, fille, *bhratar*, *frère*, ne se distinguent en rien par leurs désinences ou autrement ; si la distinction avait déjà été faite, on aurait dit : *matri, bhratri*. En outre, le verbe ne présente aucune trace sexualiste. Enfin, le féminin n'est que le masculin auquel on a ajouté un suffixe *ya*. Dans les langues sémitiques, le féminin a plus de force, il règne jusque dans les verbes où il affecte, non seulement la 3ᵉ, mais aussi la 2ᵉ personne au singulier et au pluriel ; d'autre part, il y remplace le neutre qui n'existe pas. Mais il faut remarquer qu'il s'exprime par un suffixe ou un préfixe *t* surajouté au masculin ; donc celui-ci est antérieur. Il en est de même dans les langues chamitiques. Si le masculin portait un indice à son tour, la question resterait douteuse, mais il n'en est pas ainsi, il présente la racine nue : *son*, frère, *son-t*, sœur.

Donc la *sériation* semble bien être : 1° masculin ; 2° féminin ; 3° neutre.

8° De l'expression pléonastique du genre et de sa transposition.

Nous voudrions signaler ici deux phénomènes relatifs non au concept du genre, mais à son expression, et qui, d'ailleurs, lui sont communs avec le nombre, le qualitatif et le quantitatif les présentant à la fois. Ils n'apparaissent, d'ailleurs, que dans quelques-unes des langues les plus civilisées. Tantôt il s'agit de géminer l'expression, tantôt, au contraire, de la retirer de son siège naturel et principal pour la reporter sur un autre mot. Hâtons-nous d'ajouter que ces procédés n'ont rien de volontaire, mais sont un résultat mécanique du langage, aboutissant cependant à un effet souvent psychologique. L'expression pléonastique, quoique très différente de l'autre, a cependant été son point de départ, c'est pour cela que nous pouvons les réunir sous une même rubrique.

Le phénomène de pléonasme n'existe que dans les langues qui possèdent un article, et même pas dans toutes. L'arabe, par exemple, et les autres langues sémitiques, le celtique, le basque, possèdent l'article et rien de tel ne s'y produit, parce qu'il est invariable. Le latin ne possédant pas l'article, non plus que la plupart des langues slaves, il n'y a pas lieu non plus à gémination. Il en est autrement dans la langue grecque. Là l'expression du genre se fait, indépendamment de l'accord qu'il produira ensuite, avec une grande énergie. En effet, le genre et le nombre s'expriment sans intervalle deux fois, la première sur l'article, la seconde sur le substantif qui y est joint, et le mode d'expression est le même phonétiquement, ce qui augmente encore l'effet : *o anthropo, ê gonê, ta dendra*. L'expression des cas se fait en même temps que celle du nombre et du genre d'une manière géminée : *tais kephalais, tais knêmais*.

Le fait est connu, nous ne voulons en retenir ici que l'effet. L'impression du genre se trouve ainsi singulièrement renforcée, elle devient tout à fait dominante ; quelquefois, elle aurait pu passer inaperçue, mais avec un pareil système, elle frappe l'oreille comme un écho ; ce n'est pas tout. Le genre devient ainsi une base beaucoup plus solide de l'accord qui produira son maximum d'effet.

Mais, en outre, dans certains cas où le genre n'est pas phonétiquement et morphologiquement marqué sur le substantif, ce pléonasme, qui n'en est plus un, remédiera à cette déficience. Par exemple, les mots de la troisième déclinaison ne portent pas la marque du genre, comme ceux de la première et de la seconde : *pater*, père, *mêtêr*, mère, il n'y aura plus de doute sur le genre, si l'on dit : *o pater, ê mêtêr*.

Le second phénomène consiste en ce que l'article porte seul, au moins pour l'oreille, la marque du genre; d'auxiliaire, il est devenu suppléant. C'est ce qui se produit en français. L'*e* muet final du substantif n'est pas un signe certain du féminin, car si l'on dit *mère,* on dit *père* aussi par un *e* muet. Mais l'article qui précède se chargera de la détermination du genre. Il n'y a plus pléonasme, mais transport de l'expression du genre du substantif sur l'article. Au point de vue psychique, il en résultera un procédé d'extrême analyse par lequel on exprime distinctement le substantif lui-même et le concept du genre qu'il affecte. Dans l'expression verbale, les verbes auxiliaires jouent le même rôle.

Cependant cet emploi auxiliaire se rattache à l'emploi pléonastique. D'abord le substantif féminin portait la désinence claire *a,* marque de ce genre, l'article aussi, et il y avait pléonasme véritable, puis le signe s'est effacé et confondu sur le substantif, l'autre seul est resté. C'est ainsi que partout la cause téléologique existe, mais qu'elle a été précédée par la cause efficiente.

9° De l'avenir du genre grammatical.

Le genre grammatical, nous l'avons constaté, semble ne pas avoir existé à l'origine dans beaucoup de langues; sans doute, dans quelques-unes le genre objectif a eu dès l'abord un grand développement, par exemple dans la famille bantou, et le genre subjectif ailleurs, en ce qui concerne certains noms, notamment ceux de parenté, mais beaucoup d'autres l'ignorent encore aujourd'hui et l'ignoreront toujours.

Dans le cours de l'évolution, il tend à se réduire. Dans les langues indo-européennes, le masculin, le féminin et le neutre du latin et du grec sont devenus le masculin et le féminin seulement en français. L'anglais a conservé le genre naturel, mais supprimé le genre artificiel, tandis que l'allemand a gardé ce dernier.

Lorsque de nouveaux idiomes naissent de l'hybridité, ils suppriment souvent la catégorie du genre. C'est ainsi que dans le patois créole africain, l'adjectif a perdu ses désinences féminines : *fort, forte* devient *fô ; gras, grasse* devient *gras,* le démonstratif est invariable, le pronom personnel l'est à son tour ; il n'y a plus de trace de genre, même naturel. Dans la Malaisie, il en est de même, le genre est inconnu ; si le nègre préfixe au substantif, tantôt l'article masculin *li, le*, tantôt le féminin *la*, ce n'est qu'un procédé mécanique d'imitation, d'ailleurs *la* est souvent préposé au masculin ; on dit : *labec, lasabe*. Il en est de même de l'adjectif.

On voit que le genre est un concept qui a une expression délicate et fragile.

Si l'élément qualitatif du genre, lequel est destiné à relier les mots de la proposition, est aussi faible, le nombre, au contraire, qui concourt au même but, est autrement persistant, et s'il n'est tout à fait universel, il s'en faut de beaucoup moins. Aussi partout où l'expression grammaticale du nombre s'est produite, elle est demeurée, en éliminant seulement ce qui dépassait le singulier et le pluriel.

Si l'expression du genre est ainsi loin d'être parfaite et durable, son emploi présente de nombreuses difficultés. Il en a de très sensibles dans notre langue où la grammaire se heurte aux règles dites de l'accord du participe présent et à celles de l'accord du participe passé. Pour le premier, il faut se reporter au concept pour rechercher si l'on a voulu exprimer une action (participe présent) ou un état (adjectif verbal). Pour le second, l'accord se fait si le substantif qualifié précède, mais non pas s'il suit ; des règles secondaires viennent compliquer le principe. Aussi une circulaire ministérielle, édictant sur un point de grammaire, comme les empereurs romains le faisaient sur un point de théologie et avec la même compétence, a-t-elle aboli au moins la règle du participe passé, détruisant, dans ce cas, l'un des effets du genre, l'accord.

D'autre part, la consistance et l'application de l'idée du genre donnent lieu aux plus grands illogismes depuis le règne du genre artificiel. Ce qui est masculin dans une langue devient féminin dans l'autre, neutre dans une troisième, tandis qu'il devrait toujours être neutre, représentant un être inanimé. Loin d'être une richesse, un tel état n'est qu'un embarras. Il forme un obstacle sérieux à l'étude des langues étrangères, il habitue à une personnification anthropomorphique des choses. Avec la même illogicité, le féminin naturel devient neutre, par exemple, dans l'allemand : *frauenzimmer*.

Mais cependant, malgré tous ces défauts, le genre est très utile et il semble même, au premier abord, nécessaire, non en lui-même, mais dans sa fonction qui est *l'accord ;* sans lui, comment relier les membres de la proposition dont l'un se rapporte à l'autre ? Le nombre, il est vrai, est déjà employé à cet office, mais il est insuffisant pour la précision voulue. Que signifierait le pronom personnel d'une seconde phrase, si l'on ne savait lequel des mots de la précédente il reproduit ? Sous ce rapport, plus il y aura de genres, plus grande sera la clarté. Cela justifie même le genre artificiel malgré ses illogismes. En effet, les substantifs qui n'ont pas de genre naturel, qui sont des êtres inanimés, sont trop nombreux, et les répartir, même arbitrairement, entre le masculin et le féminin semble œuvre utile pour que l'accord soit plus net.

En cet état, on peut se demander si la conservation du genre grammatical est bien expédiente.

Dans les langues naturelles et existantes, il ne peut être question de les supprimer, car une langue ne s'édicte pas, elle se forme grain à grain et d'une façon inconsciente. Cependant dans les détails, les académies, et, davantage encore, le style des écrivains réagissent et il serait possible d'y corriger les fonctions trop étendues ou les variations trop arbitraires du genre.

Mais où l'effet serait libre et complet, ce serait s'il s'agissait de créer une langue artificielle, internationale, destinée à être comprise de tous les peuples et parallèle à la langue maternelle de chacun. Y aurait-il lieu d'y supprimer ou d'y réduire le genre, et dans quelle mesure ?

Avant de le rechercher, il faut exposer, quant à ce point, les principaux des systèmes de langue internationale proposés.

Le volapük ne connaît que le genre naturel et l'absence de genre naturel ; pour l'exprimer, il préfixe *ji* pour le féminin et *os* pour l'asexué : *son,* fils, *ji-son,* fille ; *blod,* frère (*bruder*), *ji-blod,* sœur. S'il s'agit de noms féminins et non du féminin d'un mot masculin, on préfixe *of,* ainsi l'on dit *ji-lidel,* la femme de l'instituteur, et *of-tidel,* l'institutrice.

L'adjectif reste invariable quand il suit le substantif, ce qui est sa place normale ; dans le cas contraire, il s'accorde avec lui ; il en est de même des pronoms et des mots de nombre.

Le bolak ne connaît que le genre naturel, il l'exprime en préfixant *u* ; *kal*, cheval, *u-kal*, jument. Mais un certain nombre de mots échappent à cette règle et expriment le genre naturel en employant des racines distinctes : *per, mer*.

Le pronom personnel possède le masculin, le féminin et le neutre : *se, le, tche*.

Il n'y a pas d'article.

L'esperanto ne connaît même pas le genre naturel dans l'article, ni dans l'adjectif qui restent invariables. Le substantif exprime le genre naturel seulement en insérant *in* : *patro*, père ; *patrino*, mère.

Le pronom personnel marque le genre naturel, mais pour le féminin seulement, puisqu'il assimile le neutre au masculin. Le singulier est donc *li*, il ; *shi*, elle. Au pluriel, il y a confusion totale : *ili* signifie ils et elles.

Voici maintenant ce qui résulte de certains essais moins connus.

L'universal sprache laisse toujours le substantif et l'adjectif invariables ; cependant, dans le substantif, le féminin naturel s'exprime en insérant *in* : *kaval-in*, jument. Le pronom personnel lui-même ne distingue aucun genre, même à la 3ᵉ personne.

La weltsprache n'admet dans les substantifs que le genre naturel qu'elle marque en insérant l'indice féminin *in*, ou en employant des racines différentes : *frater, soror ; lup, lup-in*.

Les adjectifs restent toujours invariables, à moins qu'ils ne soient employés substantivement, alors on emploie *a* au féminin et *o* au neutre. Le pronom personnel a les trois genres, masculin, féminin et neutre.

Le néo-latin ne connaît que le genre naturel lequel se termine en *o* pour le masculin et en *a* pour le féminin : *padro*, père, *matra*, mère ; l'adjectif reste invariable. Les pronoms personnels ont le masculin, le féminin et le neutre : *li, la, le*.

La pasilingua a quatre genres, mais tous naturels et sans extension au delà : *o* pour le masculin, *e* pour le féminin, *a* pour le neutre concret, *u* pour le neutre abstrait ; l'article le marque encore davantage :

to homino, te femine, ta cita, tu modestiu.

Comme on le voit, le neutre abstrait n'est autre que le substantif abstrait.

Le pronom personnel possède les trois genres ; de même les démonstratifs et les relatifs.

La langue henderson ne possède que le genre naturel indiqué, en cas de nécessité, par des préfixes. L'adjectif reste invariable. Les pronoms personnels et possessifs ont les trois genres naturels. Les démonstratifs ont une forme pour les personnes et une pour les choses.

La langue universal ne connaît que le genre naturel qu'il marque par *o* pour le masculin et *a* pour le féminin. L'adjectif reste invariable. Le pronom personnel a les trois genres. Il en est de même du pronom démonstratif et du pronom relatif.

Le novilatin a le genre naturel : masculin en *o*, féminin en *a* et neutre en *e* : *kan, kano, kana*. L'adjectif reste invariable. Le pronom personnel prend les trois genres.

Le neutral n'a que le genre naturel en *o* et en *a* : *kaval, kavala*. L'adjectif reste invariable. Le pronom personnel prend les trois genres.

Nous avons nous-mêmes, dans une monographie intitulée : *De la possibilité et des conditions d'une langue internationale*, publiée en 1892, proposé un système de langue internationale basé, quant au vocabulaire, sur les mots de la plus grande internationalité ; quant à la grammaire, nous avons supprimé le genre artificiel et conservé les trois genres naturels au point de vue de l'accord.

Tel est le bilan, il résulte de cette rapide revue :

1° Que le genre artificiel est absolument supprimé ;

2° Que le genre naturel se compose tantôt du masculin, du féminin et du neutre, tantôt du non-féminin et du féminin. Une seule langue supprime le genre naturel ;

3° Que sur le substantif les uns marquent le genre naturel par trois désinences, les autres le féminin par un infixe *in*, la désinence n'étant pas modifiée ;

18

4° Qu'une seule langue a en dehors du genre masculin, du féminin et du neutre, toujours uniquement naturels, le genre abstrait ;

5° Qu'en général, dans l'intérieur d'une même proposition, aucun accord ni sur l'adjectif, ni sur le verbe, ni sur l'article ne vient refléter les différents genres, même naturels.

6° Que lorsqu'il s'agit de plusieurs propositions, le pronom personnel, lequel représente une idée de la première dans la seconde subit l'accord et reflète le genre naturel.

On voit que le genre grammatical a été presque entièrement supprimé dans une seule et même proposition, soit quant à l'accord, soit quant à la marque même sur le substantif, tandis que son concept ressuscite lorsqu'on se trouve en présence de plusieurs propositions.

Doit-on supprimer le genre grammatical ? Si on le conserve, dans quel limite doit-on le faire ?

Il est un point indubitable, c'est que dans une langue internationale et logique, le genre artificiel doit être complètement aboli. S'il s'explique devant l'histoire, on ne comprend pas devant la raison qu'on donne un sexe à un objet inanimé.

La seule excuse existe au point de vue de l'accord. C'est celle-ci :

Le genre naturel s'applique à un petit nombre d'êtres, et par conséquent au point de vue de l'accord, il reste en dehors une masse immense de substantifs qui seront représentés par le même pronom, ce qui entraînera de l'obscurité. En conservant, au contraire, les trois genres naturels, masculin, féminin et neutre et en répartissant quelques substantifs trop nombreux du neutre entre le masculin et le féminin, on aurait trois genres plus égaux et par conséquent, on saurait mieux à quel substantif le pronom personnel se rapporterait. A ce point de vue même, si on possédait quatre ou cinq genres, la clarté serait plus grande.

Cela est vrai, mais on ne doit pas acquérir cette qualité au moyen d'un défaut aussi grave que la répartition arbitraire des genres.

Il faut donc supprimer le genre artificiel.

Mais il faut maintenir le genre naturel. Pourquoi ? Ce n'est pas que la sexualité en elle-même soit très importante pour le langage. Beaucoup de langues ont le genre non-sexualiste, le genre objectif. Mais il est utile de distinguer entre les substantifs pour pouvoir réaliser l'accord.

De combien de genres doit se composer le genre naturel ? Le français, par exemple, n'a que le *féminin* et le *non-féminin*, ce qui revient à dire qu'il confond le masculin et le neutre. Ce système est suivi par l'esperanto. Le grec et le latin distinguent trois genres, de même le volapük et le bolak. La langue pasilingua, au contraire, joint à ces trois genres le genre abstrait. Au point de vue de l'accord, trois genres naturels sont nécessaires, le quatrième que nous venons de signaler ne nous déplairait même pas.

Sur quoi doit se marquer le genre naturel conservé ? Là dessus une distinction a été faite et s'impose entre le substantif lui-même du genre auquel il s'agit, les autres mots le déterminant ou le qualifiant et les mots les représentant.

Sur le substantif lui-même la marque n'est nécessaire que si l'idée du sexe importe dans la circonstance. Le mot *lion* comprend aussi bien le lion que la lionne ; ce n'est que lorsqu'il devient utile de spécifier que le substantif doit porter un indice masculin ou féminin. Sauf ce cas, il y a lieu de supprimer l'expression du genre lorsqu'on se trouve en face de ce substantif seul.

Mais si dans la proposition d'autres mots viennent qualifier ou déterminer *lion* et si l'on veut qu'ils s'accordent avec lui, sans doute, *lion* restant invariable, ces mots peuvent s'accorder, seulement avec son idée, mais l'accord est plus complet s'il devient phonétique aussi. En effet, il est moins sensible dans *bonus vir* que dans *bonus dominus*. Il reste à savoir si l'accord lui-même est nécessaire.

Sur les mots qualifiant ou déterminant le substantif, les langues civilisées marquent pour la plupart l'accord complet par une désinence : sanscrit, latin, grec, allemand, français. Est-ce nécessaire ? C'est beaucoup plus élégant et cet accord parfait rend et lie mieux le discours. Mais dans une langue internationale on vise surtout à la simplicité, pourvu que la clarté n'en souffre pas. Or, elle ne souffrirait pas ici. L'article précède le substantif (l'*el* arabe reste invariable) ; il en est de même de l'adjectif démonstratif, etc. ; que si l'adjectif est attribut du verbe et se trouve rejeté plus loin, le sens n'est pas douteux non plus, car il se rap-

porte au sujet. Aussi les systèmes proposés de langue universelle négligent cet accord et par conséquent suppriment
la marque du genre, même naturel.

Il en est autrement quand il s'agit des mots qui représentent le substantif : pronoms personnel, démonstratif, possessif, etc. ; il est nécessaire d'établir l'accord avec le substantif représenté, soit avec sa forme, soit avec son idée, et
là on doit marquer les trois genres naturels : masculin,
féminin et asexué par trois indices différents. C'est ce que
les systèmes décrits font, en général ; seulement quelques-
uns ont tort de réduire à deux genres et à ne marquer que
l'un d'eux ; la marque des trois est seule suffisante pour la
clarté complète ; cependant pour l'un d'eux, le signe peut
être une absence de signe.

Comme on le voit, le rôle logique et nécessaire du genre
grammatical dans un système rationnel, serait très réduit.
Il a certainement eu dans l'histoire un développement anormal, d'autant que le nombre qui concourt avec lui à man-
quer les relations par l'accord peut suffire à remplir la plus
grande partie de cette fonction.

Cependant, dans l'état actuel, la plupart des langues
civilisées possèdent le genre, et sa suppression brusque, eu
égard aux habitudes prises, peut être imprudente. Dans le
roman, la poésie, la littérature tout entière, dans la législa-
ture même et les mœurs, l'esprit est de plus en plus préoc-
cupé, même suggestionné par le concept sexualiste, si faible à l'origine, et il serait contraire à l'évolution elle-même
de ne pas en tenir compte dans le langage, cet universel
réflecteur.

TABLE DES MATIÈRES

Melle. — Imprimerie E. Goussard.

AUTRES OUVRAGES DE LINGUISTIQUE DU MÊME AUTEUR

Études de linguistique et de psychologie linguistique

De la psychologie du langage.
De la classification des langues.
Des divisions de la linguistique.
Du verbe être, comme instrument d'abstraction.
De la conjugaison objective.
De la catégorie du nombre.
De la catégorie du temps.
De la véritable nature du pronom.
De la catégorie des modes.
De la catégorie des cas.
De la parenté entre le chamitique, le sémitique et l'indo-européen.
Des recherches de la linguistique relatives aux langues de l'Extrême-Orient.
Du rôle de l'e muet.
De l'article.
Essai de phonétique générale.
Essai de phonétique comparée.
De la possibilité d'une langue internationale.
De l'inclusif et de l'exclusif.
De l'infixation.
Essai de syntaxe générale.
De la fonction concrète du pronom.
De l'origine et de l'évolution des racines des langues.
Du syncrétisme pronominal.
De la catégorie des voix.
Du verbe concret.
De la conjugaison négative.
Des verbes auxiliaires.
Du verbe prépositionnel.
De la conjugaison pronominale.
De l'hybridité linguistique et du bilinguisme.
De la classification dans le langage.
Du rôle auxiliaire de la pensée dans le langage.
De l'importance des langues des non-civilisés.
De l'ascension des idées dans le langage.

Langues américaines

De la langue baniva.
De la famille linguistique Pano.
Grammaire, vocabulaire et textes Timucua.
De la langue tarasque.
De la langue auca.
De la langue zoque et de la langue mixe.
De la langue allentiak.
Cinq langues de la Colombie britannique.
De la langue nahuatl.
Des langues de Costa-Rica.
Des langues pehuelche et tehuelche.
Des particularités des noms de parenté dans les langues américaines.

Études de rythmique comparée

Principes scientifiques de la versification française, etc.

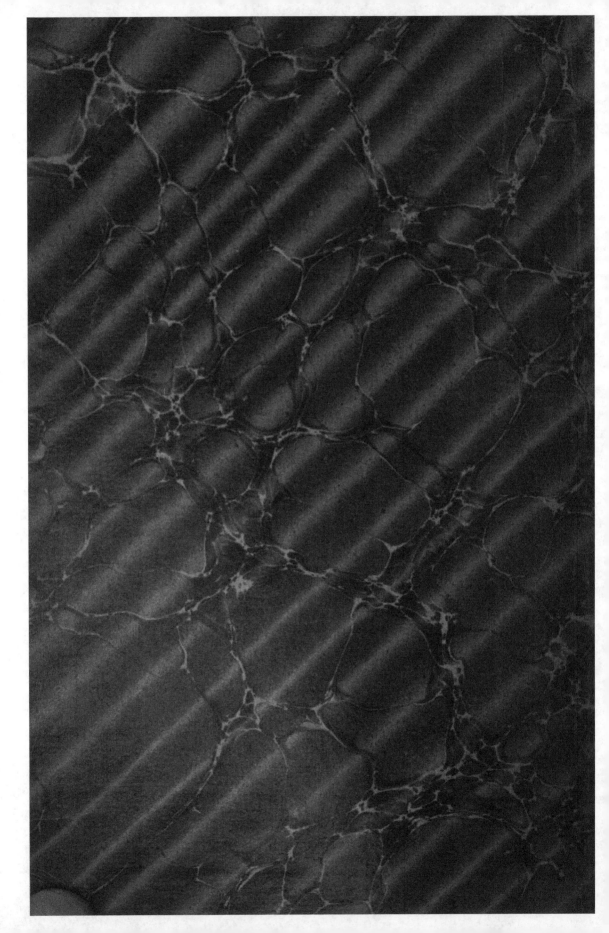

CPSIA information can be obtained
at www.ICGtesting.com
Printed in the USA
BVHW060900100521
606948BV00012B/286